SIBYLLE VON REDEN

Die Etrusker

Sibylle von Reden

DIE ETRUSKER

BASTEI LÜBBE

Rechte an der deutschen Ausgabe: Societäts-Verlag GmbH,
Frankfurt/M.
Lizenzausgabe: Gustav Lübbe Verlag GmbH,
Bergisch Gladbach
Printed in Western Germany 1978
Abbildung auf dem Umschlag:
CHIMÄRE, Museo Archeologico, Florenz

Einbandgestaltung: Ralf Rudolph
Bildtafeln und Titelfoto: Hirmer Verlag, München
Gesamtherstellung: Augsburger Druck- und Verlagshaus GmbH
ISBN: 3-404-00723-9

Der Preis dieses Bandes versteht sich einschließlich der gesetzlichen Mehrwertsteuer

INHALT

VORWORT

Seit die ersten deutschen Auflagen dieses Buches zwischen 1956 und 1963 erschienen, hat die Etruskerforschung ungewöhnliche Fortschritte zu verzeichnen. Neue technische Errungenschaften der Bodenuntersuchung im Verein mit einer Intensivierung der italienischen und ausländischen Ausgrabungsarbeit in Etrurien und Latium, führten zu einer Reihe aufsehenerregender Entdeckungen und Erkenntnisse. Die Ära der langwierigen, kostspieligen Spatenarbeit zur Freilegung eines einzigen Grabes, das in 99 von 100 Fällen ausgeplündert war oder den Aufwand nicht lohnte, ist vorbei. Die Begeisterung eines Laien, des Mailänder Ingenieurs und Industriellen Lerici, der in späten Jahren zum Etruskologen wurde, führte zur Entwicklung von Apparaten, die das Tempo der archäologischen Bodenuntersuchung gewaltig erhöhen. Elektrische Meßgeräte, Sonden, Bohrer, Sehrohre ermöglichen heute die Lokalisierung und Erkundung unterirdischer Grabkammern und selbst die Anfertigung topographischer Karten von versunkenen Städten. Tausende von Gräbern wurden auf diese Art innerhalb weniger Jahre in den etruskischen Friedhöfen von Tarquinia und Cerveteri und an anderen Orten getestet.

Sehr wichtig ist auch die Entdeckung zweier frühetruskischer Städte, Acquarossa in der Umgebung des Bolsenasees und Poggio Civitate bei Siena, durch eine schwedische und eine amerikanische Mission, die im letzten Jahrzehnt erfolgte. Die Ausgrabungen in Acquarossa führten u. a. zur Freilegung des ältesten Tempels, der bis jetzt in Italien gefunden wurde und an beiden Orten brachte die Spatenarbeit neue Einsichten in das tägliche Leben der Etrusker im 7. und 6. Jahrhundert v. Chr., das man zuvor hauptsächlich nach Grabfunden beurteilen mußte.

Von großer Bedeutung für die Erhellung der legendären Frühgeschichte von Rom und Latium, die eng mit der etruskischen verbunden war, sind weiter die zahlreichen Ausgrabungen, die seit dem Beginn der siebziger Jahre in diesem Bereich unternommen werden. Ihre überraschenden Ergebnisse wurden ebenfalls in dieser Neuausgabe verwertet, die unter Berücksichtigung des heutigen Standes der Etruskerforschung ergänzt und verändert wurde.

Laren, im Frühjahr 1977 Sibylle von Reden

Das etruskische Gebiet zur Zeit seiner größten Ausdehnung

ITALIEN VOR DEN ETRUSKERN

Die ersten, vereinzelten Spuren menschlicher Anwesenheit auf der italischen Halbinsel stammen aus dem Älteren Paläolithikum und sind etwa 300 000 Jahre alt. Aus dem Mittleren Paläolithikum gibt es Funde fossiler Reste des Neandertalers aus Grotten und die frühesten Hinweise auf religiöse Vorstellungen in sorgfältigen Bestattungen, die mit Totenopfern verbunden waren. Das Jungpaläolithikum, dessen Beginn zwischen 40 000 und 35 000 v. Chr. angesetzt wird, war auch in Italien durch das Auftreten des homo sapiens gekennzeichnet. Diese Periode hinterließ jedoch keine Zeugnisse, die mit den großartigen Leistungen der westeuropäischen Höhlenkunst vergleichbar sind. Nur auf Sizilien wurden um 1950 bei Palermo Grotten mit Felsgravierungen entdeckt, die bewegte naturalistische Jagd- und Kultszenen mit maskierten Figuren und Tiere darstellen, sowie Malereien, die wahrscheinlich viel später entstanden und schematisierte menschliche und tierische Gestalten in Schwarz und Rot zeigen. Deutliche Beweise für den Glauben an ein Fortleben nach dem Tode lieferten vor allem Ausgrabungen zu Beginn der vierziger Jahre in der Arene Candide-Höhle an der ligurischen Riviera. Die zahlreichen Wohnschichten enthielten reiche Funde aus einer Zeitspanne, die vom Jungpaläolithikum über alle Phasen des Neolithikums bis in die Bronzezeit reichten. Die Verstorbenen der frühen Perioden wurden in den Wohngrotten, meist unter der Feuerstelle, beigesetzt, mit rotem Ocker bestreut, dessen Blutfarbe wohl mit Wiederbelebungsvorstellungen verbunden wurde, und mit Geräten aus Stein und Knochen und Schmuck aus Muscheln und Tierzähnen ausgestattet.

Der Beginn des Neolithikums mit festen Siedlungen, Ackerbau und Viehzucht, geschliffenen Steinwerkzeugen und Waffen und der typischen Impresso Keramik der ältesten Ackerbaukulturen des Mittelmeerraumes, deren reiche Verzierung durch Eindrücken der Ränder der Cardiummuschel oder anderer Dinge hergestellt wurde, zeichnet sich in Italien im Lauf des 5. Jahrtausends ab. Kontakte mit den höher entwickelten Völkern der Ägäis und der Balkanländer spielten dabei sicher eine

Rolle, vor allem in Süditalien. Das Spätneolithikum in Norditalien scheint hingegen mit der französischen Chassey- und der Cortaillod-Kultur der Schweizer Seen verwandt. Diese nach dem Fundort Lagozza bei Mailand genannte Kultur mit Seerandsiedlungen aus Pfahlbauten kam noch im 4. Jahrtausend v. Chr. auf und breitete sich später, längs der Adriaküste, in südlicher Richtung aus.

Zu den ältesten Bewohnern der oberen Hälfte Italiens rechnet man die Ligurer nichtindoeuropäischer Rasse, die der italienischen Riviera ihren Namen gaben. Wahrscheinlich hinterließen sie die fast 100 000 Felsgravierungen des »Tales der Wunder«, die in mehr als 2000 m Höhe auf den Felsplatten des Monte Bego hinter der italienisch-französischen Alpengrenze zu sehen sind und verwandte Felsbilder im Camonica-Tal hinter dem italienischen Tonnale-Paß, das in vorgeschichtlicher Zeit von einer wichtigen Handelsstraße durchzogen wurde. Es handelt sich um Kultsymbole, darunter viele Hörner, schematische Darstellungen von Menschen, Tieren, religiöse und Alltagsszenen. Die frühesten gehen in den Beginn der Bronzezeit zurück. Roh gearbeitete anthropomorphe Stelen, die von der ligurischen Küste bis hinauf in die Gegend von Meran vorkommen und neuerdings auch in der Ostschweiz gefunden wurden, hält man ebenfalls für Werke der Ligurer.

Italien verharrte lange in neolithischen Lebensformen, man kann dort den Beginn der Metallzeit mit zunächst Kupfer und dann auch Bronze kaum vor dem 2. Jahrtausend v. Chr. ansetzen. Nekropolen dieser Periode, die in Nord- und Mittelitalien entdeckt wurden, bestanden aus einfachen Erdgruben, in denen die Leichen in Hockerstellung mit bescheidenen Beigaben bestattet wurden. In der Toskana und in Latium kamen gelegentlich Schachtkammergräber, die vielleicht nach orientalischen Vorbildern in Felsgrund gehöhlt wurden, vor. Kupferdolche und feingearbeitete Imitationen dieser Waffen aus Feuerstein sowie steinerne Streitäxte zeigen, daß Kupfer noch selten und kostbar war. 1943 wurde bei Pästum durch Zufall ein bedeutender Friedhof mit kupfersteinzeitlichen Schachtkammergräbern freigelegt, die bis zu 25 Bestattungen und sehr viel Keramik enthielten, darunter Formen, die von ägäischen inspiriert sein könnten. Doch scheint es, daß die Ausstrahlungen der großen Kulturen des Ostmittelmeerraumes Italien in den ersten Jahrhunderten des 2. Jahrtausends kaum berührten, jedenfalls weit weniger als die Inselwelt des Westmittelmeeres von Sizilien bis zu den Balearen, die offenbar in die ost-westlichen Seerouten einbezogen war. Wesentliche Veränderungen zeichneten sich erst gegen 1600 v. Chr. ab, in der Mittleren Bronzezeit. Völker aus dem Donauraum erschienen in Oberitalien und führten die in Mitteleuropa aufgekommene Brandbestattung ein. Die Asche wurde in einfachen Tongefäßen in ausgedehnten Nekropolen beigesetzt, die man »Urnenfelder« genannt hat. Die Träger der Urnenfelder-Kultur errichteten umwallte Dörfer und waren hervorragende Metallbearbeiter. Ihre Erzeugnisse: Lappenbeile, Violinbogenfibeln, doppelseitige Rasiermesser, wurden weithin in Italien verhandelt. Ihre einstigen Niederlassungen sind noch immer als Erhebungen aus fetter, dunkler Erde erkennbar, die im Volksmund *Terramare* (schwarze Erde) heißen und dieser Kultur ihren Namen gegeben haben.

In Mittel- und Süditalien manifestierte sich etwa seit 1600 v. Chr. die sogenannte Apennin-Kultur, die anfänglich noch deutlich neolithische Züge zeigt, dann aber auch balkanische und ägäische Einflüsse verrät. Sie war eine Hirtenkultur, in ihrer späteren Phase kam mehr Ackerbau hinzu. Die Verstorbenen wurden in rechteckigen Gruben (fossa) bestattet, die mit Steinen ausgekleidet und bedeckt wurden. Die apenninische und subapenninische Kultur hatte einen bedeutenden Anteil an der Entwicklung der italischen Stämme der historischen Zeit. Verbindungen mit den nördlichen Zentren der Terramare-Kultur sind in der letzten Phase der Bronzezeit nachweisbar. Diese Periode zwischen dem 12. und 10. Jahrhundert v. Chr. wurde auf der ganzen italischen Halbinsel und bis nach Nordostsizilien durch das Auftreten von Brandbestattung gekennzeichnet, sowie durch einen recht einheitlichen Stil der Erzeugnisse der Bronzeindustrie. Es bleibt ungeklärt, ob diese Erscheinungen, die als »protovillanovianisch« in den archäologischen Fachwortschatz eingegangen sind, lokale Prozesse darstellten, dessen älteste Herde im Süden Mittelitaliens lagen, oder eine Folge neuer Einwanderungen waren. Die beginnende Ausbeutung der südtoskanischen Metallvorkommen spielte ohne Zweifel eine Rolle in dieser Entwicklung. Die Endphase der Bronzezeit war durch einen regen Handelsverkehr charakterisiert, der sowohl längs der Adriaküste, wie durch die Toskana, das Tibertal und über Latium nach Süden führte.

Im 10. bis 9. Jahrhundert v. Chr. setzte mit der Eisenzeit ein neuer Aufschwung ein, an dem die Träger der Villanova-Kultur, die nach ihrem ersten Fundort bei Bologna genannt wurde, wesentlich beteiligt waren. Ihre Herkunft ist umstritten. Stellte ihre Kultur eine fortgeschrittene Phase der vorhergegangenen dar, waren sie Neuankömmlinge, die Italien über die Alpenpässe, die Adria oder auch das Meer, das später das tyrrhenische hieß, erreicht hatten? Ihre großen dörflichen Niederlassungen in der Südtoskana sind nicht viel älter als der bedeutende Umschlagplatz für den Nord-Südhandel, den sie bei Bologna errichteten, und auch in Kampanien wurden Villanova-Nekropolen entdeckt. Sie übten ausschließlich Brandbestattung, ihre aufgestockten Ascheurnen unterscheiden sich jedoch deutlich von den kleineren und einfacheren ihrer Vorgänger. Meist haben sie die Form zweier aufeinandergesetzter Kegelstümpfe, sind mit oft weiß inkrustierten Ritzmustern: Mäandern, Hakenkreuzen, schematischen Menschenfigürchen u. a. verziert und erreichen beträchtliche Größen. Eine Schale, bei Kriegerbestattungen auch ein Bronzehelm oder seine Nachbildung aus Ton, dienten als Verschluß. Gleich den Urnen der älteren Zeit wurden sie in brunnenartigen Schächten (*pozzi*) geborgen, in deren Grund ein kleinerer Schacht, der mit einer Steinplatte verschlossen wurde, das Aschegefäß aufnahm. Urnen in Form einer Behausung, meist einer runden oder viereckigen Hütte, wurden vielleicht von der Proto-Villanovakultur übernommen. Auf den Albanerbergen und in Latium sind sie vor dem Eindringen der Villanova-Kultur häufig. Unter den Totenbeigaben erschienen im 9. bis 8. Jahrhundert v. Chr. Gefäße in Tierform. Diese wie neue Motive bei Schmuckstücken und Bronzegeräten weisen auf Beziehungen zum Ostmittelmeer. Die großen, bikonischen Urnen aber haben Vorläufer in Südwestrumänien und dem Banat. Auch die Helme erinnern manchmal stark an mitteleuropäische aus der Frühzeit der Urnenfelderkulturen. Ein Bronzehelm mit quergestelltem Kamm, der ein Gegenstück aus dem Villanova-Friedhof von Tarquinia hat, kam selbst in Zavadintsy in der Westukraine zutage. Auf dem Helm aus Tarquinia ist eine typische Bootform der Donaukulturen eingraviert!

Die bedeutendste Errungenschaft dieser Epoche aber ist die Verwendung des Eisens, die von einer raschen Entwicklung der Technik der Metallbearbeitung begleitet wird. Die im Osten altbekannte Kunst, Bronze zu dünnem Blech auszuwalzen, gelangte nun auch nach Italien. Die neuen gefährlicheren Waffen aus Eisen, Hiebschwerter und Lanzen, erforderten wirksamere Schutzmaßnahmen. Das alte Lederkoller wurde durch Bronzepanzer ersetzt, man trug runde Bronzeschilde mit reicher Verzierung in Treibarbeit, die in konzentrischen Kreisen angeordnet war, Kalottenhelme mit hoher Spitze, in die vermutlich ein Federbusch gesteckt wurde, und die schon erwähnten Helme mit quergestelltem Kamm.

Die Villanova-Kultur verbreitete sich ziemlich rasch in Mittelitalien, vor allem im Gebiet, das der heutigen Toskana entspricht und drang, vermutlich über Latium, bis nach Kampanien vor. In der Südtoskana zeichneten sich mit ihrem Aufkommen bedeutende Umwälzungen wirtschaftlicher und kultureller Art ab. Die offenen Dörfer der Spätbronzezeit wurden verlassen, bei einigen wurde selbst eine gewaltsame Zerstörung nachgewiesen. Die neuen Siedlungen entstanden an erhöhten Orten mit natürlicher Verteidigung. Die Tatsache, daß die großen etruskischen Städte der historischen Zeit fast durchwegs Villanova-Dörfer als Vorgänger hatten, wird von manchen Forschern als gewichtiges Argument für die Identifizierung der Villanova-Leute mit den Etruskern gewertet. Ihr bedeutender Anteil an der Entstehung der vielschichtigen etruskischen Kultur auf italischem Boden steht außer Zweifel, gegen ihre Gleichsetzung mit den Tyrrhenern – als solche werden die Etrusker schon früh in der griechischen Literatur erwähnt – sprechen noch stets schwerwiegende Gründe. Zuviele Verbindungslinien führen von diesen zu der Welt des Ostmittelmeeres, um die alte Überlieferung von ihrer Einwanderung aus Kleinasien ohne weiteres abzulehnen.

Das Erscheinen von Gruppen unternehmender Seefahrer an den Küsten der Toskana paßt gut in den Rahmen des alten ostwestlichen Seehandels, der die Entwicklung der Randgebiete und Inseln der Westhälfte des Mittelmeeres wesentlich beeinflußte. Die griechischen und phönizischen Kolonisierungsunternehmungen der historischen Zeit waren nur die Etappe eines Prozesses, der Jahrtausende früher begonnen hatte. In den letzten Jahren mehrten sich auch die Entdeckungen mykenischer Keramik längs der tyrrhenischen Küsten, bis hinauf nach Südetrurien, und die Hinweise auf direkte und indirekte Kontakte mit der ägäischen Welt gerade in jener Zeit, in der die römischen und etruskischen Überlieferungen legendäre Heroen griechischer, trojanischer und lydischer Abkunft an den latinischen und etruskischen Küsten landen lassen. Neue Ausgrabungen in der Umgebung von Rom im Gefolge der Ausbreitung der Ewigen Stadt und der Anlage neuer Straßen haben

Abbildung 1
Aschengefäß der Villanova-Kultur in einem Steinkisten-Grab (IX.–VIII. Jh. v. Chr.)

Abbildung 2
Hausurne der Villanova-Kultur (IX.–VIII. Jh. v. Chr.)

überraschende Bestätigungen der sagenhaften Frühgeschichte der Latiner geliefert. Die Bodenforschungen bei Pratica di Mare, südlich von Rom, bewiesen, daß dieser Ort seit der Bronzezeit besiedelt war und führten zu bedeutsamen Entdeckungen. In einer Kultanlage mit 13 Altären aus dem 6. Jahrhundert v. Chr. vermuten die Archäologen das altberühmte föderale Heiligtum der Latiner. Nicht weit davon kamen die Reste eines Heiligtums aus dem 4. Jahrhundert v. Chr. zutage. Darunter aber fanden die Ausgräber ein viel älteres Sarkophaggrab mit reichen Beigaben, das ursprünglich unter einem Tumulus lag. Vielleicht war das Sanktuarium daher mit dem »Heroon des Aeneas« identisch, das Dionysios von Halikarnassos erwähnte. Heute ist man geneigt, die Legenden um Aineias und andere Helden der griechischen Mythen wie Herakles, Odysseus, Evandros u. a., die an den Küsten von Latium gelandet seien, nicht mehr, wie früher, nur als späte Erfindungen römischen Snobismus' abzutun. Das gleiche Recht sollte auch den Sagen von der Landung etruskischer Heroen an der toskanischen Küste zugestanden werden!

Die Ankunft von Flüchtlingen aus dem ägäischen Raum ist gerade für die Katastrophenperiode des 13. bis 12. Jahrhunderts v. Chr. durchaus wahrscheinlich. Die gesamte Ostmittelmeerwelt wurde damals durch die »Ägäische Wanderung« oder »Seevölkerinvasion« in ihren Grundfesten erschüttert. Im Gefolge dieser Völkerverschiebung, die wahrscheinlich mit dem 13. Jahrhundert in Mitteleuropa begann, kam es zum Zusammenbruch der mykenischen Macht und Kultur, des hethitischen Großreiches in Kleinasien und fast aller levantinischen Seestaaten. Die zu Lande und zur See vorrückende Völkerlawine, in die auch viele entwurzelte Stämme der Aegäis und Kleinasiens hineingerissen wurden, konnte durch die Pharaonen Merenptah und Ramses III. in mörderischen Land- und Seeschlachten zurückgedrängt und etwa 1170 endgültig zerschlagen werden.

Das Gesicht der ostmediterranen Länder hatte sich durch diesen Einbruch barbarischer Völker inzwischen grundlegend verändert. Griechenland und seine Inseln wurden von den Doriern besetzt, Kleinasien von thrakisch-mazedonischen und anderen

Völkern, deren Kultur sich nicht mit jener ihrer Vorgänger messen konnte. Vom Reich der Hethiter blieben nur einige Kleinstaaten in Nordsyrien. An der Südwestküste Anatoliens aber erschienen jonische Flüchtlinge, mit denen später der glänzende Aufstieg des Griechentums beginnen sollte.

Die Ereignisse im Osten des Mittelmeeres blieben nicht ohne Folgen für seinen Westen. Es gibt viele Hinweise auf die allgemeine Unsicherheit, die auch dort in der ausgehenden Bronze- und der beginnenden Eisenzeit (10. Jahrhundert v. Chr.) herrschte. Piraten und entwurzelte Gruppen, die auf der Suche nach einer neuen Heimat in See gestochen waren, gefährdeten die küstennahen Siedlungen. Die Uferbevölkerung Siziliens und der Aeolischen Inseln zog sich damals bestimmt nicht ohne zwingende Gründe an hochgelegene, schwer zugängliche Orte zurück. Auch auf Sardinien, Korsika und den Balearen gibt es Anzeichen von Invasionen. Die veränderte Siedlungsweise in der Südtoskana wurde schon erwähnt.

Die Erben der zertrümmerten kretisch-mykenischen Seemacht, die einzigen Nutznießer des allgemeinen Niederganges, waren die Phönizier von Tyros. Ihre Stadt fiel, dank ihrer strategisch besonders günstigen Lage auf einer Insel und ihrer gewaltigen Befestigungswerke, dem Ansturm der Seevölker nicht zum Opfer. Ihre Flotte blieb heil und konnte daher im 11. Jahrhundert ohne ernsthafte Konkurrenz im Mittelmeer operieren, längs der afrikanischen Küsten wieder bis an dessen Westende vordringen und Stützpunkte in Südspanien und Nordafrika errichten, die Vorstufen zum späteren Aufstieg von Karthago.

Lange Zeit mußte verstreichen, ehe in den von der ägäischen Wanderung überrannten Ländern neue Staatengebilde und Kulturen entstanden. Die Geschichte Kleinasiens und Griechenlands bleibt in dieser Epoche dunkel. Im 9. Jahrhundert v. Chr. begründeten die Phrygier als Nachfolger der Hethiter noch einmal kurzfristig ein Großreich, während sich in Hellas das historische Griechentum in einer strengen, geometrischen Kunst zu manifestieren begann. Nach Jahrhunderten der allgemeinen Unsicherheit, in denen Kriege und Raubzüge zu Lande und zur See die friedlichen Beziehungen, den Handels- und Kulturaustausch zwischen den Mittelmeervölkern weitgehend zerstört hatten, begann eine Ära neuer Kolonisationsunternehmungen, in der Griechen und Phönizier miteinander wetteiferten. Im frühen 8. Jahrhundert stifteten die Hellenen eine Anzahl von Städten an den sizilischen und süditalienischen Küsten, die Jahrhunderte zuvor bereits die Landung mykenischer Griechen erlebt hatten. Die Insel Ischia und Kyme bei Neapel wurden die äußersten westlichen Vorposten der Griechen. Daß diese nicht höher hinauf gelangten und auch das fruchtbare kampanische Hinterland von Kyme nicht besetzten, spricht dafür, daß ihnen ein anderes Volk zuvorgekommen war, dessen Macht fest genug begründet war, um fremde Einwanderung zu unterbinden. Es ist anzunehmen, daß dies die Etrusker waren. Diese haben wahrscheinlich verhindert, daß damals ganz Italien zu einer hellenischen Kolonie wurde. Das Schicksal hatte sie, und nicht die Griechen, zu Vorläufern der Römer und Wegbereitern des künftigen Imperiums bestimmt. Und sie waren auch das Ferment, das zur Entfaltung einer kraftvollen bodenständigen Kultur führte, in der altitalische, orientalische und griechische Elemente in einer fruchtbaren Mischung zu etwas neuem verschmolzen, das dann im Römertum seine Vollendung erfuhr.

Die Ausgangspunkte dieser Entwicklung lagen in den Erzgebieten und an den Küsten der Südtoskana.

Der schluchtenzerrissene Küstenstreifen zwischen der Tibermündung und den Ligurischen Alpen war das Kernland der Etrusker. Die steilen Tuffsteinfelsen dieses Gebietes glühen in düsterem Rot wie vom Widerschein unterirdischer Feuer. Heiße Dämpfe und heilkräftige Quellen brechen auch heute aus diesem vulkanischen Grund. Etwas Inferisches, eine Atmosphäre, die zu den altmediterranen Erd- und Totenkulten paßt, beherrscht noch immer diese magische Landschaft. Der Metallreichtum ihrer Berge: Kupfer, Zinn, Silber, Eisen, mußte fremde Völker auf der Suche nach Bodenschätzen verlocken. Natürliche Häfen boten Schutz für Seefahrer, zahlreiche Wasserläufe tränkten die fruchtbare Erde des Hinterlandes.

Seit dem 10. Jahrhundert v. Chr. zeichnete sich im Gebiet des erzreichen Tolfa-Massivs hinter Civitavecchia und in der Gegend der späteren Etruskerstadt Vulci, die Zentrum einer weitberühmten Bronzeindustrie wurde, eine Verdichtung der Besiedlung und Intensivierung der Metallverarbeitung ab, die wie ein Auftakt zur zivilisatorischen Vorhutstellung wirkt, die der Südtoskana bestimmt war. Man könnte sich vorstellen, daß schon damals jener Prozeß begann, als dessen Resultat die Etrusker etwa im letzten Viertel des 8. Jahrhunderts v. Chr. im Licht der Geschichte sichtbar wurden. Dieses Volk, das sich durch seine Sprache, seine höhere Kultur und seine Religion deutlich von den umwohnenden Italikern unterschied, bestand ohne Zweifel aus verschiedenen Elementen: aus Resten einer vorindoeuropäischen Urbevölkerung, wahrscheinlich den Schöpfern der Apennin-Kultur, aus zugewanderten indoeuropäischen Stämmen aus dem Kreis der mitteleuropäischen Urnenfelder-Kulturen und einer offensichtlich dominierenden Gruppe wahrscheinlich ostmediterraner Abkunft, der eine ähnliche Rolle zukam, wie den Griechen in Süditalien. Ihre überlegene Kultur, ihre Religion und Sprache prägten das Gesamtbild des Etruskertums.

Die unterschiedlichen Bestandteile dieser neuen völkischen Einheit trugen zur starken Eigenart jedes einzelnen der etruskischen Stadtstaaten bei, die jeweils ihre besonderen Kunstformen und handwerklichen Spezialitäten und oft eine eigene Grabarchitektur entwickelten. Naturgemäß spielten die verschiedenen Umweltbedingungen dabei ihre Rolle, aber sicher auch alte lokale Traditionen. Die schöpferische Vielfalt, die das Bild der etruskischen Zentren kennzeichnet, läßt diese wie die schimmernden Facetten eines einzigen großen Kristalls, der etruskischen Kultur, wirken. Ihre hervorragenden Merkmale waren, neben dem städtischen Charakter, fortgeschrittene Landbau- und Entwässerungstechniken, ein orientalisch wirkender Lebensstil und das großartige Aufleben eines in altmediterranen und östlichen Vorstellungen verwurzelten Totenkultes, in dem sich ohne Zweifel auch der Aufstieg einer reichen, mächtigen Herrenschicht spiegelte. Die Sitte der einfachen Brandgräber trat zurück, anstatt der Ascheurnen und der Einzel-Fossagräber kamen mehrräumige Kammergräber unter Tumuli (künstlichen Hügeln) und monumental gestaltete Felsgräber in Mode. Die Toten aus vornehmen Familien wohnten seit dem 7. Jahrhundert im Schoß des weichen Tuffgesteins in sorgfältigen Nachbildungen der Häuser der Lebenden, die mit allem ausgestattet wurden, das für ein paradiesisches Dasein im Jenseits nötig erschien. Vergleiche mit ägyptischen Gräbern, an deren Wänden Darstellungen aus dem profanen und religiösen Leben der Verstorbenen in heiteren Farben leuchten, drängen sich vor den Grabmalereien der Etrusker auf; mächtige Bienenkorbkuppeln über den Kammern früher Hügelgräber erinnern wieder an die Fürstengrüfte von Mykene; Tumuli auf hohen Steinsockeln an die Grabhügel der kleinasiatischen Lyder; Felsgräber mit skulptierten Fassaden an lykische Nekropolen. Etwas vom Glanz der spätbronzezeitlichen Kulturen des Ostmittelmeeres vor ihrer Zerstörung durch die Ägäische Völkerwanderung scheint in der Hochblütezeit der Etrusker im 7. bis 6. Jahrhundert v. Chr. noch einmal aufzuleuchten.

Die ältesten und bedeutendsten Städte der Etrusker lagen fast alle etliche Kilometer landeinwärts und hatten nur ihre Häfen an die See vorgeschoben. Zu diesen gehörten Tarquinia (etruskisch: *Tarchna*), die »Mutterstadt der etruskischen Nation«; Caere, nach Strabo von den Griechen Agylla genannt und als eine Gründung thessalischer Pelasger angesehen, die schon zu Aineias' Zeit bestand; Veji, das nördlich von Rom lag und den Tiber bis zu seiner Mündung beherrschte; Vulci; Vetulonia; Rusellae und Populonia (etruskisch: *Pupluuna* oder *Fufluna*), die einzige Stadt am Meer und das wichtigste Bergbauzentrum Etruriens, in dem mindestens seit dem 7. Jahrhundert das Kupfererz aus den Minen von *Campiglia Marittima* und den *Monti Metalliferi* und später das Eisenerz von der nahen Insel Elba verhüttet und zum Teil auch verschifft wurde.

Die Herkunft der Etrusker, die auf dem Zenith ihrer Macht ein Gebiet beherrschten, das vom Tyrrhenischen bis ans Adriatische Meer reichte und im Norden bis zu den Alpen – nur das Gebiet der Veneter blieb unabhängig – und von denen wir annehmen, daß sie auch in Latium und Kampanien eine Zeitlang dominierten, wurde bereits in der Antike umstritten.

Den Griechen waren die Etrusker als *Tyrrhenoi* oder *Tyrsenoi* von altersher wohl bekannt. Ihre früheste Erwähnung findet sich in Hesiods »Theogonie«. Er spricht von den »edlen und berühmten Tyrsenern«, die »in weiter Ferne in der Mitte heiliger Inseln« von den Söhnen der Kirke und des Odysseus regiert würden. Offenbar war schon gegen Ende des 8. Jahrhunderts eine dunkle Kunde von der Anwesenheit der Tyrsener in Mittelitalien zu ihm gedrungen.

Von den Römern wurden die Tyrrhener *Tusci* oder *Etrusci* genannt, eine Ableitung aus der griechischen Bezeichnung *Tyrsenoi.* Wir besitzen einen Beweis für den frühen Gebrauch dieses Namens in der berühmten Goldfibel aus dem 7. Jahrhundert, die aus Chiusi stammt und sich im Louvre-Museum befindet. Diese prächtig granulierte Schmucknadel trägt eine Inschrift von 49 Buchstaben, in der das Wort *»tursikina«* vorkommt. Man benützte daher schon damals das Adjektiv *tursko = etrusco.*

Die Etrusker selbst hätten sich jedoch nach einem ihrer Anführer Rasenna oder Rasna genannt. In diesem Zusammenhang ist es interessant, daß der Name Rasenna und Ràssina noch heute vereinzelt als Orts- oder Wasserlaufbezeichnung im mittleren Apennin und im Casentino vorkommt.

Es gibt drei verschiedene Theorien über den Ursprung der Etrusker. Bereits die Griechen und Römer kannten zwei Versionen. Die eine kennzeichnete die Tyrrhener als kleinasiatische Einwanderer aus Lydien, die andere als Ureinwohner Italiens.

Die Etrusker selbst hielten sich offensichtlich nicht für Ureinwohner. Sie bewahrten jedenfalls Überlieferungen, die ihre Abstammung aus der Welt der östlichen Zivilisationen bezeugten. Ein Kreis von Sagen beschäftigte sich mit den Geschicken königlicher Heroen aus Kleinasien, die übers Meer nach Italien zogen, um hier eine neue Heimat zu finden. Durch Strabo und vor allem durch Herodot ist uns diese Überlieferung erhalten geblieben. Er berichtet: »... Unter der Herrschaft des Königs Atys brach eine große Hungersnot über Lydien herein ... Als sie immer ärger wurde ..., teilte der König sein Volk in zwei Gruppen und warf das Los, um zu bestimmen, welche Gruppe auszuwandern habe. Als Führer der Auswanderer bestimmte er seinen Sohn Tyrrhenos ... Nachdem sie an vielen Ländern vorbeigesegelt waren, kamen sie nach Umbrien, wo sie Städte gründeten, die sie noch heute bewohnen. Aber sie änderten ihren Namen nach dem Namen ihres Führers und nannten sich von nun an nach ihm Tyrrhener ...« *(Klio, I, 94)*.

Die zweite These über die Herkunft der Etrusker stammt von dem griechischen Historiker Dionysios von Halikarnaß, der im ersten vorchristlichen Jahrhundert lebte. Nach ihm seien diese Ureinwohner der Toskana gewesen. Sie hätten nichts mit den Lydiern gemein gehabt, die sich in ihrer Sprache, Religion und auch in ihrer Kleidung grundlegend von den Etruskern unterschieden hätten.

Soweit die moderne Forschung dieser letzten Interpretation zuneigt, sieht sie in den Etruskern Reste der steinzeitlichen Bewohner Italiens altmediterraner Rasse. Diese Urbevölkerung, die später von den indoeuropäischen Stämmen, die in der Metallzeit in Italien einwanderten, überschichtet wurde, wäre dann im ersten Viertel des letzten vorchristlichen Jahrtausends wieder hervorgetreten und in Gestalt der Tyrrhener noch einmal zum dominierenden Element in der Südtoskana geworden.

Die Erschließung der Erzlager, ein rascher wirtschaftlicher Aufschwung in ihrem Gefolge und die durch den Metallexport geförderte Einschaltung in den internationalen Seehandel, dessen orientalische Vertreter mit ihrer Luxusware auch die Errungenschaften der hochzivilisierten östlichen Welt einführten, hätten genügt, um die dörfliche Urbevölkerung der Südtoskana in einigen Jahrzehnten zu jenen Etruskern umzuformen, die uns im 7. Jahrhundert als Träger einer ausgebildeten, raffinierten Stadtkultur erscheinen. Eine solche Entwicklung ist nicht sehr glaubhaft. Zudem war ihre Sprache ganz verschieden von der altligurischen, deren Spuren sich noch in Ortsnamen finden, die durch das Suffix *»asco«* oder *»asca«* gekennzeichnet sind. Die etruskische Sprache stand völlig isoliert inmitten der italischen Idiome und wurde auch — dies wird in der antiken Literatur mehrfach bezeugt — stets als Fremdkörper empfunden. Ihr Aufbau und ihr Wortschatz, die man studieren kann, da die Etrusker ein westgriechisches Alphabet benützten, so daß die Lesung der Texte kaum, deren Entzifferung aber große Probleme ergibt, zeigten, daß es sich im wesentlichen um eine nichtindoeuropäische Sprache handelte, jedoch um keine semitische. Eine gewisse Verwandtschaft mit kleinasiatischen Sprachen, besonders dem nichtindoeuropäischen Teil der lydischen, lykischen und hethitischen Sprachen wurde von mehreren Forschern festgestellt. Vom Sprachlichen her findet die These von den Etruskern als Ureinwohner Italiens also kaum Unterstützung.

Die dritte Theorie über den Ursprung der Etrusker schließlich kam erst um die Mitte des 18. Jahrhunderts auf. Nach ihr handelte es sich um eine Invasion aus dem Norden. Auch sie kann sich auf eine Stimme aus der Antike berufen: die Aussage des Livius, daß die Alpenvölker etruskischen Stammes seien. In diesem Fall müßten die ältesten Städte der Tyrrhener in Norditalien liegen. Tatsächlich finden diese sich aber in der Südtoskana. Im Norden manifestierte sich eine Kultur etruskischer Prägung erst um die Mitte des 6. Jahrhunderts v. Chr. Etruskoide Schriftzeugnisse und Funde aus den Provinzen von Trient und Bozen sind noch jünger. Die Gründe für eine nördliche Abkunft der Etrusker stehen daher auf sehr schwachen Füßen.

Nicht wenige Spuren führen von den Etruskern zum kleinasiatisch-ägäischen Kulturkreis. Und trotzdem konnte die Forschung im Lande, das die Tyrrhener selbst als ihre Heimat betrachteten, in Lydien, bis jetzt keine überzeugende Bestätigung der Herodotschen Überlieferung finden. Keine lydische Tradition berichtet von einer Auswanderung. Die bei Sardis ausgegrabenen lydischen Inschriften weisen keine sprachliche Verwandtschaft mit dem Etruskischen auf. Freilich stammen sie aus dem Beginn des fünften Jahrhunderts v. Chr., einer Epoche, die weit hinter jener liegt, in der die vermutliche Auswanderung der Tyrrhener stattgefunden hatte. Die Lücke, die in der kleinasiatischen Geschichte etwa vom elften bis zum achten Jahrhundert v. Chr. wohl als Folge der Umwälzungen durch die ägäische Wanderung klafft, läßt auch das Geschick Lydiens innerhalb dieses Abschnittes im Dunkel. Aus der vorhistorischen Zeit nennt Herodot das Königsgeschlecht der Maionier; dann berichtet die Sage von den Atyaden, die von den Herakliden gestürzt werden. Danach reißt die Überlieferung ab. Der lydische Geschichtsschreiber Xanthos weiß erst wieder von den letzten fünf Königen der Herakliden.

Tyrrhenos und seine Vorfahren müßten also gerade in der unaufgehellten Epoche gelebt haben. Es ist wohl möglich, daß sich ihre Spuren in jener Zeit der Zerstörung und gleichzeitig der Neuformung der kleinasiatischen Staatengebilde verwischten. Außerdem besetzten die Perser 538 v. Chr. das Land und sorgten dafür, daß die Erinnerungen an dessen Vergangenheit gründlich vernichtet wurden. Immerhin gibt es antike Nachrichten über eine heute verschollene Stadt Tyrrha oder Tyrsa in Lydien oder Mysien und einen Gott namens Tarku in Lydien, der mit dem etruskischen Tarchon identisch sein könnte. Die Tyrrhener oder Tyrsener werden weiter schon früh in der Geschichtsschreibung anderer Völker erwähnt. Eine ägyptische Inschrift aus dem dreizehnten Jahrhundert v. Chr. nennt die »Tursa vom Meere« als Söldner im Heere des Königs von Libyen, der 1220 Ägypten angriff. Auch Thukydides erzählt, daß einst »Tyrsener«, die er als »Vaganten des Meeres« bezeichnet, auf Lemnos und Lesbos gehaust hätten. Tatsächlich fand man auf Lemnos eine Grabstele mit zwei Inschriften in einer dem Etruskischen sehr ähnlichen Sprache. Später gelangen einer italienischen archäologischen Expedition weitere interessante Funde auf Lemnos, die ebenfalls für die Theorie einer tyrrhenischen Besiedlung dieser Insel sprechen. Leider wurden diese Grabungen nicht fortgesetzt; auch die Ergebnisse der ersten Expedition wurden bis jetzt nicht ausreichend publiziert und harren daher noch der wissenschaftlichen Diskussion.

Es mag wohl sein, daß die Abstammung der Etrusker ungeklärt bleiben wird; für die Betrachtung ihrer Kultur und Geschichte ist dies nicht von entscheidender Bedeutung. Was uns heute als »etruskisch« erscheint, formte sich jedenfalls erst auf italischem Boden.

Die Römer, die Erben und Nutznießer dieser Entfaltung, führten später einen langen Vernichtungskrieg gegen ihre etruskischen Vorläufer und Lehrmeister. Die vollkommene Unterwerfung, ja Auslöschung des Etruskertums mochte ihnen notwendig erscheinen, um sich selbst geistig frei und als Träger des neuen Lebens auf italischem Boden zu fühlen. Nach einer Jahrhunderte währenden Auseinandersetzung des jungen Rom mit der tyrrhenischen Welt wurden ihre politische Macht zerstört, ihre Geschichte und selbst ihre Sprache der Vergessenheit überliefert. Ihre geistige Substanz aber wirkte weiter und beseelt selbst heute noch Landschaft und Menschen des einstigen Etrurien.

Die Geschichte der Etrusker konnte bis heute nur teilweise aufgehellt werden. Die eigene Chronikliteratur der Tyrrhener, die »tuscae historiae«, die von römischen Autoren erwähnt und zitiert wird, ging verloren. Doch verfügen wir über Hinweise aus der Geschichtsschreibung anderer Völker. Soweit es sich dabei um die Römer handelt, sind diese Aussagen von relativem Wert, da man die Ereignisse stets zu ungunsten des Feindes und zum eigenen Vorteil zu verfälschen suchte. Verläßlicher als die antiken Berichte aber sind die Ergebnisse der Bodenforschung, denen wir recht deutliche Vorstellungen von der Entwicklung einiger der größten Etruskerstädte, von ihren auswärtigen Beziehungen, ihrer Kultur und ihrem Schicksal verdanken.

Von Anbeginn spielte das Meer eine wichtige Rolle im Dasein der Tyrrhener. Als gefürchtete Seeräuber und kühne Schiffer werden sie früh in der griechischen Literatur erwähnt, und seit der zweiten Hälfte des 8. Jahrhunderts v. Chr. verfügten sie über Handelsbeziehungen und vermutlich auch Schifffahrtslinien, die über Sardinien und Sizilien hinaus bis nach Griechenland und Vorderasien Verbindungen herstellten. In westlicher Richtung müssen tyrrhenische Handelsflotten später bis nach Spanien gelangt sein, vielleicht sogar über die Meerenge von Gibraltar hinaus bis in den Ozean.

Griechen und Phönizier sind die großen Konkurrenten der Etrusker im Streben nach der Vorherrschaft im Mittelmeer. Der sicher geplanten Ausdehnung der tyrrhenischen Einflußsphäre über Sizilien hinaus nach Osten kommen die griechischen Kolonisatoren durch die Besetzung der Meerenge von Messina zuvor. Der später offen zwischen den beiden Völkern aufflammende Kampf um die Macht im Mittelmeerraum bereitet sich schon in dieser frühen Epoche durch einen ständigen Kleinkrieg vor. Die Erinnerung daran hat in griechischen Legenden, die von der Gefährlichkeit der tyrrhenischen Piraten berichten, ihren Niederschlag gefunden. Mit den Karthagern, deren Festsetzung auf Sardinien zu einer ernsten Bedrohung der etruskischen Küstengebiete hätte werden können, gelangten die Tyrrhener hingegen zu einer Einigung. Nach Abgrenzung der beiderseitigen Einflußgebiete und Interessen kam es zwischen den beiden Völkern zu einem Flottenabkommen und einem Jahrhunderte währenden Freundschaftspakt.

Hand in Hand mit dem Ausbau der Seemachtstellung ging im achten, siebenten und sechsten Jahrhundert der Vorstoß ins Landesinnere und nach Unter- und Norditalien.

Im 7. Jahrhundert v. Chr. erscheint ein Gebiet, das etwa die Toskana bis zum Arno und das nördliche Latium umfaßte, bereits als Territorium der Etrusker. Längs der alten Metallroute, die von Vetulonia über den Bolsenasee nach Orte mit seinem Tiber-Hafen führte; im Hinterland von Vulci, Tarquinia und Caere entstanden viele größere und kleinere Orte. Erstaunlich und nicht mit der heutigen zu vergleichen war die Dichte der Besiedlung im Umkreis von Viterbo, des Bolsenasees und des oberen Fioratals, wo vielleicht der Handel mit Metall aus den Minen von Vetulonia konzentriert war. Nur die überall verstreuten Nekropolen und hier und da Teile zyklopischen Mauerwerks, die am Rand von Tuffplateaus aus der undurchdringlichen macchia (südlicher Buschwald) ragen, verraten versunkenes Leben. Einige der bedeutendsten Städte der Etrusker bestehen noch immer: Tarquinia, Tuscania, Chiusi, Orvieto, Volterra u. a.; kaum eine von diesen hat aber die Ausdehnung und den Rang ihrer tyrrhenischen Vorgängerin.

Die Ausbreitung der etruskischen Domination bis nach Kampanien, über die es mehr und genauere Angaben aus der Antike gibt, als über die Kolonisierung der Poebene, setzt wohl voraus, daß Latium und Rom in der zweiten Hälfte des 7. und im 6. Jahrhundert v. Chr. zur Machtsphäre der Tyrrhener gehörten. In der römischen Geschichtsschreibung wird eine etruskische Herrschaft zwar niemals deutlich zugegeben, die tyrrhenische Abkunft der Tarquinier, die auf der Liste der Könige Roms an fünfter und siebter Stelle stehen, ließ sich jedoch nicht verschweigen. Kaiser Claudius (10 v. Chr. bis 54 n. Chr.), der gelehrte Verfasser einer leider verschollenen Geschichte der Etrusker in 20 und einer Geschichte Karthagos in acht Bänden, erwähnte in einer Rede einen dritten etruskischen König, Mastarna, der seinen Namen in Servius Tullius umgeändert und

»zum großen Nutzen des Staates« regiert habe. Es ist anzunehmen, daß Claudius gut informiert war. Seine Werke wurden jedenfalls in Alexandrien, das mit seiner berühmten Bibliothek damals das bedeutendste Zentrum wissenschaftlicher Arbeit war, hoch geehrt. Wir erfahren von Sueton, daß sie in einem eigenen Anbau des Museums bewahrt und Jahr für Jahr abwechselnd vorgelesen wurden. Außerdem stammte die erste Frau des Kaisers, Plautia Urgubanilla, aus einem vornehmen etruskischen Geschlecht.

Doch müssen wir die bisherige Vorstellung von Alt-Latium als einem rückständigen Gebiet, das nur von nomadisierenden Hirten bewohnt wurde, weil seine Urwälder, Krater- und Schwefelseen und großen Sümpfe das Entstehen fester Siedlungen bis zum Beginn der Eisenzeit verhindert hätten, aufgeben und ebenso die Ansicht, daß der kulturelle Aufschwung dieses Gebietes erst unter den Etruskern erfolgte. Die bereits erwähnten Ergebnisse der jüngsten Bodenforschung und ein erneutes Studium alter Grabungsberichte und Funde, die vorher zu wenig ausgewertet wurden, ergaben ein anderes Bild. Die archäologischen Zeugnisse für Siedlungen der apenninischen und subapenninischen Kultur häufen sich und zeigen, daß die Anfänge einer Anzahl bedeutender Städte der historischen Zeit tatsächlich, wie dies in der legendären römischen Frühgeschichte behauptet wird, in das »Heroische Zeitalter der Griechen«, d. h. in das 14. bis 12. Jahrhundert v. Chr. zurückreichten. Dies gilt nicht nur für Lavinium, sondern auch für Ardea, Satricum, Praeneste, Tivoli u. a. Auf dem späteren Territorium von Rom gab es sogar schon gegen 1600 v. Chr. ein Hüttendorf auf einem Hügel über dem Forum Boarium an der Tiberfurt, dessen Bewohner wohl den Salz- und Viehhandel über die Flußroute kontrollierten.

Die Tradition von Alba Longa als dem ersten Hauptort des Latinerbundes, den Aineias' Sohn Ascanius auf den Albaner Hügeln gegründet haben soll, wirkt heute glaubwürdiger. Pozzogräber, in denen die Ascheurnen, die manchmal Hausform erhielten, in großen Tongefäßen, Dolio genannt, öfter auch in kleinen, sorgfältig gebauten Kraggewölben, Miniaturausgaben mykenischer Tholoi, geborgen wurden, bewiesen eine frühe Blüte der Siedlungen dieses Gebietes im 10. und 9. Jahrhundert. Ihr Niedergang im 8. bis 7. Jahrhundert wurde ebenfalls aus Grabfunden sichtbar und weist auf die Richtigkeit der Überlieferung von einer Unterwerfung Alba Longas und »seiner 30 Kolonien« durch den dritten römischen König, Tullius Hostilius, der die ehrwürdige Stadt zerstört habe, um den Vorrang Roms zu sichern.

Auf alte Beziehungen zur ägäischen Welt könnte der Kult des Jupiter Latiaris mit seinen Stieropfern deuten, dessen Heiligtum auf dem Mons Albanus lag, dem Monte Cavo unserer Tage. Dort wurden die Bundesfeiern und Versammlungen der Latiner abgehalten und die gemeinschaftlichen rituellen Mähler, bei denen man das Fleisch der Opfertiere verzehrte. Nach der griechischen Heldenzeit weist vielleicht weiter die merkwürdige Verehrung der *ancilia,* von Doppelschilden kretisch-mykenischer Form, die vom Himmel gefallen seien. Diese Schilde wurden in Rom als Talismane gehütet und bei Kulttänzen zu Ehren des Kriegsgottes Mars von den gewappneten Priestern der uralten Kultgenossenschaft der Salier getragen.

Schließlich war der Kult der P e n a t e n , der altrömischen Hausgötter, die später Schutzgötter von ganz Rom wurden, eng mit dem Sagenkreis um Aineias verbunden, der ihre Bildnisse aus dem brennenden Troja gerettet und nach Latium mitgenommen haben soll. So scheint es, als ob die alten Verbindungen zwischen Italien und der Ägäis zumindestens ideell nie abrissen und auch von den Griechen nicht ganz vergessen wurden, die sicher nicht nur zufällig später aufs neue an den Küsten Siziliens und Italiens erschienen, um ihre Magna Grecia zu begründen.

Die kommerziellen Beziehungen zwischen den historischen Griechen und den Latinern, deren Beginn früher erst nach der Stiftung von Kyme bei Neapel (gegen die Mitte des 8. Jahrhunderts v. Chr.) angesetzt wurde, erfuhren durch archäologische Funde aus Rom, Veji und anderen Orten, ebenfalls eine neue Belichtung. Kykladische Tassen und andere feine Keramik der mittelgeometrischen Vasenkunst der Hellenen zeigten, daß diese bereits Jahrzehnte vorher die Küsten von Kampanien bis Südetrurien und den unteren Tiberlauf befuhren, um ihre Erzeugnisse gegen Landesprodukte, sicher vor allem Metall, einzutauschen. Im letzten Viertel des 8. Jahrhunderts v. Chr. wurde in Latium sogar mehr griechische Tonware eingeführt, als in ganz Südetrurien. Um diese Zeit setzte auch der phönizische Import von Luxusgütern aus der Levante, Ägypten, Urartu in Ostanatolien, Zypern usw. ein. Mit ihm begann die etwa 150 Jahre umfassende sogenannte »Periode der orientalisierenden Kunst«, bzw. Kleinkunst, in der die Tyrrhener bald Meister werden sollten. Als Knotenpunkte dieses internationalen Seehandels über die Tiberroute und unter dem Einfluß der hellenischen Kolonien in Süditalien und ihrer tyrrhenischen Nachbarn, nahmen die latinischen Zentren im Lauf des 8. Jahrhunderts einen wesentlich rascheren Aufschwung, als bisher geglaubt wurde.

Diese neuen Einsichten verdanken die Archäologen besonders den Grabungen in der Nekropole von Castel di Decima, etwa 18 km südlich von Rom. Dieser Friedhof, der 1953 zufällig bei Straßenarbeiten entdeckt und seit 1971 systematisch erforscht wurde, gehörte vielleicht zu Politorium, einer verschollenen Stadt, die Ancus Marcius, der vierte König Roms und angebliche Gründer von Ostia, gegen Ende des 7. Jahrhunderts zerstört habe, als Rom sein Hoheitsgebiet bis an die Küste ausbreiten wollte. Die jüngsten Gräber der Nekropole, die etwa seit dem zweiten Viertel des 8. Jahrhunderts benützt wurden, stammen in der Tat aus der Zeit um 600 v. Chr.

Bisher wurden rund 250 Fossagräber mit Körperbestattung aufgedeckt. Die Funde aus dieser größten Nekropole, die jemals in Latium erforscht wurde, weisen auf eine sozial bereits stark differenzierte Gesellschaft mit einer aristokratischen Oberschicht, deren Reichtum wohl auf dem Tiberhandel, gemischt mit Raubritterpraktiken und Großgrundbesitz, beruhte. Die Archäologen nehmen heute nicht mehr an, daß es sich bei ihr um fremde Herren, d. h. um Etrusker, gehandelt habe, wenn auch sicher Vermischung mit dem tyrrhenischen Adel nicht selten vorkam. Die Ausstattung mancher Gräber von Decima erinnert an den Luxus etruskischer Prunkgrüfte, und besonders die typisch etruskische hohe Stellung der Frau, die aus vielen Bestattungen sichtbar wird, weist deutlich auf enge Verbindungen mit dem Nachbarland.

Im »Grab der Prinzessin« aus den letzten Jahrzehnten des 8. Jahrhunderts v. Chr. war die Tote mit fürstlichen Ehren beerdigt worden. Sie lag in der Mitte einer großen Fossa, die nach dem Begräbnis mit Tuffbrocken aufgefüllt wurde. Eine Stola aus Silberblech, auf der eine raffinierte Stickerei aus hunderten blauer und weißlicher Glaspasteperlen und Bernsteinstückchen angebracht war, bedeckte sie von der Taille bis zu den Füßen. Ihre Brust war mit einem großen rechteckigen Pektoral aus Goldblech mit getriebenen geometrischen und Tierornamenten geschmückt. Zwei Bronzefibeln, überdimensionale Paradestücke mit einer Verzierung aus Gold- und Bernsteinplättchen, lagen bei den Schultern und ein Paar goldene Zopfspangen mit feinstem Filigrandekor zu seiten des Hauptes, das ein mit zahllosen bunten Glaspasteringlein bestickter Schleier verhüllt hatte. Zu den Beigaben gehörten weitere Fibeln aus Silber und Bronze mit Einlegearbeit, Becken, eines mit hohem dreiteiligem Untersatz, eine Patera und eine Ciste (meist zylindrischer Behälter für Schmuck und Kosmetika mit Deckel), die den Hochstand verraten, den die Kunst der Bronzeschmiede in dieser Periode erreicht hatte. Im Oberteil der Fossa fanden die Ausgräber Reste eines zweirädrigen Wagens mit eisernen Reifen und langer Deichsel. In seiner Umgebung war viel Keramik, einheimische Ware aus Impasto (grober, wenig geschlemmter Ton) deponiert.

Dieser Wagen im Grab einer vornehmen Dame – in Männergräbern der Nekropole von Decima kamen noch vier ähnliche ans Licht – bewies, daß solche Gefährte wahrscheinlich Attribute von Personen hohen Ranges waren, die keineswegs nur männlichen Verstorbenen mitgegeben wurden. Vielleicht hatten sie eine besondere Funktion bei den Begräbniszeremonien. Nach 650 v. Chr. hörte die Sitte der Wagenbestattungen anscheinend auf.

Auch die männlichen Verstorbenen von Decima wurden manchmal mit sehr reichen Beigaben versorgt. Ihre Gewänder waren mit bronzenen und silbernen Fibeln und Schmucknadeln besteckt, Schwerter und Speere bezeugten, daß sie dem Ritterstand angehörten; Geschirr aus Bronze und Silber belegten ihren aristokratischen Lebensstil, eiserne Bratspieße, an denen noch Reste von Fleischstücken zu erkennen waren, ihre Tafelfreuden. In einigen Fossen kamen bis zu 100 Tongefäße, darunter griechische und etruskische, und kleine phönizische Weinamphoren zutage. Männer wie Frauen wurden langausgestreckt, das Haupt nach Osten gewandt, beerdigt.

Im 7. Jahrhundert erhielten manche Gräber monumentale Maße, während in Etrurien um diese Zeit mehrräumige Kammergräber unter Tumuli aufkamen. Die Fosse von Decima aber wurden nicht mit Erdaufschüttungen bedeckt. Doch waren sie zweifellos sichtbar, vielleicht durch eine auffallende oberste Schicht ihrer Füllung. In einem Falle bestand diese aus eigenartigen schwärzlichen Steinen und einem schneeweißen in Kopfhöhe des Toten. Eine Parallele zu den etruskischen Sippengräbern bildeten Kollektivbestattungen in einigen Fossen. Auf eine Angleichung an tyrrhenische Bräuche weist ebenfalls die Einführung von erblichen Familiennamen bei der latinischen Oberschicht, den *gentes*. Dies war damals nur bei den Etruskern üblich, später auch bei den Umbrern und den Sabellern, die zu deren Einflußgebiet gehörten. Die zunehmende Zahl der glänzendschwarzen Buccherogefäße, einer typisch etruskischen Tonware, in Gräbern und Heiligtümern des 7. Jahrhunderts, die den griechischen Import verdrängte, ist ein weiteres Zeichen der verstärkten Bande mit den Tyrrhenern.

Die großen etruskischen Metropolen konnten sich zu Beginn des 7. Jahrhunderts mit den hochzivilisierten Städten der Ägäis messen. Ihr Vorbild trug ohne Zweifel zur Urbanisierung in Latium bei, wo die bäuerliche Bevölkerung eine Dichte erreicht hatte, die erst in der Kaiserzeit übertroffen wurde.

Die neueste, aufsehenerregende Entdeckung eines frühen Heiligtums auf dem Terrain der legendären Stadt Gabii, die 20 km südöstlich von Rom auf dem Rand eines erloschenen Kraters stand, zeigt, daß dieser Prozeß in manchen Fällen früher einsetzte, als man bisher annahm. Die Überlieferung, daß Gabii schon zu Beginn der römischen Königszeit eine hochkultivierte Stadt gewesen sei, nach der Romulus und Remus zu ihrer Erziehung gesandt wurden, scheint sich zu bewahrheiten. Dieses altlatinische Zentrum konnte auf seiner uneinnehmbaren Höhe auch allen römischen Annexionsgelüsten trotzen und verlor seine Bedeutung erst, nachdem Rom in der republikanischen Periode immer mehr zur Hauptstadt von ganz Latium wurde.

Die Untersuchung der Nekropolen in der Umgebung von Gabii bewies in den letzten Jahren eine dichte Besiedlung dieses Gebietes seit dem 9. Jahrhundert v. Chr. Das Heiligtum auf der Felshöhe von Gabii, dessen Freilegung in vollem Gange ist, datierte aus dem 8. Jahrhundert. Bis jetzt wurden Mauern und Gebäudereste einer Anlage ausgegraben, in deren Zentrum zwei Brunnen und Fragmente von Altarsteinen zutage kamen. Eine Sensation war der Fund von etwa 2000 Bronzefiguren, einstiger Weihegeschenke, die auf einen vielbesuchten Wallfahrtsort weisen. Ihr Stil verrät griechischen und etruskischen Einfluß.

Die Entdeckungen von Gabii sprechen für eine verfrühte städtische Entwicklung einiger latinischer Orte hohen Alters und in bevorzugter Lage, obwohl Latium im allgemeinen kulturell hinter Etrurien zurückstand. Es ist schwer zu sagen, ob die Etrusker unmittelbar an diesem Prozeß beteiligt waren. Man kann aber annehmen, daß vor allem die beiden mächtigen Stadtstaaten von Veji und Caere, die besonders an einer Sicherung der Landverbindungen nach Kampanien interessiert waren, früh nach der Errichtung von Stützpunkten in Latium strebten. Die Archäologen denken heute nicht mehr an eine systematische »Eroberung« dieses Gebietes durch die Tyrrhener, sondern mehr an eine Beherrschung einiger der wichtigsten Verkehrsknotenpunkte. Ein solcher war u. a. Praeneste Palästrina), dessen Aufstieg mit der alten Handelsroute verbunden war, die über den abruzzischen Apennin nach Kampanien führte und mit dem Ruhm seines Orakels der Fortuna Primigenia, das von den durchreisenden Kaufleuten konsultiert wurde. Funde aus der Nekropole von Praeneste zeigten, daß dort die großen Herren mit einem Aufwand bestattet wurden, der in jeder Hinsicht dem Niveau der reichsten Fürstengräber Etruriens entsprach. Unglücklicherweise erfolgten die teils legalen, teils illegalen Ausgrabungen zwischen 1855 und 1876, in einer Zeit, in der solche Unternehmen meist wenig mit archäologischer Forschung aber um so mehr mit Schatzsuche zu tun hatten. Wahrscheinlich wurden mindestens sechs Fossagräber mit prinzlichen Bestattungen geöffnet. Aber nur die Totenbeigaben aus der Tomba Barberini und der Tomba Bernardini, die nach ihren Entdeckern benannt wurden, blieben, mit Ausnahme der Keramik, die als wertlos weggeworfen wurde, als Einheit erhalten, und die Schätze aus der Tomba Castellani landeten wenigstens zum Teil in der Villa Giulia in Rom, wo auch die märchenhaften Kostbarkeiten aus den erstgenannten Gräbern ausgestellt sind. Heute werden die Tomben von Palästrina zwischen 675 und 665 v. Chr. datiert. Früher hielt man sie für jünger. Ihre Ausstattung gehört noch in die Frühphase des orientalisierenden Stils und wurde teils von weither importiert, teils, vor allem der Goldschmuck, wahrscheinlich in Caere hergestellt. Diese Juwelen bilden noch immer einen Höhepunkt der Edelschmiedekunst aller Zeiten. Außer dem unerhört reichen persönlichen Schmuck der Toten enthielten die Gräber, große gebaute Fosse, Gefäße und Gold und Silber und Geräte aus geschnitztem Elfenbein zyprischer und levantinischer Herkunft. Mächtige Kessel auf hohen Untersätzen, über deren Rand Fabelwesen blicken, kamen wahrscheinlich aus Urartu. Viele andere Gefäße und Gegenstände aus Bronze in vollendeter Ausführung waren aber einheimische Erzeugnisse. Aus der Tomba Bernardini kommt eine Silberschale mit dem gravierten Namen *Vetusia* ihrer etruskischen Besitzerin. Dies ist die bisher älteste tyrrhenische Inschrift aus Latium, wo die Kunst des Schreibens vermutlich von den Caeretanern eingeführt wurde. Aus derselben Gruft stammt aber auch die älteste latinische Inschrift. »Manius gab mich an Numerius« ist auf einer goldenen »Drachenfibel« zu lesen. Es ist interessant, daß der Name des Beschenkten in der Legende vom Ursprung des Orakels von Praeneste erscheint. Numerius Suffucius, ein Edler aus diesem Ort, habe mit göttlicher Hilfe die Höhle mit den heiligen Orakelstäben gefunden, auf denen das Los der Menschen und die Zukunft eingeritzt waren. Die Befragung des Orakels geschah dann durch Ziehen eines dieser Stäbe. Numerius und Vetusia, vereint im gleichen Grabe, dies deutet sicher auf die Ehe eines Prinzen aus Praeneste mit einer vornehmen Etruskerin, deren Name für ihre Abkunft aus Veji spricht.

Dem etruskischen Kulturkreis zugehörig erscheint auch Satricum, nach Alba Longa vielleicht der wichtigste Ort von Alt-Latium. Sein Aufstieg hing mit dem Seehafen von Antium zusammen, der 8 km entfernt war und mit seinem großen Heiligtum der Mater Matuta, der Muttergöttin der Urreligionen des Mittelmeerraumes. Ihr Tempel erhob sich auf einem steilen Hügel, der die älteste Siedlung trug. Ausgrabungen, die zwischen 1896 und 1898 dort unternommen wurden, legten die Reste eines Sanktuariums etruskisch-kampanischen Stils frei, das nach der Mitte des 6. Jahrhunderts erbaut und gegen 500 v. Chr. rekonstruiert und erweitert wurde. Unter der Cella des ersten Baues kam ein unerwarteter Beweis des frühen Beginns des *Mater Matuta-Kultes* an diesem Ort ans Licht. Die Ausgräber legten eine Grube von 9,5 m Länge und 5,5 m Breite frei, die mit Steinen ausgekleidet war und ein außerordentlich reiches Depot von Votivgaben enthielt. Die ältesten konnten um 725 v. Chr., die jüngsten in das dritte Viertel des 6. Jahrhunderts datiert werden. Viele Darstellungen der »Großen Mutter« in Form von Statuetten aus Terracotta und Bronze und von Figürchen, die aus Bronzeblech geschnitten wurden, bewiesen, daß das Sanktuarium ihr geweiht war. In zwei Fällen erscheint sie in Treibtechnik auf Rechtecken aus ehemals vergoldetem Silberblech, wahrscheinlich südetrurischer Herkunft, als »Herrin der Tiere« zwischen geflügelten Fabeltieren östlichen Stils.

Unter der zahlreichen Tonware gab es nicht wenige Buccherovasen. Auf der Scherbe eines solchen Gefäßes befand sich eine etruskische Weihe-Inschrift, »Laris Velchaine gab mich«. Der Spender kam aus Caere, wo dieser Name einer vornehmen Familie bezeugt ist.

Die Nekropole von Satricum, deren Anfänge in das 9. Jahrhundert zurückgingen, zeigte im 7. Jahrhundert manche Analogien mit tyrrhenischen Friedhöfen. Nach den Pozzo- und Fossagräbern kamen in dieser Periode aus Tuffsteinen gebaute Kammergräber unter Tumuli auf, die Kollektivbestattungen und viele wertvolle Totenbeigaben enthielten. Es gibt also wohl Anhaltspunkte aber keinen Beweis dafür, daß der große wirtschaftliche und kulturelle Aufschwung von Satricum im 7. und 6. Jahrhundert, den u. a. der reiche künstlerisch hochwertige Terracottaschmuck der Tempel bezeugt, unter etruskischer Oberhoheit erfolgte. Cato erwähnt wohl die Anwesenheit von Tyrrhenern im nahen Ardea und im Gebiet der Volsker, von etruskischen Königen hören wir aber nur in der römischen Geschichte, und in dieser treten sie erst gegen Ende des 7. Jahrhunderts auf. Zu denken gibt allerdings der Name des sagenhaften Gründers der Ewigen Stadt, Romulus, der eher auf den Ahnherren einer nachweislich altetruskischen Gens Rumlna oder Rumale deutet, die nach einem der Hügeldörfer am Tiber übersiedelte, um sich in den aufblühenden Handel über die Flußroute einzuschalten, als auf den Sohn einer Prinzessin aus Alba Longa, um von seinem göttlichen Vater, Mars, zu schweigen, der ihm aus Prestiggründen zugeteilt wurde.

Der Ursprung der Ewigen Stadt war seit Jahrhunderten eines der meistumstrittenen Themen der Historiker und Archäologen. Romulus galt als eine späte Erfindung, dies um so mehr als griechische Schriftsteller schon gegen Ende des 5. Jahrhunderts Aineias als den Gründer Roms bezeichneten. Das offizielle Gründungsdatum, der 21. April 754 oder 753, wurde ins Reich der Phantasie verwiesen.

Die Resultate der Ausgrabungen in der Ewigen Stadt, die seit den letzten Jahrzehnten des 19. Jahrhunderts mit Unterbrechungen bis heute weitergehen, im Verein mit sprachgeschichtlichen und Studien der religiösen und staatlichen Institutionen im alten Rom, haben in letzter Zeit endlich zu einer sicher in großen Zügen richtigen Einsicht in das Werden dieser Kapitale geführt. Niemand glaubt mehr an eine G r ü n d u n g im Sinne eines Willensaktes an einem bestimmten Tage. Die Spatenarbeit hat gezeigt, daß eine allmähliche Entwicklung und Verschmelzung verschiedener Hüttendörfer auf den römischen Hügeln erfolgte. Es scheint, als hätte der Palatin, gemäß der Legende, in der Tat die älteste und bedeutendste Siedlung getragen, die im 10. Jahrhundert entstand und in ihren Bestattungssitten mit der Kultur der Albanerberge und des

Tolfagebietes übereinstimmte. In der zweiten Entwicklungsphase wurden, wie an anderen altlatinischen Orten, Einflüsse der Villanovakultur Etruriens und Kampaniens und der Apenninen-Kultur sichtbar. Fossagräber erschienen neben den älteren Brunnengräbern mit Hausurnen oder Dolio, und auch hier wurde die Brandbestattung allmählich durch Körperbestattung abgelöst. In der ersten Hälfte des 8. Jahrhunderts kam es zu einer bedeutsamen Ausbreitung und zum Zusammenschluß der Dörfer auf dem Palatin, dem Esquilin und dem Quirinal. Das Gründungsdatum Roms enthielt daher noch einen historischen Kern! In der zweiten Hälfte des 8. Jahrhunderts nahm, wie bereits erwähnt, der Import griechischer Keramik auffallend zu, vielleicht als Folge der Niederlassung hellenischer Kaufleute und Töpfer – ein Teil der griechischen Tonware scheint an Ort und Stelle produziert und dem Geschmack der Latiner angepaßt –, die ohne Zweifel zur langsamen Urbanisierung der zukunftsreichen Siedlung an der Tiberfurt beitrugen. Seit der Mitte des 7. Jahrhunderts aber wurde der etruskische Einfluß entscheidend für die endgültige Stadtwerdung Roms.

Die Beherrschung des Unterlaufes des Tibers war für die angrenzenden Stadtstaaten der Tyrrhener für ihre See- wie ihre Landverbindungen mit Kampanien lebenswichtig. Zweifellos verfügten sie auch über die Machtmittel, um dieses Ziel zu erreichen. Wenn wir Titus Livius glauben wollen, erlangte der erste etruskische König Roms, Lucius Tarquinius Priscus, seinen Thron aber keineswegs durch Gewalt. Nach diesem Historiker, der allerdings ein Meister im Vertuschen unangenehmer Tatsachen der römischen Geschichte war, gehörte dieser Sohn eines fürstlichen Flüchtlings aus Korinth, Demaratos, und einer Etruskerin, zu jenen Tyrrhenern, die ihre Erfolgsaussichten im jungen, noch unterentwickelten Stadtstaat am Tiber höher einschätzten als in der Heimat. Livius beschreibt ausführlich die gutgezielte Freigebigkeit des schwerreichen Halbgriechen aus Tarquinia, der mit Tanaquil, einer ehrgeizigen etruskischen Prinzessin, verheiratet war, rühmt seine zivilen und militärischen Verdienste und sein einnehmendes Wesen wie seine Klugheit, die ihm die Liebe des Volkes und des Vertrauens des Königs Ancus Marcius erworben hätten. Sein höchster

Wunsch sei von Beginn an gewesen, ein echter Römer zu werden. So habe er auch eiligst seinen etruskischen Namen, Lucumo, in den latinischen, Lucius Tarquinius, verändert (Priscus, d. h. der Alte, wurde er erst später in der Geschichtsschreibung genannt). In dieser Nachricht steckt vielleicht ein ungewollter Hinweis darauf, daß Tarquinius nicht allein durch die freie Wahl des römischen Volkes – übrigens nicht ohne einen listigen Trick, der den rechtmäßigen Thronfolger, den ältesten Sohn des Ancus Marcius, ausschaltete – an die Regierung kam. Lucumo war nämlich kein Personenname, sondern der Titel, den die etruskischen Stadtfürsten trugen. Es könnte daher auch sein, daß ein Stadtkönig von Tarquinia auf friedlichem oder weniger friedlichem Wege die Macht über Rom erlangte. Die angebliche Unterwerfung einiger Stadtstaaten der Etrusker durch Tarquinius Priscus erschiene dann in anderem Licht. Wie dem auch sei, es steht fest, daß sich der erste große Aufschwung Roms unter etruskischen Königen vollzog.

Dem Tarquinier werden die Anlage der *Cloaca Maxima,* der Bau des *Circus Maximus* und der ersten Stadtmauer aus behauenen Blöcken zugeschrieben, die von seinem Nachfolger, Servius Tullius vollendet und daher Servius-Wall genannt wurde. Die Dränung der sumpfigen Niederungen zwischen den Hügeln mit ihren Wasserläufen und kleinen Seen, die vor allem durch die Regulierung des Baches, der das Forum Romanum durchfloß, erreicht wurde, war von vitaler Bedeutung für die Entwicklung Roms und zweifellos ein Werk der Etrusker, Meistern in den Techniken der Entsumpfung und Wasserregulierung. Unter seinem tyrrhenischen Herrscher, dessen Regierung 616 v. Chr. begonnen habe, verwandelte sich Rom aus einem Konglomerat großer Hüttendörfer, (wie andere altlatinische Orte vermutlich von einem Erdwall mit Graben umschlossen) in eine Metropole, die sich mit den Städten der Etrusker messen konnte. Ausgrabungen haben gezeigt, daß man die rundlichen Lehmhütten mit Reisigdach in dieser Periode durch rechteckige Häuser aus Lehmziegeln auf Steinfundamenten, die mit Terracottaziegeln gedeckt wurden, ersetzte, und daß auch die Überlieferung vom Bau eines Jupiter-Tempels auf dem Kapitol durch Tarquinius Priscus und der Tempel der Fortuna und der *Mater Matuta* durch Servius Tullius auf dem Forum Boarium richtig war.

Die Konstruktion neuer Amtsgebäude auf dem Kapitol führte bereits zwischen 1925 und 1927 zur Entdeckung der Reste sakraler Bauten unter einem Flur von Tuffblöcken, die leider nur zum Teil untersucht werden konnten. Die wichtigste war die einer *favissa,* eines der unterirdischen Gewölbe auf dem Kapitol, in denen laut Varro die ausrangierten Weihegaben bewahrt wurden, die man als heiligen Besitz der Götter nicht vernichten durfte. Die Votivgeschenke, unter denen sich viele Buccherogefäße und phallische Figuren aus Bronzeblech befanden, datieren aus dem Ende des 7. und dem ersten Viertel des 6. Jahrhunderts. Es ist anzunehmen, daß sie zu dem ältesten Heiligtum auf dem Kapitol gehörten und anläßlich der Errichtung eines neuen Jupitertempels unter dessen Flur geborgen wurden.

Die jüngsten Grabungen in der Sakralzone (S. Omobono) des *Forum Boarium* brachten ihrerseits sehr viel architektonisches Material von einem archaischen Tempel ans Licht und zahlreiche Bucchero- und importierte griechische Vasen. Aus dem gleichen Bereich stammt auch die Scherbe eines Impastogefäßes, auf der das älteste etruskische Schriftzeugnis aus Rom erhalten blieb, das um 600 v. Chr. datiert wird. Es besteht nur aus dem Namen *Uqnus,* ist aber auch historisch bedeutungsvoll als Name eines etruskischen Prinzen, der als Gründer von Perugia und der Städte in der Poebene in der Überlieferung erscheint und offenbar mit Rom verbunden war, da er »Sohn des Tiber« genannt wird.

Unter den Schriftfunden des 6. Jahrhunderts aus Rom und Latium überwiegen die etruskischen bei weitem, ein Hinweis auf die Etruskisierung des ganzen Gebietes in dieser Periode, die auch ihre unverwischbaren Spuren in der Religion, der Nomenklatur, dem Kalender und den Bräuchen des jungen Rom hinterließ. Einen Stadtteil, der von Etruskern bewohnt war, bezeugt die Erwähnung eines römischen Vicus Tuscus.

Weit geringere Spuren hinterließen die Etrusker in Kampanien. Die Ausstrahlung der griechischen Kultur, die dieses Gebiet unmittelbar traf, mag den kulturellen Einfluß der Tyrrhener geschwächt haben. Nur Inschriften, mehr als hundert, von denen die meisten übrigens aus einer Zeit stammen, in der die Tyrrhener Kampanien bereits verloren hatten, bezeugen, daß die etruskische Sprache dort tief verwurzelt und weit verbreitet war. Der Terracottaschmuck der Tempel erreichte eine ebenso hohe Stufe, wie der tyrrhenische, besaß jedoch einen eigenen Stil. Dasselbe gilt für bemalte Gräber, die in kleiner Zahl auch in Kampanien gefunden wurden. Von antiken Schriftstellern erfahren wir, daß der Hoheitsbereich der Etrusker das gesamte Küstengebiet mit Ausnahme der griechischen Zone von Kyme und Neapel und über Kampanien hinaus noch den Golf von Sorrent umfaßt habe bis zum Fluß Sele, hinter dem die Herrschaft der Griechen begann.

Die Hauptstadt der Südprovinz war Capua, eine Mustersiedlung, die nach den Grundsätzen des etruskischen Städtebaus schachbrettartig angelegt worden sei. Weitere Gründungen waren: Acerra, Pompei, Herculaneum, Nola und Nocera. Münzen überlieferten die Namen anderer Städte; Thezle, Velche, Irnthi und Velsu, deren Lage unbekannt ist.

Nach Norden erfolgte die Ausbreitung der etruskischen Macht wahrscheinlich erst im 6. Jahrhundert. Perugia war ein vorgeschobener Posten der Etrusker in Umbrien. Cortona, Arezzo und Fiesole sind weitere Merksteine ihres Vordringens. In der zweiten Hälfte des 6. Jahrhunderts erfolgte die Besetzung von Felsina, des späteren Bologna, das damals bereits ein Villanova-Dorf von beträchtlicher Größe und der Umschlagplatz für den Handel nach Norden war. Das etruskische Felsina stand jedoch nicht in der Ebene, wo sich die Villanova-Siedlung ausgebreitet hatte, sondern wahrscheinlich auf einem der Hügel um die heutige Stadt und ist noch nicht gefunden worden.

Servius erwähnt eine Lokalsage aus Perugia, die im Zusammenhang mit der Ausbreitung der Tyrrhener nach Norden und des Fundes der Vasenscherbe mit dem Namen *Uqnus* in Rom interessant ist. Nach ihr sei Ocno (Uqnus) ein Sohn oder Bruder des Aulestes, des Gründers von Perugia, der Gründer von Felsina und Mantua gewesen.

Verrius und Caecina wiederum berichten, daß Tarchon, der Heros von Tarquinia, außer den zwölf Städten Etruriens auch ebensoviele in der Poebene gegründet habe. Von Livius stammt die schon erwähnte Nachricht, daß die Etrusker die gesamte Poebene bis zu den Alpen mit Ausnahme der venetischen Region im Nordosten besetzt hätten. Es ist aber unwahrscheinlich, daß sie gegen Westen weiter als bis zum Ticinus vordrangen, den sie später gegen die Gallier verteidigten. Von den legendären zwölf Städten im Norden des Apennin kennen wir, außer Felsina, Mantua, Spina und Adria, dem Namen nach noch Melpum. Ob Modena, Parma und Piacenza etruskische Städte waren, ist ungewiß. Eine bedeutende Niederlassung unbekannten Namens wurde außerdem südlich von Bologna, unweit von Marzabotto, ausgegraben.

In dem 1922 wiederentdeckten Spina spielten die Etrusker offensichtlich eine geringere Rolle als die Griechen. Antike Schriftsteller bezeichneten diese Stadt sogar als hellenisch, und die Mengen griechischer Vasen aus ihren Friedhöfen bestätigen ihre engen Bindungen an Athen. Nach den Grabfunden wurde Spina erst gegen Ende des sechsten Jahrhunderts gegründet. Wie später Venedig, erhob sich auch diese Stadt auf Pfählen inmitten einer Lagune. Ein breiter Kanal diente gleichzeitig als Hafen und als Zugang zum Meer. Der Wohlstand von Spina beruhte sicherlich auf dem Seehandel.

Auf dem Lande wie zur See prallten die etruskischen und die griechischen Expansionsbestrebungen immer wieder gegeneinander. Um die Mitte des sechsten Jahrhunderts wurde diese Gefahr besonders akut, als eine neue Welle griechischer Auswanderer nach Spanien und in das Ligurische Meer vorstieß. Die Phokäer, die durch den persischen Ansturm auf die kleinasiatischen Griechenstädte heimatlos geworden waren, wandten sich um diese Zeit nach Korsika. Das dem Festland zugewandte Ufer dieser Insel war jedoch im Besitz der Tyrrhener, die aus den riesigen Wäldern Holz, Honig und Wachs bezogen.

Die griechische Einwanderung auf Korsika bedeutete einen Einbruch in die etruskische Machtsphäre und wurde daher zum auslösenden Moment für die erste tyrrhenisch-griechische Kriegshandlung in großem Stil. Das Bündnis mit Karthago, das die Etrusker zuvor – vermutlich angesichts der Bedrohung des Tyrrhenischen Meeres durch die Ionier – eingegangen waren, erwies sich nun als nützlich.

Die Karthager, die um ihre sardischen Beziehungen ebenso besorgt waren wie ihre Alliierten um die korsische Kolonie, entsandten sechzig Schiffe. Zusammen mit einer ebenso großen etruskischen Flotte forderte man vor Alàlia, der griechischen Gründung auf Korsika, den Feind zum Kampf heraus. In der hellenischen Geschichtsschreibung wird diese erste internationale Schlacht auf dem Mittelmeer als ein Sieg verbucht. In Wirklichkeit verloren die Ionier vierzig Schiffe und waren gezwungen, Korsika zu räumen.

Um die Mitte des sechsten Jahrhunderts steht die etruskische Thalassokratie (Seeherrschaft) auf dem Höhepunkt ihrer Macht. Das Herz der Nation schlägt in den großen Küstenstädten längs des Tyrrhenischen Meeres. Ähnlich wie bei den Griechen ist die Stadt, die *polis*, der Mittelpunkt des kulturellen und politischen Lebens. Die ausgeprägte Eigenart der einzelnen Städte läßt das etruskische Volk jedoch nie zu einer straffen politischen Zusammenfassung gelangen. So stark es sich in religiöser, rassischer und kultureller Hinsicht als Einheit fühlte, so verhängnisvoll locker blieb die politische Bindung der einzelnen Stadtstaaten untereinander, deren Konföderation vielleicht am besten mit der deutschen Hanse verglichen werden könnte.

Auch die Ausbreitung der Tyrrhener über einen großen Teil Italiens ging sicherlich nicht auf koordinierte Aktionen zurück, sondern auf Initiativen einzelner Städte oder sogar einzelner Condottiere-Persönlichkeiten. Die mangelnde politische Einheit der etruskischen Stadtstaaten, die wahrscheinlich einen ähnlichen Partikularismus entwickelten wie die toskanischen Städte des Mittelalters, verhinderte wohl auch eine dauerhafte tyrrhenische Domination der neu unterworfenen Gebiete. Antike Autoren berichten zwar von einem Zwölfstädtebund der Etrusker, dessen System später auf Norditalien und Kampanien übertragen worden sei: nirgends aber wird angegeben, wann und vor allem wie lange ein solcher Organismus bestanden hätte.

Nach Livius gab es jeden Frühling ein Treffen der Anführer

der etruskischen Stadtstaaten in einem Nationalheiligtum, dem *Fanum Voltumnae,* das vielleicht bei Volsinium = Velsuna lag. Die letzte solche Zusammenkunft wird von ihm in das Jahr 389 v. Chr. datiert. Bei diesen »Konzilien«, wie Livius sie nennt, wurden Fragen gemeinsamen Interesses erörtert und auch Beschlüsse gefaßt, die Krieg und Frieden betrafen. Wer sich diesen Anordnungen widersetzte, hatte Sanktionen zu gewärtigen.

Trotz der Konzilien im Fanum Voltumnae, die auf das wenigstens zeitweise Bestehen einer Föderation der etruskischen Stadtstaaten deuten, ist es nicht sehr wahrscheinlich, daß diese zu irgendeinem Zeitpunkt unter einem allgemein anerkannten Oberhaupt geeint waren. Einzelnen Städten, vor allem Tarquinia, mag zwar temporär eine führende Rolle zugefallen sein; im Ganzen aber zeigt die Geschichte der Tyrrhener, daß diese selbst angesichts der von Rom drohenden Gefahr nicht imstande waren, ihre Kräfte rechtzeitig zu sammeln, um dieser ernsten Bedrohung durch eine gemeinsame Aktion zu begegnen.

Von der Verwaltung der tyrrhenischen Stadtstaaten wissen wir auch heute noch nicht allzuviel.

Die Staatsform war im ältesten Etrurien vermutlich überall monarchisch. Der Priesterkönig, dessen Gewalt über Leben und Tod durch die ihm vorausschreitenden Liktoren, die das Beil zum Köpfen und das Rutenbündel zum Stäupen trugen, versinnbildlicht wurde, herrschte in uneingeschränkter religiöser und politischer Autorität. Vielleicht war das Königtum in der Frühzeit auch erblich. Für später ist jedenfalls ein Jahreskönigtum verbürgt, für das der jeweilige Monarch – (Lucumo) etruskisch *Lauchme* – aus den Vertretern der vornehmsten und ältesten Familien gewählt wurde. Eine gut bewaffnete und organisierte Armee bildete die Grundlage der Macht des Staatsoberhauptes. Ihre Führer gingen durchweg aus der ritterlichen, kampferprobten Herrenkaste hervor. Deren Einfluß war daher in ständigem Anwachsen begriffen. Aus ihren Reihen kamen auch die Brüder Vipinas aus Vulci, deren Aufstandsbewegung das innen- und außenpolitische Gleichgewicht, in dem sich Mittel- und Südetrurien im sechsten Jahrhundert v. Chr. befanden, folgenschwer stören sollte. Im Verlauf dieser Revolution wurde das alte monarchische Regime in den meisten Staaten durch ein republikanisch-aristokratisches ersetzt. Wo der König noch blieb, wie in Veji, verblaßte seine Funktion zum religiösen Rang. Die Beamten der republikanischen Epoche werden in der Geschichtsschreibung immer nur als »principes« bezeichnet, was soviel wie »hervorragendste Bürger« bedeutet. Etruskische Sarkophaginschriften zählen aber gelegentlich die Ämter und Würden der Verstorbenen auf. Den öfter vorkommenden Titel »zilath« glaubt man ungefähr mit »praetor« übersetzen zu können. Unsicherer ist die Bedeutung von »maru« und »purthne«. Wahrscheinlich hatten die republikanischen Regierungen der verschiedenen Stadtstaaten auch nicht überall die gleiche Form.

Die im Gefolge der Revolution der Vipinas auftretenden Streitigkeiten und Umwälzungen brachten zwangsläufig eine momentane Schwächung der etruskischen Stadtstaaten. Ihre Gegner trachteten sofort, diese günstige Konstellation auszunützen. In Rom erhielt die antietruskische Partei durch den Sturz des Königs Cneve Tarchunies Auftrieb. Dank seiner Schlüsselstellung für die Beherrschung der Tiberschiffahrt und seiner vorteilhaften Lage zwischen dem etruskischen Kernland und seinen südlichen Besitzungen hatte Rom inzwischen einen raschen Aufschwung erlebt. Noch vermochte es sich aber nicht endgültig aus dem etruskischen Bannkreis zu lösen. Das nahe Veji bedrängte es hart, und es scheint, daß Camars *(Clusium)* sich ebenfalls in seine Angelegenheiten einmischte. Die Überlieferung berichtet jedenfalls, daß Porsenna, der mächtige König von Clusium, Rom eroberte und das vertriebene Geschlecht der Tarquinier wieder — allerdings nur für kurze Zeit — auf den Thron setzte. Der französische Etruskologe R. Bloch hat gewichtige Argumente für eine Dauer der etruskischen Herrschaft in Rom bis gegen 475 v. Chr. angeführt!

Wirtschaftlich hatte sich die Lage für die Etrusker um diese Zeit ebenfalls durch die mächtige Entfaltung von Karthago und die aufblühenden griechischen Kolonien in Unteritalien und Sizilien verschlechtert. Dieser doppelten Konkurrenz war ihr Handel nicht mehr gewachsen.

Auch die antietruskische Bewegung der Latiner in den Albanerbergen — vermutlich von den ihren Vorteil erspähenden Griechen geschürt — nahm immer schärfere Formen an. Gegen Ende des sechsten Jahrhunderts kam es schließlich zu einer Schlacht in der Gegend des heutigen Ariccia. Die aufständischen Latiner, denen Aristodemus von Kyme mit Truppen zu Hilfe kam, besiegten die Etrusker. Die latinischen Städte schlossen sich nun zu einem Bund zusammen, in dem vorerst noch Rom und Praeneste fehlten, und suchten die Tyrrhener über den Tiber zurückzudrängen. Als auch Rom sich schließlich dieser Liga anschloß, war die etruskische Vorherrschaft in Latium endgültig vorbei.

Der Abfall Latiums war ein schwerer Schlag für die Tyrrhener, die sich damit der Landverbindung mit dem südlichsten Teil ihres Reiches beraubt sahen. Abgesehen von den wirtschaftlichen Folgen bedeutete er auch einen außerordentlichen Prestigeverlust für die etruskischen Städte. Ihre führende Stellung auf einem Großteil der italischen Halbinsel schien zum ersten Male ernstlich bedroht.

Die Frage der Seeherrschaft rückte nun, da Kampanien nur mehr über den Wasserweg erreicht werden konnte, für die Tyrrhener wieder mehr denn je in den Vordergrund. Es kam zu einem neuerlichen Konflikt mit den Griechen. Der hellenische Vorposten Kyme war den Etruskern schon immer ein Stachel im Fleische gewesen.

Nach dem Sturz des Aristodemus, der in den tyrrhenisch-latinischen Kampf so entscheidend eingegriffen hatte, schien den Etruskern im Jahre 474 v. Chr. der geeignete Augenblick gekommen, um die Eroberung von Kyme vom Meer her zu versuchen. Diesmal standen ihnen jedoch keine karthagischen Verbündeten zur Seite. Die Punier hatten schon einige Jahre früher im Kampf um Sizilien eine Niederlage durch die Griechen erlitten. Den Verteidigern von Kyme aber eilten die Syrakusaner zu Hilfe. Das Schicksal entschied denn auch nach einer blutigen Seeschlacht gegen die Tyrrhener. Ihre die Gewässer von Kyme blockierende Flotte wurde fast gänzlich zerstört. Die Erinnerung an diese Katastrophe blieb uns in einer Ode Pindars erhalten. Sie beschreibt, daß in dieser Schlacht »den Tyrrhenern die Blüte ihrer Jugend von den schnellfahrenden Schiffen ins

Meer gestürzt und Hellas aus tiefer Knechtschaft errettet wurde«. Auch eine in Olympia aufgefundene Weihegabe, ein beschrifteter Bronzehelm des Hieron von Syrakus, bezieht sich auf den Sieg der Griechen in diesem Kampfe.

Der etruskische Traum von einer Beherrschung der südlichen Meerzone war mit der Niederlage von Kyme zu Ende und mit ihm auch alle vielleicht noch vorhandenen Expansionspläne. Kampanien war nun völlig isoliert.

Die großen alten Küstenstädte, wie Caere, Tarchna usw., waren die Hauptleidtragenden der geschilderten Ereignisse. Ihr Seehandel ging immer mehr zurück, ihr Reichtum verminderte sich und mit ihm ihre politischen und militärischen Machtmittel. Kaum zwanzig Jahre nach dem Sieg bei Kyme konnten die Griechen von Syrakus bereits einen Vorstoß in das wirtschaftliche Lebenszentrum Küstenetruriens, das Erzgebiet von Elba, wagen und sich dort an mehreren Stellen festsetzen. Auch auf Korsika wurden bei diesem Anlaß Stützpunkte gegründet. Die Tatsache, daß die Tyrrhener diese Expedition ihres alten Erbfeindes zur See nicht verhindern konnten, zeigt den raschen Niedergang ihrer Macht. Nicht einmal der den eigenen Küsten vorgelagerte Inselbesitz ließ sich halten.

Zu der Bedrohung von der Seeseite her gesellte sich bald eine neue Gefahr: die Erhebung der wilden italischen Bergvölker aus den Abruzzen und dem Apennin. Ihre kriegerischen Scharen stießen zunächst in nördlicher Richtung in das picentische Land vor und eroberten dann einen Großteil der von den Etruskern kolonisierten adriatischen Küste. Vermutlich kamen sie bis hinauf nach Ravenna. Auch Latium hatte schwer unter dieser Invasion zu leiden und verlor das ganze Gebiet südlich der Albanerberge von Velletri bis Terracina, das volskisch wurde.

Im Süden aber schlug die Stunde des etruskischen Kampaniens. Schon lange war dieses, infolge seiner Abtrennung vom Mutterland, zu seiner Verteidigung mehr und mehr auf Söldnertruppen angewiesen gewesen, die sich aus denselben Bergstämmen rekrutierten, die nun gleich einer Lawine aus den unwirtlichen Hochtälern in die fruchtbaren, mit blühenden Städten besetzten Ebenen hinabströmten. Es waren die sabellischen Tribus; vorher hatten sie länger als hundert Jahre den Tyrrhenern wie den Griechen im Kampf um die Vorherrschaft als Söldner gedient; nun hielten sie den Zeitpunkt zur Eroberung Kampaniens für gekommen. Zu diesem Zweck zogen sie durch das Tal des Volturno hinab auf Capua zu. Zuvor schon hatten sich die Sabeller aber mit ihren in Garnison in Capua liegenden Landsleuten verständigt. Diese verrieten ihre etruskischen Befehlshaber, öffneten nachts die Tore der Stadt und richteten dann gemeinsam mit den Angreifern ein Blutbad unter den überraschten Tyrrhenern an. Mit dem Fall Capuas, 430 v. Chr., entschied sich das Schicksal des ganzen Landes, das nun ziemlich rasch unter die Herrschaft der italischen Stämme geriet. Aber auch das stolze Kyme, das jahrhundertelang den Etruskern getrotzt hatte, wurde von dem wilden Ansturm der Barbaren überwältigt. Nur Neapel und die Inseln Ischia und Capri blieben unabhängig.

Die Einbuße an Machtstellungen, die das fünfte Jahrhundert v. Chr. für die etruskische Liga brachte, hatte auch eine starke Verlagerung des politischen Schwergewichtes in deren intakt gebliebenen Teilen zur Folge. Die Tyrrhener sahen sich gezwungen, vom Seehandel immer mehr auf den Binnenhandel umzuschalten. Die nordetrurischen Städte, die die Verbindungsstraßen zur Poebene beherrschten, rückten zunehmend in den Mittelpunkt des Wirtschaftslebens und damit auch der kulturellen Entwicklung. Die Bedeutung der Küstenmetropolen verblaßte; auch ihre Landwirtschaft ging, vermutlich durch die Vernachlässigung der Kanalisationsanlagen, zurück; eine Agrarkrise setzte ein; die Malaria begann das Land zu entvölkern. Clusium hingegen nahm einen großen Aufschwung und ebenso Fiesole, Cortona, Perugia und Arezzo.

Um das Ende des fünften Jahrhunderts erlitten die Tyrrhener einen neuen schweren Schlag, als die gallischen Horden in die Poebene einfielen und die Lombardei eroberten. Einst hatten die Etrusker Italien davor bewahrt, eine griechische Kolonie zu werden; nun wirkten sie als Bollwerk gegen den barbarischen Ansturm aus dem Norden. Immer wieder brachen sich seine Wellen am Widerstand der etruskischen Städte oder verloren doch an Kraft. Etrurien stand in diesem Kampf allein, denn Rom verweigerte die Bildung einer gemeinsamen Front gegen die Eindringlinge, eine Kurzsichtigkeit, die später mit der Niederlage an der Allia und der Zerstörung der Ewigen Stadt durch die Gallier bitter bezahlt wurde. Die Kelten konnten bekanntlich damals nur durch ein ungeheures Lösegeld zum Abzug aus Latium bewogen werden. Den Hauptdruck der Gallier mußte, nach dem Verlust der Poebene, die nördliche Toskana aushalten, die die Vorstöße der Barbaren stets wieder auffing. Rom hingegen konnte sich inzwischen ungestört im Herzen Italiens immer kräftiger entfalten, um dann den durch die Kämpfe im Norden geschwächten Etruskern in die Flanke zu fallen.

Zu Beginn des vierten Jahrhunderts war vom einst fast die Hälfte Italiens umfassenden etruskischen Machtbereich nicht viel mehr als das alte Kernland geblieben. Die vorgeschobenen Bastionen im Süden und im Norden waren gefallen; Felsina, die Hauptstadt des Nordreiches, hielt zwar noch den Galliern stand, doch nicht mehr für lange, und die Seeherrschaft der Tyrrhener war endgültig von den Griechen gebrochen. Die letzte Hoffnung der Etrusker auf eine Wiedergewinnung ihres Einflusses in der südlichen Meerzone scheiterte im Jahre 413 v. Chr. Damals unternahmen die Athener bekanntlich ihre Strafexpedition nach Syrakus. An der großen Schlacht im Hafen der Stadt nahmen auch etruskische Schiffe an der Seite der athenischen Flotte teil und wurden mit dieser zusammen vernichtet. Dies war die letzte Aktion in großem Stil, bei der die tyrrhenischen Seestreitkräfte in Erscheinung traten. Von da an zermürbten sich ihre Reste in einer ständigen Guerilla. 384 v. Chr. erschienen die Schiffe der sizilianischen Griechen erneut vor der etruskischen Küste und verwüsteten Pyrgi, den Hafen von Caere, griffen die noch verbliebenen tyrrhenischen Besitzungen auf Elba an und gründeten auf Korsika einen weiteren Stützpunkt. Auch die Vorstöße der Syrakusaner in die Adria waren gegen die Etrusker gerichtet, die dort ihren letzten Zugang zu diesem Meer, den Hafen von Adria, an die Griechen verloren.

Die großen, schicksalhaften Entscheidungen aber fielen für das etruskische Volk nicht zur See und nicht im Ringen mit den wilden gallischen Horden. Sein Geschick erfüllte sich in dem

Jahrhunderte währenden blutigen Kampfe mit Rom, der im vierten Jahrhundert v. Chr. seinen Anfang nahm.

Die Tyrrhener erkannten in tragischer Verblendung vorerst nicht, welche Gefahr ihnen von Rom drohte. Es mag sein, daß sie Rom und die Latiner unterschätzten. Außerdem verhinderte der Partikularismus der einzelnen Stadtstaaten in den entscheidenden Augenblicken eine einheitliche Abwehraktion.

Die Beziehungen zwischen dem lateinischen Städtebund und der etruskischen Konföderation waren seit dem Abfall Latiums ziemlich locker geworden. Zwischen Rom und Veji bestand sogar eine gewisse Spannung, da sich die Interessen der beiden Städte an der Tiberschiffahrt und den Salinen von Fregene überkreuzten. Rom fürchtete die Rivalität des mächtigen Veji, dessen Hoheitsrecht sich fast bis vor seine Tore erstreckte.

Die Auseinandersetzung zwischen der Tiberstadt und Veji glich in ihren Anfängen nur dem fernen Wetterleuchten, das ein langsam, aber unabwendbar heraufziehendes Gewitter ankündigt. Nach verschiedenen Geplänkeln in den letzten Jahrzehnten des fünften Jahrhunderts v. Chr., in deren Verlauf die Römer bereits Fidenae, den vejentischen Brückenkopf jenseits des Tibers, eroberten und den König von Veji, Larth Tulumnes, töteten, brach nach zwanzigjähriger Atempause der erste große Konflikt zwischen Rom und einem etruskischen Stadtstaat aus.

Veji stellte damals, nach dem Abfall Latiums, das wichtigste südliche Bollwerk Etruriens dar. Trotzdem ging es ohne Hilfe seiner Bundesgenossen in den Kampf; allein die befreundeten Falisker, deren Ländchen zwar seine Unabhängigkeit bewahrt hatte, die aber weitgehend etruskisiert waren, standen ihm zur Seite. Die Tatsache, daß Veji seine Streitigkeiten mit Rom auf eigene Faust begonnen hatte, wurde ihm zum Verhängnis. Die tyrrhenische Liga, die in einer außerordentlichen Sitzung im Fanum Voltumnae zusammentrat, um über bewaffnete Hilfe für die schwerbedrängte Stadt zu beraten, benutzte diesen Verstoß gegen die Bundessatzungen als formellen Vorwand, um sich von dem Konflikt fernzuhalten. Angesichts der gallischen Gefahr im Norden mochte ihr dieser Streit zwischen den beiden Städten von untergeordneter Bedeutung erscheinen.

Die Legende erzählt von einer zehnjährigen Dauer des Krieges zwischen Veji und Rom. Ein römischer Bericht über eine im Jahre 399 v. Chr. abgehaltene »Götterbewirtung«, ein *lectisternium*, für drei Götterpaare anläßlich schwerer Seuchen, die im Gefolge des Krieges ausgebrochen waren, bezeugt, wie ernst dieser Kampf auch für die Tiberstadt war. Die Entscheidung wurde nach jahrelanger Belagerung der strategisch fast uneinnehmbaren Stadt durch die von Furius Camillus geführten römischen Truppen nicht in offenem Ansturm, sondern durch eine List erzwungen.

Für die Römer war die Besiegung von Veji der erste große Erfolg ihrer jungen Gemeinschaft. Der Tiber wurde nun mit einem Schlag aus einem Grenzfluß zu einem römischen Fluß! Darüber hinaus bedeuteten die reichen Ländereien der eroberten Stadt, die teils dem Besitz Roms eingegliedert, teils unter römische Kontrolle gestellt wurden, eine beträchtliche Erweiterung der Machtsphäre der Tiberstadt. Auch geriet damit das zum Stadtstaat von Veji gehörende Sutri, die wichtigste Schlüsselstellung für ein Vordringen nach Inneretrurien, in römische Hand. Durch seinen Sieg über Veji löste Rom sich endgültig aus dem Schatten des tyrrhenischen Reiches. Gleichzeitig schuf es schon die Operationsbasis für alle seine späteren Feldzüge gegen die etruskischen Stadtstaaten.

Der Einbruch der Gallier, die nach der Niederwerfung der nordetruskischen Städte — Melpum fiel nach der Sage als erste und am gleichen Tag wie Veji — unter Vermeidung der stark befestigten tyrrhenischen Städte, wie Fiesole, Arezzo und Clusium, durch das Chianatal nach Latium vorstießen, traf die Römer gerade im Begriff, ihre neuen Grenzen mit Etrurien zu konsolidieren. Wenn die Etrusker diese Konstellation entsprechend wahrgenommen hätten, wäre sie der Tiberstadt leicht verhängnisvoll geworden. Doch sie ließen die einmalige Gelegenheit, den von den Galliern furchtbar bedrängten Römern in den Rücken zu fallen, ungenutzt vorbeigehen. Vielleicht erwachte in den Tyrrhenern angesichts der wilden, nackt kämpfenden Keltenscharen, deren Anprall zuvor schon der nordetruskische Städtebund erlegen war, noch einmal ein Gefühl der Solidarität mit dem einst von ihnen zivilisierten Latium. Das Verhalten von Caere, das, selbst schwer von der gallischen

Invasion betroffen, seine alten Freundschaftsbande mit Rom verstärkte, deutet darauf hin. Es gewährte damals römischen Priestern und Vestalinnen Schutz in seinen Mauern. Außerdem aber fehlte dem etruskischen Städtebund als Gesamtheit immer noch das klare Bewußtsein von der Tragweite des Konfliktes mit Rom. Nur so ist es zu erklären, daß es in der ersten und in gewisser Hinsicht schon entscheidenden Phase dieses Krieges niemals zu einer Sammlung aller Kräfte gegen den lateinischen Feind, sondern immer nur zu Kriegen zwischen einzelnen Stadtstaaten und Rom kam.

So sah sich nach Veji auch Tarchna dem römischen Gegner ohne Bundesgenossen gegenüber. Der Kampf entbrannte zunächst um Sutri, die Ausfallspforte in das Zentrum Etruriens, deren strategisches Gewicht für die römischen Expansionspläne von Tarchna richtig erkannt wurde. Der Sieger von Veji, Furius Camillus, führte auch hier die römischen Streitkräfte gegen die Tyrrhener; deren Angriff scheiterte und Tarchna sogar zwei kleine Grenzfestungen kostete.

Der Gedanke eines Durchbruches zwischen dem Vico- und dem Braccianosee wurde danach von den Etruskern vorerst aufgegeben. Dafür beschlossen die Feldherren des Heeres von Tarquinia, den Feind in einem kühnen Vorstoß in seinem eigenen Gebiet aufzusuchen. Sie unternahmen in dieser Absicht ein Umgehungsmanöver durch das Gebiet von Caere, um sich der fast ungeschützten Tibermündung und der Salinen von Fregene zu bemächtigen und dann vielleicht, in einem überraschenden Angriff, Rom selbst zu überrumpeln. Es ist nicht abzusehen, wie sich die Geschichte Italiens entwickelt hätte, wenn die Römer damals nicht rechtzeitig Kunde von diesem Plan erhalten hätten. So aber konnten sie den tyrrhenischen Streitkräften im letzten Augenblick ein Heer entgegenwerfen, das sie zu besiegen vermochte. Trotz dieser neuerlichen Niederlage gab sich Tarchna nicht geschlagen und setzte den Krieg noch mehrere Jahre hindurch fort. Der schon erwähnte vierzigjährige Waffenstillstand setzte den Feindseligkeiten schließlich ein vorläufiges Ende.

Rom fühlte sich inzwischen stark genug, um auch Caere gegenüberzutreten. Diese Stadt hatte mit Rücksicht auf ihren

Freundschaftspakt mit Rom zwar nicht unmittelbar am Kampf teilgenommen, Tarquinia jedoch Söldnertruppen zur Verfügung gestellt und dessen Heer den Durchzug durch ihr Territorium erlaubt. Auf Grund dieses zweideutigen Verhaltens zwangen die Römer nun Caere durch Drohungen, einen hundertjährigen Friedensvertrag abzuschließen. Vermutlich enthielt dieses Abkommen auch Abrüstungsbestimmungen, durch die Caere praktisch als selbständiges Staatsgebilde ausgeschaltet wurde. Damit, und durch die Eroberung von Veji, waren die beiden unmittelbar an das römische Gebiet grenzenden etruskischen Staaten für Rom ungefährlich geworden. Der Wall, der Etrurien zuvor gegen Latium verteidigte, war eingestürzt, der Weg nach dem Innern des Landes lag frei!

Um die Hauptstädte des alten Kernlandes, von dem aus einst der etruskische Siegeszug nach Süden und Norden begonnen hatte, sammelten sich jetzt alle Widerstandskräfte. Während die einzelnen Stadtstaaten ihre Freiheit in blutigen und verzweifelten Kämpfen zu bewahren trachteten, vollzog sich in den inzwischen reich aufgeblühten nordetruskischen Städten die Loslösung aus dem Bannkreis der Etrusker weit weniger dramatisch. Einer der Hauptgründe für diese Entwicklung mag gewesen sein, daß das italische Element in diesen verhältnismäßig jungen Gründungen der Tyrrhener stets die große Masse der nur von einer etruskischen Oberschicht beherrschten Bevölkerung bildete. Diese mochte sich daher den Römern näher fühlen als den Tyrrhenern. Deren Zivilisation hatte zwar das Gesicht ihrer Städte geprägt, sie selbst aber blieben letzten Endes Fremde. Auch die wirtschaftlichen und politischen Probleme der nördlichen Stadtstaaten unterschieden sich grundlegend von jenen der Seehandelsmetropolen und drängten sie zwangsläufig zu einer gewissen Zusammenarbeit mit Rom. Da sich die Dynamik der Tiberstadt vorerst in einer Richtung entfaltete, die die Interessensphäre der nordetruskischen Zentren nicht berührte, ergaben sich auch keine unmittelbaren Anlässe zu Konflikten.

In der internationalen Politik der Tyrrhener vollziehen sich im vierten Jahrhundert höchst einschneidende Wandlungen. Die jahrhundertealte Allianz mit den Puniern zerbricht. Karthago wendet sich von dem zerfallenden etruskischen Reiche ab und dem neu aufgehenden Stern Roms zu, mit dem es einen Bündnisvertrag abschließt. Die Etrusker aber begraben ihre einst so grimmige Feindschaft mit Syrakus und senden sogar Schiffe und Söldnertruppen, als diese Stadt im Jahre 307 v. Chr. von den Karthagern blockiert wird. Auch mit Alexander dem Großen treten die Tyrrhener um diese Zeit in diplomatische Fühlung.

Nach Ablauf des vierzigjährigen Waffenstillstandes mit Tarquinia, um das Jahr 311 v. Chr., flammten die Feindseligkeiten zwischen Rom und den etruskischen Stadtstaaten erneut mit Heftigkeit auf. Diesmal war es schon nicht mehr Tarchna, das die Führung in diesem Kampf innehatte, sondern Volsinium. Die vereinigten Streitkräfte der tyrrhenischen Liga, unter denen allerdings jene von Perugia, Cortona und Arezzo fehlten – diese Städte standen damals bereits in diplomatischen Verhandlungen mit Rom –, versuchten jetzt neuerlich, die Schlüsselstellung von Sutri zurückzugewinnen. Für Rom bedeutete dieser Angriff eine ernste Bedrohung. Zwar hatten die Tyrrhener auch diesmal den günstigen Augenblick, da Rom in schwere Kämpfe mit den italischen Bergvölkern verwickelt war, verpaßt, doch war die Lage an der samnitischen Front immer noch sehr unsicher. Die Latiner verfügten keineswegs über die notwendige Rückendeckung in diesem Kriege. Die Legende hat sich der zahlreichen Episoden des Kampfes um Sutri bemächtigt und die Fäden der Ereignisse zu sehr verwirrt, als daß der historische Verlauf noch rekonstruiert werden könnte. Jedenfalls dürfte Sutri mehrmals erobert und wieder verloren worden sein. Schließlich scheint der römische Konsul Quintus Fabius Rullianus, der sich mit nur einer Legion einem großen feindlichen Heer gegenübersah, mit Erfolg eine Ablenkung der etruskischen Streitkräfte versucht zu haben. Er überschritt, der Legende nach, das als unpassierbar geltende Ciminische Waldgebirge. Im Verlauf dieses Manövers erlitt die tyrrhenische Armee jedenfalls eine Niederlage und war gezwungen, im Jahr 309 die Belagerung von Sutri aufzuheben.

Die Macht von Tarchna war nach diesem Mißlingen des

Feldzuges der Liga gebrochen, seine Rolle in der etruskischen Geschichte ausgespielt.

Die nun folgenden Jahre waren durch eine allgemeine Unsicherheit und Desorientierung innerhalb Etruriens, dessen noch unabhängige Städte sich zu keinem einheitlichen Vorgehen entschließen konnten, wie auch auf der ganzen, von inneren Kriegen zerfleischten italischen Halbinsel gekennzeichnet. Bewaffnete Abenteurertruppen, deren Bildung durch das Überhandnehmen des Söldnerwesens gefördert wurde, und keltische Banden beunruhigten das Tibertal und Inneretrurien durch Raub und Plünderung, Handel und Landwirtschaft stagnierten.

Als jedoch im Jahre 299 v. Chr. die Samniter sich neuerlich gegen Rom erhoben, lebte in Etrurien noch einmal der alte Geist mächtig auf. Zum ersten und zum letzten Male einten sich alle noch frei gebliebenen Stadtstaaten und verbündeten sich mit sämtlichen Feinden Roms: den Samnitern, Umbrern und selbst mit den Galliern, um den gehaßten Gegner zu vernichten. Doch es war zu spät. Das Schicksal hatte sein Janusantlitz gewandt; das dunkle Gesicht des Todes kehrte sich gegen die Tyrrhener, das helle des Lebens zu der Siebenhügelstadt, die bereits alle Kräfte des italischen Landes magnetisch anzuziehen begann. Eine einzige Schlacht genügte, um im Jahre 295 v. Chr. bei Sentino den antirömischen Ansturm zerschellen zu lassen. Nicht genug damit, brachen die römischen Legionen auch an vielen Stellen in die letzten tyrrhenischen Stadtstaaten ein, belagerten Rusellae und lieferten Schlachten in der Nähe von Volterra und Perugia, in denen die Etrusker schwere Verluste erlitten. Vulci, das die schwere Krise des Seehandels im fünften Jahrhundert einigermaßen überwunden hatte, und das – vermutlich durch eine geglückte Umstellung auf intensivere Agrarwirtschaft und Binnenhandel – wieder zu einer gewissen Blüte gelangt war, tritt in dieser Endphase des etruskischen Kampfes gegen Rom noch einmal auf den Plan.

Zusammen mit Volsinium bildet es den letzten Machtfaktor, den die sterbende etruskische Welt den Römern entgegenzustellen hat. Alles, was in Etrurien noch an nationalen Kräften lebendig ist, schart sich nun um diese beiden Städte. Freilich waren die nördlichen Staaten bereits endgültig zur Gegenpartei übergegangen, so daß Arezzo anläßlich einer neuen Erhebung der von Volsinium geführten Liga gegen Rom mit dieser in Konflikt geriet und belagert wurde. Der zur Unterstützung der bündnistreuen Stadt eilig entsandte römische Konsul Lucius Caecilius Metellus sah sich einem großen, durch gallische Söldner verstärkten tyrrhenischen Heere gegenüber, das ihn in offener Feldschlacht vernichtend schlug. Der Konsul selbst büßte sein Leben bei dieser Niederlage ein. Dieser Sieg entflammte noch einmal alle Hoffnungen der Etrusker, die sich nun offen mit den Kelten verbündeten und in gewaltigen Heerscharen von Volsinium aus dem Tibertal zuwandten, um gegen Rom zu marschieren. Aber auch dieser letzte Versuch brach im tödlichen Zusammenprall mit den Legionen des römischen Konsuls Publius Cornelius Dollabella nahe des Vadimoner-Sees zusammen. Damit war die Offensivkraft der Tyrrhener erschöpft. Der Kampf dauerte zwar noch längs der Grenzen der Staaten von Vulci und Volsinium fort, doch kam es nicht mehr zu einer großangelegten Aktion der Etrusker, deren Widerstandswille allmählich erlahmte.

Der Zerfall der Liga spiegelt sich in dem 280 zwischen Rom und Volsinium geschlossenen Separatfrieden, in dem Volsinium Vulci, den Kampfgenossen, um den Preis der eigenen territorialen Integrität auslieferte. Die Römer beließen auf Grund dieses Abkommens Vulci zwar als Stadt noch autonom, stellten aber dessen gesamtes Hoheitsgebiet unter ihre Kontrolle. Die Errichtung einer römischen Präfektur in Statonia und die Gründung des Hafens Cosa beraubten Vulci dann jeglicher Bewegungsfreiheit.

Der blutige Schlußakt des jahrhundertealten Kampfes zwischen Etrurien und Rom aber spielte sich fünfzehn Jahre später in Volsinium ab. Diese Hochburg tyrrhenischen Geistes, die wahrscheinlich das Bundesheiligtum und mit ihm alle ehrwürdigen und stolzen Traditionen aus der großen Zeit der Etrusker hütete, ragte als letzter Pfeiler des zertrümmerten Reiches noch unversehrt empor. Hier vollzog sich nun der Todeskampf der etruskischen Welt. Gleichzeitig mit einer in den traditionsverwurzelten Kreisen der Stadt aufflammenden Empörung gegen Rom, einem letzten Ausbruch des Hasses gegen den lateinischen Sieger, der bei den übrigen tyrrhenischen Völkern kein Echo mehr fand, wüteten politische und soziale Kämpfe, Symptome der inneren Zersetzung, in Volsinium. Eine Revolte stürzte die oligarchische Staatsführung und machte die Regierungsämter zum Spielball der demokratischen Parteien. Es kam zu einer Schreckensherrschaft, die in der etruskischen Geschichte einzig dasteht. Volsinium lieferte den Römern damit selbst die Handhabe zu seiner Vernichtung, den willkommenen Vorwand, ihre Legionen vor die Stadt zu schicken, die dem vertriebenen Adelsregime angeblich wieder zu seinen Rechten verhelfen sollten. Zu spät erkannte Volsinium die Falle, die es sich selbst gestellt hatte. Der heldenmütige Widerstand der in Todesnot wieder geeinten Stadt vermochte sie nicht mehr zu retten. Sie unterlag schließlich – es war im Jahre 264 v. Chr. – der Übermacht der Römer, die sie erbarmungslos plünderten und zerstörten. Bei diesem Anlaß wurde wohl auch das nahe Fanum Voltumnae von den Siegern in Trümmer geschlagen und seiner in vielen Jahrhunderten von den Frommen gestifteten Schätze beraubt. Der Vernichtungswille der Römer ging so weit, daß sie Volsinium, in dessen Namen sich einst die Macht und Größe der Tyrrhener verkörperte, für immer vom Erdboden zu löschen beschlossen. Die noch überlebenden Bewohner der Stadt wurden von ihnen gezwungen, sich an einem anderen Orte, nahe dem Ufer des Bolsenasees, anzusiedeln.

Mit dem Fall von Volsinium war die Geschichte der Etrusker zu Ende. Das tyrrhenische Kernland stand nun praktisch unter römischer Kontrolle, wenn auch einzelne Staaten noch eine Schein-Autonomie aufrechterhielten. Die nordetruskischen Städte aber fügten sich friedlich der Hegemonie Roms. Die Römer begannen nun die großen Arterien der Via Cassia, Via Aurelia und Via Claudia durch die unterworfenen Gebiete zu ziehen, durch die ihre in Etrurien errichteten Stützpunkte: Graviscae, Cosa, Luni, Statonia und Florenz, mit ROM verbunden wurden. Die etruskische Seemacht hatte jede Bedeutung verloren; selbst Korsika war für die Tyrrhener nicht mehr zu halten gewesen und in karthagischen Besitz übergegangen.

Die Widerstandskraft des etruskischen Volkes, das sein Blut

in einem mit kurzen Unterbrechungen anderthalb Jahrhunderte währenden Mehrfrontenkrieg verströmt hatte, scheint jetzt endlich gebrochen. Die leidenschaftliche Auflehnung gegen ein übermächtiges Geschick weicht allmählich stummer Resignation.

Die römische Geschichtsschreibung, soweit man die legendär ausgeschmückten, vielfach einander widersprechenden Berichte aus der Frühzeit der Siebenhügelstadt im strengen Sinn des Wortes als solche bezeichnen kann, hat sich wenig großmütig gegen den etruskischen Gegner gezeigt. Seine Erfolge wurden stets nach Kräften verschleiert, seine Kriegstüchtigkeit bei jeder Gelegenheit verkleinert und sein endliches Erliegen als Folge eines allgemeinen moralischen Zerfalls hingestellt. Doch gelang es der römischen Propaganda nicht, die Tatsachen soweit zu verfälschen, daß aus ihnen nicht der Mut und Kampfgeist der Tyrrhener deutlich würden. Die Berichte von der Niederringung der etruskischen Stadtstaaten verraten immer wieder, wenn auch unfreiwillig, die Größe des Feindes. Auch der ungeheure Jubel, mit dem die Siege über ihn gefeiert wurden und die grausame Vernichtung von Veji und Volsinium bezeugen, daß dieser Gegner von Rom hoch eingeschätzt und sehr gefürchtet wurde.

Das besiegte und seiner Selbständigkeit beraubte etruskische Volk zog sich in schweigender Würde in sich selbst zurück. Es blickte nicht mehr in die Zukunft sondern zurück und lauschte den magischen Stimmen aus einer glücklicheren Vergangenheit, deren letzten Glanz es durch ein starres Festhalten an alten Formeln und Riten zu bewahren suchte. Seine kulturelle und religiöse Eigenart, die von den Römern in jener weisen Mäßigung, die später auch dem Aufbau ihres Weltreiches sehr zugute kam — Tarquinius Priscus sei darin ein Vorbild gewesen — geschont wurde, erhielt sich noch geraume Zeit. Auf künstlerischem Gebiet entstanden Schöpfungen von wunderbarer Innerlichkeit, die politische Dynamik der Tyrrhener aber war zu Ende.

Als die Gallier in der Hoffnung, noch einmal einen Aufstand gegen Rom zu entfachen, neuerlich in Etrurien einfallen, werfen sich die Tyrrhener, auf jede eigene Politik verzichtend, gemeinsam mit den Römern den Barbaren entgegen. Sie haben auch teil an dem Sieg bei Talamon, der die keltische Gefahr für Italien endgültig ausschaltete. Im Gefolge dieser vernichtenden Niederlage besetzte Rom dann die Poebene, wo sich ihm auch die wenigen etruskischen Städte, die der Unterwerfung durch die Kelten entgangen waren, wie z. B. Mantua, gutwillig unterwarfen.

Nur einmal noch, als Hannibal im Jahre 218 v. Chr. an der Spitze seiner Karthager durch Italien zieht, erwachen angesichts des einstigen Freundvolkes aus glorreicher Vergangenheit begrabene Nationalgefühle und alte Sympathien in Etrurien. Die Römer hielten es damals sogar für nötig, ihre Garnisonen in den tyrrhenischen Städten zu verstärken, um Rebellionsgelüsten vorzubeugen. Der tiefe Eindruck, den der afrikanische Heros bei den Etruskern hinterließ, spiegelt sich in Geldmünzen, die zum Gedenken an Hannibal Elefanten zeigten. Der Anstoß der karthagischen Invasion genügte jedoch nicht, eine ernstliche Aufstandsbewegung zu entfesseln. Die prorömische Richtung behielt allenthalben die Oberhand. Die etruskischen Städte steuerten dann sogar reichlich Lebensmittel und Material für den Krieg mit den Puniern bei.

Die geistige und weltanschauliche Unterwerfung der Tyrrhener allerdings erfolgte keineswegs gleichlaufend mit ihrer militärischen. Dazu lebte in ihnen zuviel vom Stolz des alten Herrenvolkes, vom Bewußtsein ihrer einstigen Überlegenheit über die Römer. Etrurien blieb daher noch lange der Herd heftiger politischer Unruhen und Krisen, der Begleiterscheinungen einer langsam und unter Schmerzen vor sich gehenden inneren Umformung.

Die im Gefolge der sozialen Reformpläne der Gracchenpartei ausbrechenden Konflikte zwischen Rom und den italischen Bundesgenossen, dieser blutige Bruderkrieg, der die römische Machtstellung schwer gefährdete, zog Etrurien stark in Mitleidenschaft. Auch seine Städte, deren Existenz als juridisch unabhängige Organismen allmählich ein Anachronismus geworden war, forderten nun das römische Bürgerrecht. Es kam vielfach zu Unruhen zwischen der Adelspartei und den Demokraten. Clusium, Arezzo und das neue Volsinium wandten sich gegen Rom, das Truppen zur Unterstützung der Aufständischen senden mußte. Das vom Konsul L. J. Caesar eingebrachte Bürgerrechtsgesetz, das den Rom treu gebliebenen Bundesgenossen das Bürgerrecht verlieh, führte schließlich zum Sturz der konservativ eingestellten Oligarchien. Bis dahin hatten diese noch einen Schein der alten Städte-Autonomie und gewisse Privilegien zu bewahren gesucht. Die Demokraten gewannen nun fast überall in Etrurien die Oberhand und verbündeten sich mit den Gegnern des Diktators Sulla. Als dieser nach seiner Rückkehr aus dem Osten aber neuerlich die Herrschaft in Rom an sich riß, mußten die ihm feindlich gesinnten Städte dies furchtbar büßen.

Man hat Sulla nicht umsonst den »Schlächter Etruriens« genannt. Durch ihn erfuhr das tyrrhenische Volk den letzten grausamen Aderlaß von römischer Hand. Er erstürmte, brandschatzte und plünderte Arezzo, Fiesole, Volterra und Populonia. Die beiden letzten Städte konnte er allerdings erst nach dreijähriger Belagerung erobern. Die Tyrrhener verstanden auch damals noch mit Ausdauer und Todesmut zu kämpfen. Das Wüten des Diktators wurde von den Etruskern nicht vergessen. Als Sulla starb, mordeten sie in einem Ausbruch wilden Hasses alle seine Veteranen, mit denen er die besiegten Städte, wie üblich, besetzt hatte.

Die letzten Nachwehen, geistigen Erschütterungen und Rebellionen, unter denen sich die Umwandlung Etruriens aus einem selbständigen Gebilde in einen Teil des römischen Reiches vollzog, waren bis zur Zeit des Augustus fühlbar. Noch Catilina fand den Hauptteil seiner Anhänger in Arezzo und Fiesole. Perugia aber wurde nach dem Tode Caesars zum Schauplatz eines kurzen, mörderischen Kampfes zwischen Lucius Antonius, der sich dort verschanzt hatte, und Oktavian, dessen Legionen die Stadt schließlich eroberten und ein Blutbad unter den Einwohnern anrichteten.

Die erschöpfenden Kämpfe mit dem römischen Gegner und die fatalistische Selbstaufgabe der Etrusker in den letzten vorchristlichen Jahrhunderten führten zum allmählichen Schwinden ihrer geistigen Unabhängigkeit und völkischen Eigenart. Zur Zeit des Augustus, von dem Properz sagt, daß unter seiner

Herrschaft »die Asche der etruskischen Feuerstätten in den Wind gestreut« worden sei, waren die Sprache der Tyrrhener bereits im Aussterben und ihre Kunst und Religion in die Kunst und Religion der Römer eingegangen. Vor der ungeheuren Entfaltung der römischen Weltmacht verging die Erinnerung an das Volk, das ihr in mancher Hinsicht den Weg bereitet hatte, erstaunlich rasch. Lautlos treten die Etrusker aus dem grellen Lichtkegel der Geschichte zurück in das Dunkel, dem sie einst glanzvoll entstiegen waren. Ihre Aufgabe ist zu Ende, ihr Geschick hat sich erfüllt.

DIE MÄCHTIGEN TOTEN

An keinem anderen Ort Etruriens verdichtet sich das etruskische Rätsel so beklemmend, scheint es so nahe der Lösung und gleichzeitig so ungreifbar wie gerade in Caere. Nicht am einstigen Wohnort der lebenden Tyrrhener, dessen Spuren kaum mehr sichtbar sind, aber in der Stadt der Toten, die als gespenstische Zwillingsschwester neben der anderen wuchs und immer größer wurde.

Kaum 40 km trennen Caere von Rom und doch begegnen wir dort einer ganz anderen, fremdartigen Welt, deren Erscheinungsformen wir nicht in Europa, wohl aber in Kleinasien, insbesondere in Lydien, zurückfinden können.

Ein Rücken aus rotbraunem Tuffstein, der sich als Bastion des waldigen Gebirges zum kahlen Küstenland vorschiebt, trug das alte Cisra der Etrusker. Die Römer nannten es Caere, daraus wurde später Cerveteri — *Coere vetus* — der Name des mittelalterlichen Städtchens, das heute schläfrig in seinem zerfallenden Mauerkranz dahindämmert. Cisra, an dessen Westrand es liegt, war etwa zehnmal so groß. Die reiche, hochkultivierte Tyrrhenerstadt erstreckte sich über 150 Hektar Grund; ihre Nekropole aber, die sie auf allen Seiten umgibt, wuchs tausend Jahre lang und bedeckte schließlich etwa 350 Hektar Land. Stück für Stück nahmen die Toten, die »Mehreren« nannte sie Homer, die heitere grüne Ebene in Besitz und verwandelten sie. Allmählich wurde sie zu einer Landschaft jenseits der Jahreszeiten mit ihrem Kreislauf von Wachstum, Frucht und Ernte, zu einem Boden, der nur mehr für die Saat des Todes bestimmt war.

Wenn gewitterschwere Wolkenschatten über die von zahllosen Tumuli welligen Flächen streichen und alle Konturen und Formen schärfer zeichnen, scheint diese Zone immer noch wie unter einem magischen Bann. Selbst die runden Häupter der Berge an ihrem Rand wirken dann wie überdimensionale Grabhügel.

Seltsames Volk der Tyrrhener! Für seine Götter und Menschen genügten ihm Wohnungen aus Holz und Lehm; seinen

Gestorbenen aber höhlte es steinerne Häuser aus dem Felsgrund, die ewig bestehen sollten.

Lange schon bevor das bräunliche Felsnest von Cerveteri dem Blick erscheint, säumen die Grabhügel der Etrusker rechts und links die Straße. Systematische Grabungen und sorgfältige Rekonstruktionen der künstlichen »Tumuli« ließen einen Teil der im Westen von Caere gelegenen Banditaccia-Nekropole wiedererstehen.

Die alte Gräberstraße mit ihren tiefgekerbten Spuren zweirädriger Wagen, auf der sich einmal prunkvolle Leichenzüge in die Nekropole begaben, führt noch immer zu den letzten Wohnungen der Tyrrhener. In langen Reihen stehen, vor allem auf dem Banditaccia-Plateau, westlich von Caere, die mächtigen Grabhügel aus gehäufter Erde – der größte ist etwa 40 m hoch – auf ihren trommelförmigen Tuffsockeln, die aus dem gewachsenen Fels geschnitten oder aus Blöcken aufgebaut wurden. Manche haben oben einen dekorativen profilierten Rand, ein Unterbau wurde aus Steinmaterial in drei Farben errichtet. Rasen bedeckt die Kuppen, auf denen Zypressen gleich dunklen Flammen stehen. Einmal wurden viele Tumuli von steinernen Fabelwesen bewacht, von Löwen, Sphingen, Kentauren, die Zugänge flankierten oder auf dem oberen Rand der Sockel ruhten.

Gegen Ende des 8. Jahrhunderts begannen die Etrusker kleine Hügel über Steinkammern mit ein bis zwei Bestattungen aufzuhäufen; im siebten und sechsten Jahrhundert v. Chr., in der Hochblüteperiode von Cisra, wurden manche Tumuli zu wahren Totenbergen mit Durchmessern bis zu 62 m und die unterirdischen Grabanlagen immer mehr zu richtigen Wohnungen mit mehreren Räumen. Anfangs wurden die Grabhügel willkürlich im Gelände verstreut, seit etwa dem sechsten Jahrhundert aber ging man planmäßig vor und verwandelte den Friedhof langsam in ein Gegenbild zu der Stadt der Lebenden. Neben den runden, wurden auch kubische Male errichtet, deren unterer Teil aus großen Tuffplatten, der obere aus Quadern besteht. Kleine Öffnungen in den Wänden wirken wie Fensterchen, Außentreppen führen zum flachen, dachartigen Erdhügel, der sie krönt. Eine Gruppe dieser Monumente umgibt einen kleinen Platz. Neben den Tumuli der Oberschicht gibt es auch viele Kammergräber ohne Aufschüttungen.

Die Sage einer Gründung von Caere durch thessalische Griechen, die sich dort noch vor den Etruskern angesiedelt hätten, wurde durch die Ausgrabungen in den Nekropolen nicht bestätigt. Die ältesten Gräber aus dem 8. und 7. Jahrhundert sind Pozzi der Villanovakultur, in denen die Ascheurnen in eiförmigen Steinbehältern geborgen wurden, und Fosse mit Leichenbestattung. Die Beigaben zeigten eine allmähliche Zunahme der orientalischen Elemente, jedoch keinen Bruch der Kultur; ob in den Fosse bereits Tyrrhener beigesetzt wurden bleibt offen. Mit Sicherheit etruskisch waren die großen Hügelgräber, die Reichtum und Macht einer herrschenden Kaste verraten und den wirtschaftlichen und kulturellen Aufschwung von Caere im 7. Jahrhundert. In dieser Zeit überflügelte es selbst Tarquinia, das im 8. Jahrhundert das wichtigste Zentrum der Kupfer- und Bronzeindustrie von ganz Etrurien war. Es ist möglich, daß diese Entwicklung mit dem Besitz des nahen Erzgebietes von Tolfa und Allumiere zusammenhing, über das wir eine Nachricht von Servius haben. Vielleicht gehörte diese Region erst zum Territorium von Tarquinia und wurde später von Cisra annektiert. Sicher war der Metallhandel die Grundlage des glänzenden Aufstiegs von Cisra, seines Wohlstandes und seiner internationalen Handelsbeziehungen. Im Tausch kamen nicht nur kostbare ausländische Waren ins Land, der Reichtum des etruskischen Stadtstaates, dessen Seehandel über den 13 km entfernten Hafen von Pyrgi ging, mag auch fremde Künstler und Handwerker angelockt haben. Diese wurden dann die Lehrmeister der Einheimischen und die Begründer der bedeutenden Luxusindustrien von Cisra. Die Bronze-, Gold- und Silberarbeiten, die Elfenbeinschnitzereien und auch die Keramik aus Caere erreichten rasch eine ungewöhnlich hohe Qualität und wurden weithin nach Italien und vielleicht auch nach anderen Ländern, wie z. B. Spanien, ausgeführt. Um die Mitte des siebten Jahrhunderts importierte Caere große Mengen korinthischer Gefäße und Parfümfläschchen. Die sogenannten Caeretaner Hydrien, elegante Gefäße mit schwarzen Figuren und Ornamenten auf hellem Grund schreibt man einem ostgriechischen Künstler zu, der sich vielleicht in der zweiten Hälfte des siebten Jahrhunderts in Cisra niederließ. Keine andere Stadt Etruriens unterhielt so enge Beziehungen zu den Griechen wie diese, die sogar ein eigenes Schatzhaus in Delphi besessen haben soll und auffallend stark von der jonischen Kunst beeinflußt wurde.

In Pyrgi befand sich nach Berichten antiker Autoren ein berühmtes Heiligtum der Leukothea, dessen Reste 1957 bei San Severa wiedergefunden wurden. Ausgrabungen am Strande brachten dort die Fundamente zweier Tempel zutage. Zunächst fand man die Grundmauern eines großen Heiligtums, das 24 m breit und 34 m lang war und zwischen 480 und 470 v. Chr. erbaut wurde. Die gedrungene Form des dreizelligen Heiligtums aus Backstein und sein ungewöhnlich tiefer Pronaos entsprechen der Beschreibung etruskischer Tempel durch den römischen Architekt Vitruvius. Der buntbemalte Terracottaschmuck des Bauwerkes, von dem Stirnziegel und eine Amazonenschlacht in Hochrelief gut bewahrt blieben, ist von hoher Qualität. Hinter diesem Tempel A entdeckten die Ausgräber die Grundfesten eines kleineren Sanktuariums aus dem Ende des sechsten Jahrhunderts, das gleich den griechischen Tempeln in Süditalien aus Stein erbaut und von 32 Säulen umgeben war, den ersten archaischen Steintempel, der in Etrurien ans Licht kam! Fragmente seiner Ausschmückung, darunter ein bemalter Frauentorso aus Terracotta, zeigen denselben starken Einfluß der jonischen Kunst, der auch in der archaischen Plastik von Caere sichtbar wird.

Mit der Entdeckung der beiden Sanktuarien war die Frage, ob einer der Tempel mit jenem der Leukothea identisch war, noch keineswegs beantwortet. Erst ein neuer Fund, der zudem die Hoffnung auf einen wesentlichen Fortschritt in der Entzifferung der etruskischen Sprache weckte, brachte einen Hinweis auf die Gottheit, der das ältere Heiligtum, das innerhalb eines Temenos (umhegter heiliger Platz) von 80 m Länge und 60 m Breite auf einem gestuften Podium von 29,3 x 19,53 m stand, geweiht war. In einer Grube unter dem Meeresspiegel, die architektonisches Material enthielt, kam ein Türfragment zutage, auf dem drei beschriftete Goldplättchen mit großen Bronzenägeln mit vergoldeten Köpfen befestigt waren. Der Text war in Etruskisch und Punisch abgefaßt, jedoch leider nicht das wörtlich übereinstimmende zweisprachige Dokument, auf das die Sprachforscher schon sehr lange vergebens hoffen. Immerhin konnte die punische Inschrift größtenteils übersetzt werden. Es geht darin um ein Heiligtum, das Thefarie Velianas, vielleicht auf Geheiß eines Orakels, der phönizischen Astarte errichtet habe. Im etruskischen Teil des Textes kommt das Wort *unialastres* vor und dies bedeutet, daß die östliche Fruchtbarkeits- und Liebesgöttin der tyrrhenischen Uni (Juno) gleichgesetzt wurde. Aus zwei Votivinschriften aber weiß man, daß Uni wiederum mit der griechischen Leukothea identifiziert wurde. Es ist daher anzunehmen, daß der ältere und vielleicht auch der jüngere Tempel dasselbe Heiligtum der Leukothea darstellten, das 384 v. Chr. durch die Besatzung der Flotte des Dionysios von Syrakus geplündert und zerstört wurde. Pyrgi traf damals sicher das gleiche Los. Für Cisra war dieser Überfall der Griechen zweifellos ein schwerer Schlag. Seine Bedeutung als Seehandelszentrum war schon zuvor im Gefolge der politischen und wirtschaftlichen Krise Südetruriens im 5. Jahrhundert und der Niederlage der tyrrhenischen Flotte bei Kyme zurückgegangen und nach dieser letzten Katastrophe war seine Rolle im internationalen Seehandel wohl ausgespielt. Nachdem der einst so mächtige Stadtstaat, der stets gute Beziehungen mit Rom unterhalten hatte, in dessen Konflikt mit Tarquinia verwickelt wurde und seine politische Unabhängigkeit verlor, war der Abstieg nicht mehr aufzuhalten. 273 v. Chr. annektiert Rom Pyrgi und das Erzgebiet von Tolfa. Der eingeschrumpfte Stadtstaat konnte sich danach nur mehr durch Umstellung auf die Landwirtschaft am Leben erhalten. Damit wurde Cisra, das Rom noch im vierten Jahrhundert v. Chr. als Hochburg alter Kultur erschien, in die man die Söhne vornehmer Familien zum Abschluß ihrer Bildung sandte, immer mehr zu einer bedeutungslosen Provinzstadt, deren Geschick später die Malaria besiegeln sollte.

Aufstieg und Niedergang von Caere werden im Schattenbild seiner Wirklichkeit, der Totenstadt, deutlich sichtbar. Die Grabhügel umgaben und beherrschten die alte Metropole auf allen Seiten, ein fast unvorstellbarer Anblick. Nicht wenige waren weit höher als ihre höchsten Bauwerke. Die Feldarbeit von Jahrtausenden hat heute die meisten weitgehend eingeebnet, nur auf Luftfotos kann man noch deutlich sehen, daß es viele tausende waren. Weite Gebiete harren der Ausgrabung und werden inzwischen im geheimen von den *tombaroli*, der alteingesessenen Gilde der Grabräuber, durchwühlt, die den Archäologen an vielen Orten zuvorgekommen sind und unermeßlichen Schaden angerichtet haben. Ungeachtet dieser gefährlichen Konkurrenz, die nur über primitive Geräte, aber über einen erstaunlichen Spürsinn und viel praktische Erfahrung verfügt, bringt auch die legale Spatenforschung immer wieder wichtige Funde aus diesem unerschöpflichen Boden ans Licht.

Die große Zeit von Caere wird in den gewaltigen Maßen mancher Tumuli aus dieser Periode sichtbar. Eine Anzahl dieser Riesenmale, in denen wahrscheinlich die Priesterkönige der Frühzeit mit orientalischem Pomp bestattet wurden, stand in der Zone del Sorbo, in der auch Brand- und Fossagräber aus den Anfängen der Stadt zutage kamen. 1969 stießen italienische Archäologen dort bei der Freilegung einer Gruppe kubischer Grabbauten auf einen Teil der Einfassung eines gigantischen Totenhügels, der 2 m hoch, aus quadratischen Blöcken konstruiert und mit einem breiten Rand versehen ist. 1970 begann die Untersuchung dieses Monumentes, die mit beträchtlichen Schwierigkeiten verbunden war, da sich darüber ein Neubau mit fünf Stockwerken erhob, dessen Besitzer kräftig gegen die Unterminierung seines Hauses protestierte. Der Sokkel konnte daher nur in einer Länge von 80 m ausgegraben werden, dies genügte aber, um seinen Gesamtdurchmesser von 62,5 m zu errechnen. Man hatte den bis jetzt größten Tumulus von ganz Etrurien gefunden! Dies war nicht die einzige Sensation dieser Ausgrabung. Hinter der Einfassungsmauer wurde ein verborgener Eingang entdeckt, der durch einen langen Dromos (korridorförmiger Grabzugang) in eine mehrräumige Totenwohnung führte. Der Oberteil der Kammerwände war mit Leisten, die in Relief aus dem Fels gearbeitet und mit roten und schwarzen Zungen bemalt wurden, verziert. Viel korinthische Keramik ermöglichte eine Datierung der Anlage um 575 v. Chr.

Die größte Überraschung aber war der Fund einer älteren Gruft dahinter, die durch ein Loch, das Plünderer vor langer Zeit durchgebrochen hatten, zugänglich war. Dieses Grab war in der altertümlichen Form eines Ganges von 8,70 m Länge und 2,35 m Breite und mit Säulen, deren Abschluß eine runde Deckplatte bildet, aus dem Fels gearbeitet und reich in Rot, Schwarz und Gelb bemalt worden. Auf beiden Seiten der Decke, die ein Spitzgewölbe nachahmt, sind je ein Fries mit Raubtierpaaren und eine Reihe von Tieren zu sehen, die nach links wandern. Die Deckplatten der Säulen wurden mit Rosetten geschmückt, die Schäfte mit Voluten und Palmetten und einem Wolfszahnmuster, das auch auf den Wänden des Grabeinganges als einziger Rest der Bemalung deutlich zu unterscheiden ist. Der orientalische Stil der Tierdarstellungen verweist die Entstehung des Grabes etwa in das letzte Viertel des siebten Jahrhunderts. Seine Wandbilder sind wahrscheinlich die ältesten, die bis heute in Etrurien ans Licht kamen. Es scheint, daß dieses frühe Grab ursprünglich nur von einem kleinen Hügel überdeckt war, den man später in den gigantischen Tumulus des sechsten Jahrhunderts einschloß.

Einen interessanten Parallelfall gibt es in Bin Tepe, der 10 km langen Hügelgräber-Nekropole der einstigen lydischen Hauptstadt Sardis, die stark an den Friedhof von Caere erinnert. In einem ihrer teilweise kolossalen Tumuli, deren Maße auch von den größten etruskischen nicht annähernd erreicht werden, suchen amerikanische Archäologen seit mehr als zehn Jahren vergeblich nach der Grabkammer des lydischen Königs Gyges, der 685 v. Chr. an die Macht kam. Was sie bisher fanden, war nur ein kleinerer Tumulus mit Steineinfassung im Herzen des enormen Totenberges.

Die Dimensionen und die aufwendige Gestaltung vieler etruskischer Grabmonumente aus der glanzvollen Epoche, in der die Tyrrhener über einen Großteil Italiens herrschten, spiegeln die Maßlosigkeit eines Volkes, das von seiner Macht berauscht war und das Leben mit solcher Leidenschaft liebte, daß es den Tod nur als höchste Steigerung seiner Freuden annehmen konnte. Unter den runden Kuppen der Tumuli im Schoß des braunen Felsens hausten die Abgeschiedenen in ewiger Glückseligkeit in ihren festlich ausgeschmückten Wohnungen. Was sie in ihrem irdischen Dasein besessen und gebraucht hatten, umgab sie auch im Jenseits. Sie blieben ganz nah und waren mächtiger als die Lebenden und segenbringend für ihre Angehörigen, die ihnen Opfer brachten und ihren Schutz erflehten. Keine Trauer, keine Furcht überschattet in dieser Epoche das Sterben der Tyrrhener, die damals verwegene Seefahrer, Eroberer und Kolonisatoren und schrankenlose Lebensgenießer waren.

Die großen Grabhügel enthalten meist mehrere Behausungen. Jede hat ihren gesonderten Eingang in Form einer hohen, schmalen Bresche, die sich nach oben in Stufen verengt und schräg hinab zum niederen Eingang des unterirdischen Hauses führt, den schwere Steintüren oder Platten verschlossen. Hinter der Pforte liegt immer ein Vorraum. Daran schließen sich kleinere Kammern, die durch Tür- und Fensteröffnungen mit diesem Atrium verbunden sind, an. An den Wänden reihen sich steinerne Lager. Dort ruhten gleich Schlafenden die Toten, deren Körper man vielleicht in irgendeiner Form zu konservieren verstand. Manchmal, besonders in der Spätzeit, stellte man auch ihre Sarkophage auf diese Bänke, oder ihre Betten aus Bronze und Holz mit Elfenbeinschnitzereien. Man sieht vielfach die Kerben, in die Bettfüße eingepaßt wurden. Die Verstorbenen trugen Festkleidung und reichen Schmuck. Kürzlich fand man in einem Grabe noch den Rest eines golddurchwirkten Stoffes. Die Männer trugen Diademe aus goldenen Lorbeer- oder Efeublättern wenn sie hohen Standes waren. Man begegnete dem Tod nicht in Demut und Resignation, sondern als Triumphator.

In den kleinen rückwärtigen Zellen lagen die Ehepaare vereint zum letzten Schlaf. Der Mann links auf seiner Kline (Ruhebett), die Frau rechts auf einer Kline, die in einen gegiebelten Sarkophag versenkt erscheint. Im Vorraum ruhten Familienmitglieder, vielleicht auch treue Dienerschaft. Die kleinen Kinder aber wurden vielfach außerhalb der Tumuli in Steingräber gebettet. Waren sie vom Jenseits der Erwachsenen ausgeschlossen? Vor den Grabeingängen standen rohe Steinsymbole, eine phallische Säule für den Mann, für die Frau Dreiecke, die vermutlich ein Giebelhaus bedeuteten. Die Menge und Größe dieser Skulpturen gab die Zahl, vielleicht auch das Alter der Bestatteten an.

Die Entwicklung der etruskischen Wohnbauten läßt sich, zumindestens in ihren innenarchitektonischen Einzelheiten, in den Gräbern von Caere gut verfolgen. In einem riesenhaften Hügel an der Via Sepolcrale, der Hauptstraße der Banditaccia-Nekropole, die von mehr als 200 Grabmalen gesäumt wird, wurden vier verschiedene Anlagen entdeckt. Die älteste »Tomba della Capanna« bildet das Innere einer stroh- oder reisiggedeckten Hütte mit Firstbalken und tief herabgezogenem Dach nach. Längs der schmucklosen Wände des Vorraumes läuft eine niedere Steinstufe. In der auffallend kleinen rückwärtigen Kammer fand man einen primitiven Holzsarg, der rundum von Kieselsteinen umgeben war.

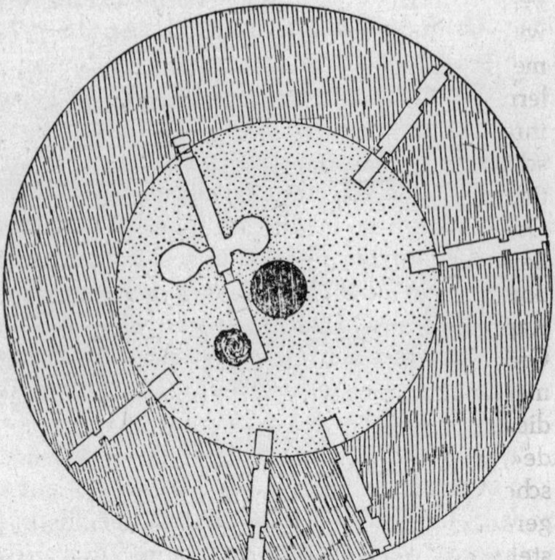

Abbildung 3
Grundriß des Regolini-Galassi-Grabes (Mitte VII. Jh. v. Chr.)

Im siebten Jahrhundert v. Chr. wohnte die Herrenschicht von Cisra schon in geräumigen Häusern mit Giebeldächern und feingearbeiteten Balkendecken. Im weichen Tuff der Grabräume sind die verschiedenartigen Holzkonstruktionen der Plafonds oft kunstvoll nachgeahmt. Auch Kassettendecken kommen vor. Man legte in Caere offenbar mehr Wert auf die architektonische als auf die malerische Ausgestaltung der letzten Wohnung. Mit Ausnahme der neuentdeckten Wandbilder im Riesentumulus der Sorbo-Zone wurden bis jetzt nur zwei Gräber mit sehr zerstörten Darstellungen phantastischer Tiere des orientalisierenden Stils gefunden. Doch kamen im Bereich der Friedhöfe und der Stadt Tontafeln ans Licht, die mit Szenen kultischen und mythologischen Inhalts in archaisch-jonischem Stil bemalt sind und, zu einem Fries aneinandergereiht, der Dekoration kultischer und profaner Bauten dienten. Große Wandbilder mit menschlichen Figuren, wie man sie in Tarquinia bis zum Ende der etruskischen Kultur liebte, kommen in den Gräbern von Caere anscheinend nicht vor, doch spielte Farbe eine wichtige Rolle bei der Verschönerung der unterirdischen Räume. In manchen Kammern wird die Decke von massigen Pfeilern oder gedrungenen »tuskischen« Säulen gestützt, die mit ihrem hohen Sockel und dem flachen Kissen-Kapitell den dorischen ähneln und letzten Endes, wie diese, wohl von den kretisch-mykenischen Holzsäulen abstammen. Ebenfalls nach Osten weisen die »äolischen« Säulen mit glattem oder kannelliertem Schaft und einem Kapitell aus zwei pflanzenhaft emporwachsenden Voluten, die einander gegenüberstehen. Solche Kapitelle, die seit dem sechsten Jahrhundert in der etruskischen Grabarchitektur vorkommen, gibt es z. B. in zyprischen Kammergräbern der gleichen Zeit. Auch die bronzenen Zierschilde, die an den Wänden aufgehängt oder, wie im »Grab der Schilde«, in Relief aus dem Tuff gehauen wurden, haben orientalische Vorbilder. In diesem Grab stehen noch zwei Throne mit gerundeten Rückenlehnen und Fußbänkchen, die aus dem anstehenden Fels gearbeitet sind. Man vermutete, daß darauf Aschenurnen standen. 1971 erhellte die Entdeckung eines kleinen Grabes mit zwei Kammern bei dem Dorf Ceri am Rande der Gräberzone von Caere die Bestimmung dieser Throne. Das

Grab stammt aus dem siebten Jahrhundert und enthält ebenfalls zwei Throne, auf denen zwei Figuren, die in ihre Mäntel gehüllt sind, sitzen. Die Gelehrten vermuten daher, daß die Vorbilder solcher Darstellungen in den syrohethitischen Sitzfiguren zu suchen sind, deren Tradition von orientalischen Bildhauern nach Etrurien mitgebracht wurde.

Die Jahrtausende gingen an vielen Totenwohnungen in der Tiefe der Hügel fast spurlos vorbei. Die sauber geglätteten Mauern, die in T-Form gerahmten Türöffnungen zwischen den Räumen, die steinernen Betten und Alkoven, alles ist meistens erstaunlich gut erhalten. Im »Grab der Alkoven«, mit seiner reichen, komplizierten Innenarchitektur ist die Illusion eines vornehmen Hauses, dessen Besitzer noch nicht lange ausgezogen sind, besonders stark. Das tiefe Braunrot des Tuffgesteins gibt den unterirdischen Wohnungen Wärme und Intimität. Während des Zweiten Weltkrieges wurden sie noch einmal gebraucht. Diesmal von den Lebenden. Als Cerveteri im Lauf schwerer Kämpfe an der Küste evakuiert werden mußte, boten sie der Bevölkerung Unterkunft und Schutz vor Bomben.

Die auffallenden Formen der tyrrhenischen Totenmale erleichterten Grabräubern zu allen Zeiten die Arbeit. Ein ungeplündertes Grab ist daher eine große Seltenheit. Die besten Aussichten auf Funde bieten noch Familienmausoleen, die außerhalb der Friedhöfe standen, oder die allergrößten Tumuli mit mehreren Grabanlagen an verschiedenen Stellen.

Im mächtigsten Hügel der Via Sepolcrale, der auch die Tomba della Capanna birgt, war eine der vier Grabanlagen intakt mit ihren rund 900 Beigaben, die eine fürstliche Dame ins Jenseits begleitet hatten. Schmuck, Bronzegeräte und Toilettengegenstände und die wertvollste Keramik kamen ins Museum. Einige Gefäße, darunter schöne korinthische Ware, Weinamphoren und bemalte Vorratskrüge, konnten die Besucher bis 1964 hinter einem Gitter an Ort und Stelle bewundern, ehe sie bei einem Einbruch gestohlen wurden.

In diesem Fall waren die entwendeten Dinge registriert und fotografiert; viel schlimmer sind die Raubzüge in unerforschten Gräbern, deren Beute unbekannt bleibt, um dann irgendwo auf dem internationalen Kunstmarkt, naturgemäß unter Verschleierung ihrer Herkunft, aufzutauchen. Oft geht unschätzbare wissenschaftliche Information mit den aus ihrem Zusammenhang gerissenen Kunstwerken verloren.

Eines der fürstlichen Gräber von Cisra aber blieb der Nachwelt in seiner ganzen Pracht erhalten. Im Jahre 1836 entdeckten ein Priester und ein General in der Sorbo-Zone das seither nach ihnen benannte, berühmte Regolini-Galassi-Grab im Zentrum eines ehemals gewaltigen Hügels, dessen Peripherie fünf längst geleerte Grüfte enthielt. Es scheint, daß auch dieser Riesentumulus, wie der kürzlich im gleichen Gebiet entdeckte, um einen kleinen, älteren Tumulus gebaut wurde. Die Hauptkammer hat ebenfalls die frühe Korridorform und besteht aus zwei Abteilungen. Die untere Wandpartie ist aus dem gewachsenen Tuff geschnitten, die obere wird aus vorkragenden Reihen von Blöcken gebildet, die eine steile unechte Wölbung formen. Zwei kleine, ovale Zellen flankierten die vordere Kammer. Konstruktionen unechter Gewölbe aus vorkragenden Quadern über viereckigen oder runden Räumen, die für die vorgeschichtlichen Mittelmeerkulturen charakteristisch sind, wurden in den etruskischen Mausoleen der Frühzeit öfters verwendet.

Es gibt Berichte über die Öffnung etruskischer Gräber, nach denen die Entdecker im Augenblick, als der erste Lichtstrahl in die bis dahin luftdicht abgeschlossenen Kammern drang, gleich einer Vision noch die unversehrten Gestalten der toten Tyrrhener erblickt hätten. Im ersten Luftzug zerrann dann die Erscheinung zu Staub, und nur die metallenen Schmuckstücke oder Rüstungsteile, die die Leiche getragen hatte, blieben auf dem Lager. Wir wissen nicht, ob auch die Erschließer des Regolini-Galassi-Grabes ein ähnliches Erlebnis hatten, jedenfalls aber fanden sie alle Schätze, die Jahrtausende früher dem etruskischen Fürstenpaar in seine letzte Wohnung mitgegeben worden waren. Was da im trüben Licht der Fackeln aus der Finsternis von Jahrtausenden tauchte, füllt heute einen weiten Saal des Gregorianischen Museums im Vatikan.

Im Vorraum lag das zerfallene Skelett des Fürsten auf einem Bronzebett. Bei ihm und in den Seitennischen fand man neben kostbaren Gebrauchsgegenständen aus Bronze die Reste eines Thronsessels mit Bronzebeschlägen und eines Streitwagens sowie acht Zierschilder, die ursprünglich an den Wänden hingen, dazu Waffen und eine Aschenurne. Im rückwärtigen Teil des Grabes, dessen Gesamtlänge fast 17 m beträgt, lag die eigentliche Totenkammer, durch eine Wand vom Vorraum getrennt. Sie enthielt die Gebeine einer ganz mit Schmuck bedeckten Frau, die offenbar den höchsten Rang unter den drei Bestatteten einnahm. Für sie war vermutlich auch, wie für die Prinzessin aus der Nekropole von Decima, der vierrädrige Totenwagen bestimmt, der ebenfalls im Grabe gefunden wurde. Wir wissen nichts über das königliche Paar, das etwa nach der Mitte des siebten Jahrhunderts v. Chr. in diesem Grabe beigesetzt wurde, nur der vermutliche Name der Frau, Larthia, war auf dem Fragment eines Silbergeschirrs eingraviert. Doch erzählen die Dinge, die das Paar ins Jenseits mitgenommen hatte, deutlicher als Inschriften, von seinem orientalisch üppigen Lebensstil, seiner Macht und seinem Reichtum.

Gleich einem Götterbild trug die etruskische Fürstin auf der Brust eine große runde Platte aus Goldblech, die ganz mit getriebenen Pflanzen- und Tierornamenten in orientalisierendem Stil bedeckt ist. Die Feinheit und Dichte des Musters erweckt den Eindruck einer köstlichen Stickerei. Der Mantel der Toten wurde von einer zweigeteilten Goldschließe zusammengehalten, die als eines der schönsten Stücke antiker Goldschmiedekunst gilt. Sie besteht aus einem großen, ovalen Schild, auf dem fünf Löwen, umgeben von stilisierten Lotosblumen, in getriebener Arbeit zu sehen sind. Zwei bewegliche Gelenke verbinden den großen Schild mit einem eiförmigen kleineren, über dessen gekrümmte Fläche winzige goldene Entchen in zwei aufrechten Reihen wandern. Zwischen diesen Figürchen ist der Grund wieder mit getriebenen Löwen geschmückt, deren Umrisse von Linien aus aufgesetzten, kleinsten Goldkügelchen nachgezogen sind. Diese besonders reizvolle Technik der Granulation oder Bekörnung, die das Gold der Schmuckstücke noch schimmernder erscheinen läßt, beherrschten die Etrusker mit unerreichter Meisterschaft. Cellini versuchte vergeblich, es ihnen gleichzutun, und erst in neuester Zeit gelang der Kölner Goldschmiedin E. Treskow die gleiche Feinheit der Granulation.

Abbildung 4
Archaisches Kuppelgrab (Beginn VI. Jh. v. Chr.)

Außer der Mantelfibel, die ausgebreitet 32 Zentimeter mißt, trug die Fürstin noch zwei Armbänder, die breiten Manschetten gleichen. Auch sie sind mit menschlichen und tierischen Motiven in getriebener und granulierter Arbeit köstlich verziert. Von einigen Forschern werden diese Reifen für monumentale

Ohrgehänge gehalten. Halsketten, eine dreifache aus großen, gravierten Goldperlen und eine zweite mit Anhängern aus Gold und Ambra, Ohrgehänge, spiralförmige Ringe, Fibeln und Nadeln vervollständigen den unvergleichlichen Schatz. Trotz dieser Fülle mag alles zusammen kaum mehr wiegen als eine Handvoll Rosenblätter. Die etruskischen Goldschmiede verstanden das edle Metall in so unerhörter Feinheit zu verarbeiten, daß es fast gewichtslos wurde. Sicher wurde auch teilweise eigener, besonders leichter Schmuck für die Toten hergestellt.

Cisra war früh ein Zentrum hochentwickelter Edelschmiedekunst. Die Lehrmeister mögen eingewanderte orientalische Goldschmiede gewesen sein, bald aber beherrschten die Etrusker das Fach ebenso vollendet und erfanden auch eigene Techniken wie die Kombination von Treibarbeit und Granulation.

Zu den prächtigsten Beigaben aus dem Fürstengrab gehören zwei große Bronzekessel mit Löwenprotomen, deren geometrische Stilisierung sie als einheimische Imitationen importierter orientalischer Gegenstücke ausweist. Der eine steht auf einem Dreifuß, der andere auf einem hohen Untersatz in Form eines konischen Sockels aus Bronzeblech, der mit Friesen von Fabeltieren verziert ist und wahrscheinlich aus Nordsyrien stammt. Östlich wirkt auch ein Bronzetischchen auf Rädern mit eingesenktem Räucherbecken, umrandet von stilisierten Lotosblüten, dessen Fläche ebenfalls mit phantastischen Wesen des orientalisierenden Stils in Treibarbeit geschmückt wurde. Auf dem Thronsessel mit sehr langer, gerader Rückenlehne schließlich, der mit bronzenen Palmetten und vielen anderen vorderasiatischen Motiven überreich ornamentiert war, kann man sich den tyrrhenischen Lukumon kaum anders als in der prunkvollen Aufmachung eines orientalischen Fürsten vorstellen.

Neben den exotisch wirkenden Beigaben enthielt die Gruft auch viel Keramik, darunter ausnehmend schöne Exemplare der etruskischen Buccheroware in Schwarz oder Grau – auch eine rote Abart kommt vor –, deren dunkle Färbung wahrscheinlich durch eine besondere Tonerde und reduzierten Brand erzeugt wurde. Nirgends erlebte die Bucchero-Keramik, die auch auf Zypern, in Nordsyrien und Westanatolien seit der Eisenzeit vorkam, eine ähnliche Hochblüte wie im Etrurien des siebten und sechsten Jahrhunderts. Die oft unglaublich feinwandigen Buccheri aus Südetrurien mit ihren ebenso eleganten wie originellen Formen, dem Dekor in ganz flachem Relief, den eingeritzten und gepreßten oder aufmodellierten Verzierungen gehören zu den absoluten Spitzenleistungen etruskischer Töpfer, die sicher stark von Bronzevorbildern inspiriert wurden. Aus der Umgebung des Regolini-Galassi-Grabes stammt das berühmteste aller dieser Gefäße, ein innen geteiltes Krüglein mit doppeltem Ausguß in Gestalt zweier Pferdeköpfe, die mit zwei Krönlein aus Lotosblüten geschmückt sind. Eine schlanke Jünglingsfigur, an deren Rücken der Bandhenkel gleich einem wehenden Mantel befestigt ist, steht auf dem Rumpf des langhalsigen Fabeltieres, dessen Schnauzen mit Sieblöchern durchbohrt sind. Man denkt bei diesem Gefäß unwillkürlich an einen Behälter für Essig und Öl. Feine Rillen und weiß inkrustierte Ritzornamente tragen noch zur Anmut dieses kleinen Kunstwerkes bei.

Die Schätze aus dem Regolini-Galassi-Grab hütet nun die weihelose Nüchternheit eines Museumssaales im Vatikan. Das zarte Gold der Geschmeide schimmert matt auf dunklem Samt in den Vitrinen. Die schwarzgrüne Patina der Jahrtausende ließ den warmen Glanz der antiken Bronzen verlöschen und das Silber trübe werden. Doch selbst im kühlen Licht des Ausstellungsraumes umwebt alle diese Dinge noch der Zauber des Fremdartigen, der viele frühe Zeugnisse der versunkenen etruskischen Kultur umgibt.

Die Totenstadt von Caere gab uns aber nicht nur in ihren Gräbern und Schätzen eine Vorstellung vom vergangenen Leben der reichen Handelsstadt; wir verdanken ihr auch die ersten großen Bildnisse der archaischen Etrusker. Hier wurden die beiden Terrakottasarkophage gefunden, die heute im etruskischen Museum von Rom und im Louvre in Paris stehen. Sie stammen etwa aus der Mitte des sechsten Jahrhunderts und leiten die lange Reihe tönerner und steinerner Sarkophage ein, auf deren Deckel die Verstorbenen ausgestreckt oder auch halb aufgerichtet beim Festmahl dargestellt sind.

Der schönere der beiden archaischen Tonsarkophage steht in

Rom; leider ist er weit schlechter erhalten als sein Gegenstück im Louvre. Er hat die Form eines reichen Bettes – das geschnitzte Gestell ist in jonischem Stil gearbeitet –, auf dessen Kissen ein Ehepaar halb aufgerichtet ruht. Gatte und Gattin sind hier nach etruskischer Sitte beim Bankett vereint. Den patriarchalisch lebenden Römern, bei denen sich in früher Zeit das Dasein der Frau in großer Zurückgezogenheit abspielte, erschien diese Sitte, wie überhaupt die bevorzugte Stellung des Weibes bei den Tyrrhenern, stets als anstößig. Aber gerade die zahlreichen Darstellungen der auch im Tode noch liebend vereinten Gatten lassen auf eine besondere Hochhaltung der Ehe bei den Etruskern schließen. Die zugleich beschützende und liebevolle Geste, mit der der Mann des Sarkophages von Caere den rechten Arm auf der Schulter seiner Frau ruhen läßt, während seine linke Hand auf ihrem Arm liegt, erweckt auch hier den Eindruck einer starken und zärtlichen Verbundenheit, die etwas Ergreifendes hat. Stolze Ruhe, die Selbstsicherheit eines mächtigen Volkes, spricht aus der feierlichen Haltung des edlen Paares. Die bunte Bemalung des Sarkophages ist fast vollständig verblaßt, ebenso fehlen die Emailaugen, die den Gesichtern einstmals Leben verliehen. Aber trotzdem und ungeachtet der archaischen Stilisierung, die damals die etruskische Neigung zum Porträt noch nicht durchbrechen ließ, sind die Gesichter der Gatten überraschend ausdrucksvoll. Die Überlegenheit des furchtlos Wissenden liegt im hochmütigen Lächeln, das ihre Mundwinkel kaum merklich hebt. Das Lebensgefühl eines Volkes, einer Welt, die zu begreifen uns nicht mehr gegeben ist, steht hinter der archaischen Verschlossenheit dieser schönen, unendlich fremden Antlitze.

Bereit zum ewigen Festmahl im Jenseits, das in dieser Hoch-Zeit der tyrrhenischen Nation wohl noch nicht dualistisch vorgestellt wurde, ruhen Mann und Frau geschmückt auf ihrem Lager. Ihr Haar ist in langen, stilisierten Locken schön geordnet. Der Mann trägt nach der Mode der damaligen Zeit einen Spitzbart. Das Haupt der Frau bedeckt der charakteristische etruskische *tutulus,* ein rundes Häubchen. Ihr reiches Gewand ist in strenge Falten gelegt. Die Hände hält sie in opfernder Gebärde ausgestreckt. Während die Häupter und die obere

Körperhälfte der beiden Figuren sehr sorgfältig und in den richtigen anatomischen Verhältnissen ausgearbeitet sind, wirkt die untere Hälfte der Gestalten unproportioniert klein und flach. Diese Auffassung bleibt bis zum Ende der etruskischen Bildhauerkunst für die Behandlung der Figuren der Verstorbenen auf den Särgen und Aschenkisten gültig.

In den beiden großen Tonsarkophagen aus Caere ist der Einfluß der jonischen Kunst in der weichen Linienführung, den zugleich feinen und großzügigen Formen, den überlangen, schrägen Mandelaugen deutlich erkennbar. Der Koroplast hat aber auch seine eigene Auffassung im kräftigen Spiel der voluminösen Gewandfalten, dem eigenartigen Ausdruck und der scharfen Zeichnung der Münder und der recht naturalistischen Behandlung des nackten, männlichen Oberkörpers zum Ausdruck gebracht.

Eine ähnliche Umwandlung orientalischer Vorbilder zeigt sich bereits bei noch älteren Kleinplastiken aus Cisra. 1863 fand sich in einem heute verschollenen Grab mit mehreren Kammern eine feierliche Versammlung von fünf, je etwa 50 cm hohen Sitzstatuen, würdig blickenden Männlein und Weiblein, die auf Lehnstühlen thronten. Drei dieser Figuren aus schwärzlichem Impasto blieben erhalten. Ihre großen Nasen und Mandelaugen wirken orientalisch; aber die Herausarbeitung der Struktur der Schädel und der Gesichter und deren wacher Ausdruck und intensiver Blick unterscheiden sie stark von der hieratischen Leblosigkeit vorderasiatischer Köpfe aus dieser Zeit.

Die Bildner der archaischen Periode von Caere waren offenbar hauptsächlich Koroplasten. Ob auch größere Bronzestatuen geschaffen wurden, wissen wir nicht. Die Steinskulpturen aus dieser Stadt, die bis jetzt zutage kamen, sind nicht über das Ende des fünften oder sogar den Anfang des vierten Jahrhunderts v. Chr. hinauf zu datieren. Im »Grab der Sarkophage« aus dieser Zeit wurden mehrere Steinsärge entdeckt, auf denen die Verstorbenen flach ausgestreckt im letzten Schlummer dargestellt sind. Mit zur Wand gekehrtem Antlitz ruhen sie noch heute in der weiten, niederen Grabkammer. Nur einen, den schönsten der Sarkophage aus dieser Gruft, hat man in das

Gregorianische Museum im Vatikan geschafft. Das bärtige Haupt des auf ihm ruhenden Toten, das von kleinen Löwen bewacht wird, ist auffallend fein und vielleicht als Porträt gearbeitet. Ein Lorbeerkanz, eine Halskette mit großen Anhängern und ein Armband schmücken den Verstorbenen. In der Rechten hält er eine Opferschale. Gegenüber der meisterhaften Behandlung der Deckelfigur wirkt die Reliefverzierung des Sargkastens grob. Sie stellt wohl ein Totengeleit dar. Musikanten und ein Herold schreiten einem Paar voraus. Der bärtige Mann mag der Verblichene sein, von dem seine Gattin Abschied nimmt. Ein Knabe mit einem Klappstuhl und ein mit zwei Pferden bespannter Wagen folgen ihnen. Zahlreiche Farbspuren verraten die einstige Bemalung der Reliefs.

Die in den gewachsenen Tuff geschnittenen Bänke, auf denen die Steinsärge des »Grabes der Sarkophage« bei ihrer Auffindung standen, waren mit Stuck überzogen und mit Delphinen, Seepferden und anderen Tieren bemalt. Diese Dekoration, die heute verschwunden ist, stammte wahrscheinlich erst aus einer späteren Phase. Das berühmte »Grab der Reliefs« zeigt, daß sie im dritten Jahrhundert v. Chr. Mode war. Dieses Grab, wie die meisten der Spätzeit, gleicht nicht mehr einer freundlichen Wohnung mit kleinen, intim wirkenden Räumen, in denen nur wenige Personen beigesetzt wurden; es ist ein Massengrab, ein einziger großer Saal, in dem mindestens 20 Leichen bestattet waren. Eine Treppe, die zwei verwitterte Tufflöwen hüten, führt tief hinab in diese unterirdische Halle. Der erste Eindruck ist der einer verwirrenden Vielfalt von Farben und Formen, einer gespenstischen Lebendigkeit. Der ganze weite Raum ist mit bunten Reliefs ausgeschmückt. Längs der Wände öffnen sich die Bettnischen der bedeutenderen Familienmitglieder. Zu ihren Füßen auf einer Art von Podium fanden die übrigen nebeneinander Platz. In der Mitte der Rückwand befindet sich ein breiter Alkoven, in dem das Familienoberhaupt mit seiner Gemahlin ruhte. Die Fiktion des Lebens ist hier mit einer ergreifenden Inbrunst festgehalten. Zwei farbige Kissen, die in der Mitte den Abdruck ruhender Häupter zeigen, liegen auf dem zierlich aus dem Stein gemeißelten Bett. Ein schmaler Schemel steht davor und trägt die kleinen Sandalen der Frau.

Schreibzeug liegt auf einem Tischchen am Fußende. Neben dem Kopfende lehnt der Knotenstock des Hausherrn. Zwei äolische Säulen, die ebenso wie alles übrige als Relief aus dem Tuff herausgearbeitet sind, rahmen die Ruhestatt ein. An ihnen waren die Porträtköpfe des Ehepaares angebracht. Darunter sind noch persönliche Besitztümer der beiden zu sehen: Schilde, Helme, ein Degen und Beinschienen für den Mann; ein Fächer, Schmuckstücke und eine flache Schale für die Frau. Allein die düstere Gestalt des schlangenfüßigen Dämons Typhon, der ein breites Richtschwert trägt und, von Cerberus begleitet, auf der Vorderfront des Bettes Wache hält, verrät, daß diese freundlichen Bilder des Lebens nur die Maske des unerbittlichen Todes sind, dem diese Stätte gehört.

Der Wunsch, wenigstens ein Scheinbild des Diesseits in das Jenseits hinüberzuretten, hat uns in keinem anderen Grabe so zahlreiche kostbare Aufschlüsse über das tägliche Leben des tyrrhenischen Volkes im dritten Jahrhundert v. Chr. hinterlassen. Die beiden mächtigen Pfeiler, die die schräge Decke des Raumes stützen, tragen rundum eine bildliche Schilderung alles dessen, was zu einem etruskischen Hausstand gehörte. Gänse, ein Schwein, ein Hund und ein marderähnliches Tier, das heute in Italien nicht mehr vorkommt, damals aber anscheinend als Haustier gehalten wurde, sind da in lebendiger Anmut zu sehen. Und über ihnen entdeckt man Jagd- und Fischzeug, Schleuder und Angel. Es gibt auch eine Auswahl von Handwerks- und Küchengeräten, ja selbst einen großen runden Käse, wie ihn die Bauern dieser Gegend heute noch herstellen, und einen niedrigen Spieltisch mit einem Geldbeutel. Dies alles war in starken, heute verblaßten Farben bemalt, die dieser Scheinwelt eine makabre Heiterkeit verleihen.

Auch in seinem Untergang besitzt das etruskische Volk noch die große Linie der archaischen Zeit und verleugnet niemals seine Wesensart. Die Verherrlichung der Toten bleibt immer zugleich eine Verherrlichung des Lebens, deren Gewalt erschüttert. Seele und Körper waren für die Etrusker ein untrennbares Ganzes, Tod und Leben im großen Kreislauf des kosmischen Geschehens nur eins.

Als Eindringlinge aus einer wacheren, aber tief zerrissenen

Welt wandern wir durch die stillen, sich verkreuzenden Straßen der Totenstadt von Cisra, steigen in die Tiefe ihrer Gräber und versuchen, ihre Geheimnisse zu erahnen. Der scharfe, wilde Duft der südlichen Kräuter erfüllt die Luft heute, wie vor Jahrtausenden. Goldener Ginster brennt über dem braunen Tuff der Gräber, Hirten in Ziegenfellhosen weiden ihre Schafe zwischen den Hügeln. Die Zeit scheint ohne Macht im Reiche der »Mehreren«.

Von der Höhe der Totenstadt führt auch heute die tief in den Tuff geschnittene *Via degli Inferi,* die »Straße der Unterirdischen«, hinab ins Tal. Einst verband sie Caere mit seiner Nekropole. Sie geleitet uns hinaus aus dem starken Licht, das über den aufgerissenen Grüften brennt, aus der nackten Hügellandschaft hinab in die kühle Dämmerung eines Laubwaldes aus immergrünen Steineichen und dichtem Gehölz. Er hat einen Teil der Gräberstadt überwuchert und seine Wurzeln tief hinab zu den verborgenen Toten geschickt. Rechts und links der schmalen Straße gähnen die dunklen Schlünde geöffneter Grabkammern, deren Decken der Efeu gesprengt hat. Blaßrosa Zyklamen blühen an ihrer Schwelle. Nur ein paar Tonscherben sind von den Besitztümern der Verstorbenen übrig geblieben. Langsam verschlingt hier der Wald mit seinem üppigen Leben die Nekropole. Die von der Hauptstraße abzweigenden Nebenwege sind längst zum Bett für Quellen geworden oder zum Pfad der Tiere. Und doch wirkt die alte Straße mit ihren Wagenkerben und den jähen Windungen so begangen, als verbände sie immer noch zwei Städte.

Vom Grund der Schlucht hebt sich der Blick unwillkürlich zur Höhe der von finsteren Steineichen bekränzten, senkrechten Tuffwände gegenüber, um die zyklopischen Mauern des etruskischen Cisra zu suchen. Aber auf dem leeren Felsrücken jenseits rascheln nur die Ölbäume im Wind. Kaum ein Stein spricht noch vom begrabenen Leben, von tausendjähriger Geschichte. Allein die feierlichen Hügel der Toten sind uns als Zeugen einer Welt geblieben, deren Geheimnis immer noch seinen Schatten über diese Landschaft am Tyrrhenischen Meere wirft.

TARQUINIA, VISIONEN VERSUNKENEN LEBENS

Das Gebiet von Tarquinia, der sagenumwobenen Mutterstadt des etruskischen Volkes, grenzte an die Hoheitsbereiche von Caere und Vulci. Bald nach dem Hafenplatz Civitavecchia erscheinen über der Ebene am Meer, die sich landeinwärts in sanft ansteigende Hügel zergliedert, die steilen Hänge eines von Tälern durchschnittenen Hochplateaus. Auf dem Monterozzi genannten Höhenzug liegt das größte Gräberfeld der Etrusker, ein zweiter trug die mauerumschlossene Königsstadt Tarchna.

Nach dem Untergang der alten Metropole vertauschte das Geschick die Lose der beiden Felskuppen. Diesmal siedelte sich das Leben über den vergessenen Gräbern der Etrusker an. Die Stadt, die dort im sechsten Jahrhundert entstand, hieß Cornietum. Die Nähe des Meeres, die Schiffbarkeit des Flusses Marta, der heute kaum noch Wasser führt, und vor allem die Fruchtbarkeit der seit anderthalb Jahrtausenden bebauten Erde ließen Cornietum zu einer reichen Handelsstadt aufblühen. Starke Festungswerke, viele schmale Adelstürme und schöne Kirchen bezeugen seinen mittelalterlichen Glanz. Später verlor die Stadt ihre Bedeutung und in unserem Jahrhundert selbst ihren Namen. Heute wird sie nach der einstigen Etruskerstadt in ihrem Hintergrund Tarquinia genannt. Die Erinnerung an ihr eigenes Leben verblaßte hinter der Auferstehung der Tyrrhener aus den bemalten Gräbern von Tarchna, die mit der Wiederentdeckung der Nekropolen im 15. Jahrhundert begann.

Eine steile, weiße Straße zwischen dürren Olivenhainen, deren karges Laub die Sonne mühelos durchdringt, führt zur Stadt hinauf. Hinter dem Stadttor liegt ein weiter freier Platz, eine Art Terrasse über dem schroffen Absturz des Felsens. Von hier öffnet sich eine schrankenlose Fernsicht über die bunten Flächen des fruchtbaren Landes und das Meer. Weit draußen zeichnen sich die schattenhaft hingehauchten Konturen der tyrrhenischen Inseln ab. Steil steigt Elba aus den glitzernden Fluten. Wo Himmel und Wasser in einem bläulichen Nebel ineinander übergehen, ahnt man die Umrisse des Eilandes von Monte Cristo.

Dies war die Landschaft, über der einst Tarchna auf ihrem grauen Felsen thronte.

In den ersten Jahrhunderten des tyrrhenischen Reiches bildete die mächtige Seehandelsmetropole als Hüterin ältester etruskischer Tradition wohl den geistigen Brennpunkt der Nation. Vermutlich hatte sie eine politische Vormachtstellung innerhalb der Konföderation der etruskischen Stadtstaaten inne. Die Überlieferung berichtet von einem Lukumon, der in früher Zeit an der Spitze der Herrscher der übrigen Bundesstädte gestanden habe. Vieles spricht dafür, daß den Königen von Tarquinia, wenigstens für eine gewisse Zeit, diese Rolle zugefallen war.

Aber größer als ihre politische war die religiöse Bedeutung dieser Stadt für das Etruskertum. Die mythischen Heroen: Tyrrhenos, der sein Volk übers Meer nach Italien führte, und Tarchon, sein Bruder oder Sohn, dem die Gründung von Tarchna zugeschrieben wurde, stehen am Anfang ihrer Geschichte. Auch die Gottheiten erwählten diesen Ort, sich dem Volke, das hier neue Heimat finden sollte, zu offenbaren. So berichtet es die Legende vom grauhaarigen Götterknaben Tagès, der hier der Erde entstieg, um den Tyrrhenern den Willen der Götter und ihre Gesetze zu verkünden.

Der Sagenkranz, der die Frühzeit Tarquinias umgibt, kennzeichnet es deutlich als den Ausgangspunkt der staatlichen und religiösen Struktur des etruskischen Volkes. Die Rolle, die das Königsgeschlecht der Tarquinier in der legendären Geschichte Roms spielt, bezeugt auch die engen Beziehungen zwischen dem großen tyrrhenischen Stadtstaat und Latium. Die Familie der Tarquinier, etruskisch Tarchna, hat es tatsächlich gegeben. Unter den Totenmalen von Caere befindet sich ein tief in den Fels gebettetes, prunkvolles Grab, das nach einer Inschrift diesem Geschlecht gehörte.

Die Abzeichen der weltlichen Macht in Rom: Das Rutenbündel und die Doppelaxt, die *sella curulis*, der elfenbeinverzierte Amtsstuhl, der auf einem Wagen stand, die *Toga picta* und der Lorbeerkranz sind höchstwahrscheinlich etruskischer Abkunft.

Tarquinius Priscus wird die Einführung des Triumphes zugeschrieben. Silius Italicus (68 bis 101 n. Chr.) berichtet in seinen »Punica«, daß die römischen Machtsymbole aus Vetulonia stammten, einer »lydischen« Stadt (in der antiken Geschichtsschreibung wurden die Tyrrhener oft mit den Lydiern identifiziert!), die sie als erste eingeführt habe. Der Fund eines Rutenbündels und einer Doppelaxt aus Eisen in einem frühen Grab von Vetulonia, *»tomba del littore«* genannt, lieferte eine überraschende Bestätigung dieser Angabe.

Bis gegen die Mitte des siebten Jahrhunderts war Tarquinia die reichste Stadt Etruriens. Ihr Hoheitsgebiet hätte sich nach Plinius bis über den Bolsenasee hinaus erstreckt. Auch nachdem ihr Cisra in der zweiten Hälfte des siebenten Jahrhunderts wirtschaftlich den Rang abgelaufen hatte, scheint sie, bis zum Verlust von Latium und Kampanien, ihre dominierende Rolle innerhalb der tyrrhenischen Stadtstaaten behalten zu haben. Die politischen und wirtschaftlichen Rückschläge des fünften Jahrhunderts hatten sie zweifellos geschwächt. Sicher war Tarquinia zu Beginn des vierten Jahrhunderts, beim Ausbruch der Feindseligkeiten zwischen Rom und den etruskischen Stadtstaaten, noch ein ernst zu nehmender Gegner. Sein Hoheitsgebiet umfaßte zu dieser Zeit etwa 800 Quadratkilometer. Um die Mitte des vierten Jahrhunderts, nachdem zuvor schon Veji als erstes Opfer im etruskisch-römischen Krieg gefallen war, entbrannte der Krieg zwischen Tarchna und Rom. Dieser Kampf zwischen der Vertreterin der alten, traditionsverwurzelten tyrrhenischen Herrschaft und der Trägerin des jungen lateinischen Machtwillens wurde mit jener Erbitterung geführt, die alle großen geschichtlichen Auseinandersetzungen um grundsätzliche Dinge kennzeichnet. Der Haß zwischen den einst eng verknüpften Städten wurde im Verlauf der Kriegshandlungen so groß, daß die Etrusker ihren Göttern einmal 307 römische Kriegsgefangene opferten und dic Römer als Vergeltung 358 edle Tyrrhener auf dem Forum steinigten und enthaupteten. Erst nach acht blutigen Jahren kam es zum Abschluß eines vierzigjährigen Waffenstillstandes. Tarquinia blieb unbesiegt, doch war es ihm nicht mehr gelungen, die römische Expansion in Niederetrurien aufzuhalten.

Nach den vier Jahrzehnten der Waffenruhe flammte der Brand von neuem auf. Diesmal entschied das Geschick endgültig gegen die alte Herrscherstadt, die sich nach drei Kriegsjahren gezwungen sah, ihren Pakt mit Rom zu erneuern. Gleich Caere verlor damit auch Tarchna seine Handlungsfreiheit und wurde allmählich in das politische System der Römer eingefügt. Es scheint, daß mit der Zeit der alte Haß in Vergessenheit geriet. Als die römische Flotte sich 204 v. Chr. zum Kampf gegen Karthago, die einstige Verbündete der Etrusker, rüstete, spendete Tarquinia sogar das Leinen zu den Segeln, die die Schiffe nach Afrika tragen sollten. Zwei Jahrzehnte später gründeten die Römer in der Nähe der Stadt ihren Hafen Graviscae, und nochmals hundert Jahre später erhielt Tarquinia das römische Bürgerrecht.

In den freskengeschmückten Gräbern der Totenstadt von Tarquinia und den Porträtbildnissen der Etrusker auf den zahlreichen Sarkophagen aus seiner Nekropole tritt uns die tyrrhenische Vergangenheit mit einer Unmittelbarkeit entgegen wie sonst nirgends. Gleich einer farbensatten Vision leuchten Bilder, sprühend von Leben, vor uns auf. Und die Antlitze der auf ihren letzten Lagern ruhenden Etrusker blicken uns über die Jahrtausende hinweg an als Menschengesichter, deren Geheimnisse auch unsere Geheimnisse sind.

Der größte Teil der Funde aus den seit etwa 200 Jahren systematisch erforschten Totenstädten wird jetzt im Quattrocento-Palast der Vitelleschi bewahrt, dessen herbe Anmut den Hauptplatz des heutigen Tarquinia beherrscht.

Der letzte Krieg hat auch diesen kostbaren Palast schwer getroffen. Die zarte Patina der Jahrhunderte ist der Restaurierung zum Opfer gefallen; die Neuordnung des Museums aber ist seinen Schätzen zugute gekommen.

Unter den schattigen Arkaden des Cortile, in den Räumen des Erdgeschosses und im Umgang des ersten Stockwerkes liegen die Gestalten der toten Etrusker auf ihren schweren steinernen oder tönernen Särgen aus dem vierten bis zweiten Jahrhundert v. Chr. Manche sind flach ausgestreckt und, gleich mittelalterlichen Mönchen, in die langen, geraden Falten ihrer Gewänder gehüllt, mit der Opferschale in der Hand, in ihrem letzten Schlaf dargestellt. Eine Frau hat sich in ihr Tuch gewickelt wie in ein bergendes Gehäuse. Andere Figuren wieder sind halb aufgerichtet wie bei einem Festmahl. Die braungetönten Antlitze der Männer scheinen manchmal fragend erhoben, oder sie sehen uns an mit wissenden Augen.

Es sind nicht mehr die Gesichter der Eroberer der frühen Jahrhunderte, denen wir hier begegnen, sondern jene eines Volkes, das sich von Feinden umstellt weiß und einen Kampf führt, dessen Aussichtslosigkeit es ahnt, oder das bereits resigniert hat. Die Lebensfreunde der archaischen Zeit ist geschwunden und mit ihr der strahlende Überschwang, die naive Formen- und Farbenlust der Kunst. An ihre Stelle aber tritt eine Verinnerlichung, eine Kraft des Ausdrucks, die erschüttert. Unter dem Einfluß des beginnenden Hellenismus läutert und verfeinert sich in den späten Werken auch die Form. Natürlich müssen wir uns, wie dies viele Farbspuren beweisen, auch die Plastik der etruskischen Sarkophage stets als farbig gefaßt vorstellen.

Der religiös bedingte Zug der etruskischen Kunst zur naturalistischen Darstellung der Verstorbenen führte seit dem vierten Jahrhundert v. Chr. oftmals zu meisterhaften Porträtplastiken. Die Beleibtheit vieler Sarkophagfiguren der Spätzeit, die mit schonungslosem Realismus wiedergegeben wurde, ließ den Begriff des »obesus etruscus«, des »verfetteten Etruskers« entstehen. Eine Forschung, die in Vorurteilen befangen war und auch noch nicht über die modernen Grabungs- und Studienergebnisse verfügte, schloß aus diesen Erscheinungen der Zerfallsepoche auf den Typus des etruskischen Volkes. Aber diese Männer einer sterbenden Nation, die nicht mehr an sich glaubte und in den Freuden eines überfeinerten Lebensgenusses ihr Schicksal zu vergessen suchte, sind für die Tyrrhener nicht wirklich charakteristisch. Auch der würdelose, dem Laster und der Schlemmerei ergebene Römer der Verfallszeit verkörpert nicht jene Nation, die wenige Generationen früher ein Weltreich errichtete. Etruskischer Abstammung zu sein wurde übrigens bei den Römern stets hoch bewertet, und bekanntlich rühmten sich auch die Flavier, die zu den weisesten und besten

Herrschern des Weltreiches gehörten, ihrer tyrrhenischen Vorfahren aus der Gegend von Spoleto.

Bildnisse, wie jenes des »Magnaten«, in dessen adeligem Haupt voll melancholischer Würde noch einmal die alte Kultur und menschliche Größe der besiegten Tyrrhener sichtbar werden, sind unvergeßliche Zeugnisse ihres Geschickes und Wesens. Kleine Löwen und Sphingen hüten den Sarkophag des »Magnaten«, dessen Seiten mit Amazonen- und Kentaurenkämpfen in Relief geschmückt sind. Solche düsteren Schlacht- oder auch blutige Opferszenen sind auf vielen Steinsärgen der Spätzeit zu sehen. Häufig ist auch die Fahrt des Verstorbenen in die Unterwelt dargestellt. Er wird dann meist von hammerschwingenden, geflügelten Dämonen bewacht, die erst in der Epoche des Niederganges und der pessimistischen Jenseitsvorstellungen in der etruskischen Kunst auftauchen.

Zahlreiche Inschriften auf den Sarkophagen geben die Namen und Ämter der Toten an. Seit der Neuordnung des Museums nach dem zweiten Weltkrieg stehen in seinen Parterreräumen die Särge der verschiedenen Familien wieder beisammen, wie einstmals in den Gräbern. Man liest auf ihnen die Namen verschollener Geschlechter, die sich Pulena, Alvethna oder auch Camna nannten. Eine reich gekleidete, juwelenbedeckte Dame, die in selbstbewußter Haltung hochmütigen Blickes auf ihrem Bette lagert, trägt den melodischen Namen Ramtha Apatrui. Der beleibte Magistratsherr Laris Pulenas hält einen aufgerollten Pergamentstreifen in Händen. Einer der längsten bisher aufgefundenen etruskischen Texte ist darauf eingegraben. Er zählt die Ämter und Würden des Verstorbenen auf.

Neben den Sarkophagen aus den letzten vier vorchristlichen Jahrhunderten bergen die Säle des Museums auch eine Fülle von Grabbeigaben aus den Nekropolen, die auf vier zusammenhängenden Hügeln nahe der Stadt entdeckt wurden. Die Gräber stammen aus einem Zeitraum von etwa 1000 Jahren. Die ältesten wurden gegen 900 v. Chr. angelegt, die jüngsten in der Römerzeit. Eine Anzahl dörflicher Siedlungen der Villanova-Kultur waren der Stadt vorausgegangen. Aus den Pozzo-Gräbern ihrer Friedhöfe kommen die plumpen bikonischen

Ascheurnen, die oft mit einem Helm verschlossen sind und auch einige hakenkreuzverzierte Hütten-Urnen, die Stierhörner auf dem Giebel tragen, wie noch heute viele italienische Bauernhäuser. Ihnen folgten, wie auch in Latium, Fossagräber mit Körperbestattung, die aber die Brandgräber nur teilweise verdrängten. Der zunehmende Reichtum an Bronzegerät mit phantasievoller Verzierung – das magische Augenmotiv der alten Mittelmeerwelt kommt darin häufig vor – ist auffallend. Der rasche Aufstieg von Tarquinia, das etwa 8 km vom Meer entfernt auf einer nach drei Seiten steil abfallenden Höhe lag und durch ein dichtes Straßennetz mit seinem fruchtbaren Hinterland verbunden war, erfolgte im Lauf des achten Jahrhunderts. Der Umfang seines Überseehandels wird mit dem Beginn der orientalisierenden Stilperiode der Kunst aus der Vielfalt seiner kostbaren Importware deutlich. Da gibt es frühgriechische Keramik aus Korinth und Rhodos, phönizische Elfenbein- und Silbergeräte, Fayencevasen, Skarabäen und kleine Specksteinidole aus Ägypten. Zu dieser ausländischen Ware gesellen sich einheimische Erzeugnisse: bemalte Vasen, die allerdings hinter den griechischen Vorbildern zurückbleiben, schöne Bronzegeräte und die wie polierte Kohle glänzenden eleganten Bucchero-gefäße. Die Verfeinerung des etruskischen Geschmackes zeigt sich später in einer leidenschaftlichen Vorliebe für attische Vasen. Wir verdanken ihr den weitaus größten Teil aller heute noch erhaltenen griechischen Gefäße. Die Gräber von Tarquinia enthielten zahlreiche erlesene Stücke, die zum Teil im Palazzo Vitelleschi zu sehen sind.

Auch ein Fund von großer Bedeutung für die Zeitbestimmung der orientalisierenden Epoche befindet sich unter den Beigaben, eine hohe, blaßgrüne Fayencevase mit einer Inschrift, die sich auf den Pharao Bokchoris, den Gründer der XXIV. Dynastie, bezieht. Da man weiß, daß seine Regierungszeit in das letzte Viertel des achten vorchristlichen Jahrhunderts fiel, und annehmen kann, daß die Vase nicht allzulange nach ihrer Anfertigung nach Etrurien eingeführt wurde, ergibt sich für das Grab ihres Besitzers sowie für alle übrigen mit ähnlichen Beigaben eine ziemlich sichere Datierung für den Beginn des siebenten Jahrhunderts v. Chr.

Die Nekropole des alten Tarchna reicht bis nahe an die Stadtmauern des heutigen Tarquinia heran, dessen Friedhof durch einen sonderbaren Zufall über den letzten etruskischen Gräbern errichtet wurde.

Der ausgeprägte Individualismus der einzelnen etruskischen Stadtstaaten, der das Gesamtbild der tyrrhenischen Nation und ihrer Kunst so vieldeutig macht, verlieh auch jeder Totenstadt ihr eigenes Gesicht. Die Bewohner von Caere schätzten die wuchtige architektonische Linie und meißelten aus dem goldbraunen Tuff ein in allen Einzelheiten getreues Scheinbild der Behausung, die ihr irdisches Dasein umschlossen hatte. Die Bürger von Tarchna legten weniger Wert auf architektonische Ausgestaltung der Gräber; sie liebten vor allem die Malerei und wollten in ihrer letzten Wohnung von farbenleuchtenden Gemälden umgeben sein.

Auch in anderen Totenstädten, in Orvieto, in Chiusi und Veji, fand man freskengeschmückte Gräber, doch nirgends in so großer Zahl, über einen so langen Zeitraum hinweg und in solch künstlerischer Vollendung.

Aus Beschreibungen und Zeichnungen weiß man, daß in Tarquinia etwa 60 freskengeschmückte Gräber gefunden wurden; 1958 kannte man von diesen nur mehr etwa 25. Seither aber wurden in rascher Folge auf der Grundlage von Luftaufnahmen, die ehemalige Tumuli als helle Flecken im Gelände zeigen, von elektrischen Geräten, mit denen der Bodenwiderstand gemessen und unterirdische Hohlräume geortet werden können, von fotografischen Sonden und schließlich von Sehrohren, mit denen der Zustand der Grabkammern festgestellt wird, über 60 Totenhäuser mit noch teilweise erhaltenen Wandbildern entdeckt. Hierzu kommen etwa ebensoviele mit geringer farblicher Verzierung oder weitgehend zerstörten Fresken.

Einige der schönsten Wandgemälde aus den Gräbern von Tarquinia, darunter auch neugefundene, die von endgültiger Zerstörung bedroht waren, wurden in einem komplizierten Verfahren abgelöst und sind heute in einem Saal des Museums ausgestellt.

Aus dem Schoß der Erde hervorgeholt, vom lebendigen,

feuchten Fels, der die Farben frisch erhielt, auf die trockenen Leinenwände zeltähnlicher Konstruktionen gezaubert, stehen die Bilder der Totenkammern, nun ihres Sinnes beraubt, gleichsam im Leeren als ein fragwürdiger Triumph der Technik. Aber die Wirkung dieser Fresken ist trotzdem noch so groß, daß man vor ihnen die Nüchternheit des musealen Raumes rundum vergißt und ganz in den Bann dieser etruskischen Totenwelt gerät, die vom trunkenen Rhythmus einer überschäumenden Lebenslust erfüllt scheint.

Impulse aus Griechenland mögen diese Kunst zur Entfaltung gebracht haben; aber trotz der übernommenen Formen ist alles neu und anders erlebt, vom genius loci berührt, der selbst eingewanderte hellenische Maler mit tyrrhenischen Augen sehen und mit tyrrhenischem Temperament empfinden ließ.

Der vornehme Korinther Demaratos, der legendäre Vater des Tarquinius Priscus, der sich im siebten Jahrhundert mit großem Gefolge in Tarquinia niedergelassen habe, hatte auch drei Künstler mitgebracht, deren symbolische Namen sie als Experten in den bildenden Künsten ausweisen. In dieser Überlieferung steckte sicher ein Wahrheitskern, und auch später mögen griechische Meister aus den jonischen Städten vor der Perserherrschaft nach Etrurien ausgewichen sein, denen die Tyrrhener technische und formale Anleitung und sicher auch Originalwerke verdankten.

Sorgfältige Studien haben die Technik der etruskischen Wandmalerei geklärt. Ursprünglich bestand die Vorbereitung der Malflächen nur in einer gründlichen Glättung und Politur des Kalksteins, aus dem die Plateaus von Tarquinia bestehen. Da diese Fläche sehr viel Feuchtigkeit absorbiert, ging man zur Auftragung eines Lehmverputzes über, der mit Kalkmilch übertüncht wurde. Später ersparten sich die Handwerker mehr und mehr die mühsame Glättung der Wände durch das Anbringen immer dickerer Verputzschichten, die manchmal die Stärke von 2 cm erreichten. Diese Methode war wesentlich ungünstiger für die Erhaltung der Fresken als die ältere. Der wenig durchlässige Verputz löste sich durch die von innen andringende Nässe und den Salpeter, der vom Fels ausgeschwitzt wurde, vielfach von den Wänden, so daß die Bilder in manchen Gräbern fast ganz zerstört aufgefunden wurden.

Die malerische Ausschmückung der Totenhäuser erfolgte sicher nach Vorlagen, nach denen die Motive erst gezeichnet und dann mit Farbe gefüllt wurden. Für die bunten Streifenbänder längs der Wände und auf den Decken gebrauchte man Schnüre, die in Farbe getaucht und naß aufgenagelt wurden. Zunächst war die Farbskala begrenzt: Ocker für Rot und Gelb, Kupfersilikat für Blau, Holzkohle für Schwarz und Schlemmkreide für Weiß. Mit der Zeit wurden diese Grundfarben durch Vermischung und Verdünnung variiert und bereichert.

Die Kammergräber der Nekropolen von Tarquinia lagen einmal auch unter Hügeln, die aber durch die Feldarbeit meist fast ganz verschwunden sind und auch nicht die architektonischen Aspekte der monumentalen Tumuli von Cisra besaßen.

Es ist schön, im Sommer hinaus zu den verborgenen Gräbern der Etrusker von Tarchna zu wandern. Gleich farbigen Juwelen ruhen sie unter der knisternden Flut der reifen Kornfelder oder dem feurig leuchtenden Teppich mohnbestandener Wiesen. Der Weg führt in langgestreckten Windungen an den Bögen eines mittelalterlichen Aquäduktes vorbei. An einer Stelle überspannt er einen tiefen Einschnitt in der Hochfläche, der den Blick auf die gegenüberliegende Kuppe freigibt. Dort stand die Stadt der mythischen Könige und Priester: Tarchna. Eine Ansammlung grauer Blöcke, die von ferne zufällig verstreute Felsstücke scheinen, ist alles, was von ihr geblieben ist. Einmal durchquerte diese Senke die alte Straße, die von den Lebenden zu den Toten führte.

Nun ist die Spur der Lebenden fast verwischt. Nur ein Rest der aus viereckigen Blöcken regelmäßig gefügten Stadtmauer, ein Stück der breiten Hauptstraße, die früher zur nahen Meeresküste mit ihren Hafenorten geleiten mochte, die Steinbasis eines großen Heiligtums und eines kleinen halbrunden Tempels sind noch vorhanden. Dies alles stammt aber aus der Spätzeit Tarquinias, als schon seine Verwandlung aus einer etruskischen in eine römische Stadt begonnen hatte. Im Museum von Tarquinia befindet sich ein schönes geflügeltes Pferdepaar aus

Terracotta, das von der Vorderfront des Haupttempels stammt und griechische Vorbilder verrät.

Auch hier sind es die Toten, die das wahre Vermächtnis des tyrrhenischen Volkes hüten. Nur in ihren tief in die schützende Erde gebetteten Wohnungen glüht noch ein Widerschein der alten, von vielgestaltigen Einflüssen gesättigten Kultur der einstigen Königsstadt und ihres reichen, weltoffenen Lebens.

Es ist, als stiegen wir hinab in die verzauberten Höhlen des Ariost im *Orlando Furioso* (denen vielleicht etruskische Gräber als Vorbild dienten), wenn wir über viele von jahrtausendealten Schritten ausgeschliffene Stufen zu den Gräbern gelangen. Nur wenige liegen nahe der Erdoberfläche. Rostige Eisenpforten ersetzen heute die schweren steinernen Türen oder Platten, die sie früher verschlossen. Das kalte Licht elektrischer Lampen enthüllt sachlich ihre Geheimnisse.

Die einzelnen Gemächer der unterirdischen Behausungen sind klein und intim, fast ohne architektonischen Schmuck. Dafür aber belebt sie eine Fülle prächtiger und unglaublich lebensvoller Wandbilder. In den glücklichen Jahrhunderten des Aufstieges sind diese von der unbefangensten Heiterkeit erfüllt. Auch die Decken der Räume sind bunt dekoriert. Den Toten wurde eine Umgebung bereitet, die alle Freuden des Diesseits widerspiegelte, deren höchste Steigerung nach dem Glauben der archaischen Epoche das Jenseits verhieß.

Die gleichen magischen Vorstellungen, die in den Totenriten Alt-Ägyptens wirksam waren und bereits zu Beginn des dritten Jahrtausends v. Chr. zur Ausschmückung der Gräber mit bunten Szenen aus dem täglichen Leben führten, sind auch bei den Etruskern noch vorhanden. Die Griechen hatten diese frühe Phase des Totenkultes überwunden, und dies war für die Erhaltung der Zeugnisse ihrer Malkunst verhängnisvoll. Ohne die formal sehr stark im Banne hellenischer Vorbilder stehenden etruskischen Grabfresken hätten wir heute kaum mehr als eine Ahnung von der großen Wandmalerei der Griechen, die mit den Palästen, Tempeln und Häusern vergangen ist. Wohl erreichten die tyrrhenischen Gemälde fast niemals die uns von Vasenbildern her bekannte zarte, klare Schönheit und vollendete Präzision der griechischen Kunstwerke. Ihre Gestalten lösen sich selten aus erdgebundener Schwere, die Farben sind manchmal von einer gewissen Brutalität, und immer wieder bricht unter den griechischen Formelementen ein dem Hellenischen fremder Realismus hervor. Hier, wie in der Plastik, ist die erlernte Form nur die äußere Hülle für einen ganz anderen Inhalt.

Die Revolution der archäologischen Bodenforschung durch die geophysikalischen Methoden der Fondazione Lerici, mit deren Hilfe im Lauf der letzten 20 Jahre allein im Gebiet der Nekropolen von Tarquinia etwa 6000 Gräber gefunden und untersucht werden konnten, hat uns nach langer Pause nicht nur eine Anzahl freskengeschmückter Totenwohnungen geschenkt, sondern auch das zuvor recht fragmentarische Bild der Entwicklung der Malkunst in Tarquinia entscheidend ergänzt.

Bis zur Entdeckung des »Grabes der Panther« im Jahre 1968 fehlten in Tarquinia die allerersten Phasen der etruskischen Wandmalerei aus der Periode des orientalisierenden Stils, von deren Bestehen man durch Grabfresken aus Veji und Caere wußte. Das »Grab der Stiere« aus dem Beginn der zweiten Hälfte des sechsten Jahrhunderts v. Chr. war seit seiner Entdeckung im Jahre 1892 und bis zum Ende der fünfziger Jahre das älteste, das aber bereits ein fortgeschrittenes Stadium der Malkunst aus Tarquinia verkörperte. Das »Grab der roten Löwen« und das »Grab des kleinen Giebels«, die zwischen 1958 und 1960 ans Licht kamen, waren etwas früher entstanden, aber auch nicht aus der Anfangszeit der Wandmalerei.

Das »Grab der Panther« aus der Wende vom siebten zum sechsten Jahrhundert v. Chr. imitiert ein kleines Giebelhaus mit nur einem Raum, in dem zwei breite Lager mit Kopfkissen aus dem Kalkstein gehauen sind. Seine malerische Ausschmükkung wurde nicht beendet. Die Wände und die Decke zeigen Einteilungen in Flächen, die noch bemalt werden sollten, nur die Eingangs- und die Rückwand sind mit Darstellungen verziert. Vielleicht wurde die Vollendung der Fresken durch einen frühen Tod der Besitzer des Grabes verhindert. Die Wandbilder sind in Rot, Braun und Schwarz mehr gezeichnet als gemalt und geben je zwei Panther im heraldischen Stil der orientalisierenden Kunst wieder. Auf der Rückwand stehen sie einander gegenüber. Ihre Vordertatzen begegnen einander über der aggressiv wirkenden grotesken Maske eines Raubtieres, das drohend nach der Grabtüre starrt, die ebenfalls von zwei sitzenden Panthern flankiert wird. Der abwehrende Charakter dieser Bilder ist deutlich, vermutlich sollten sie das Haus der Toten vor bösen Mächten oder auch vor Eindringlingen beschützen.

Nach diesem wurden noch einige frühe Gräber gefunden, in denen vor allem die Innenstruktur des Hauses malerisch deutlich gemacht wurde. In zwei Fällen wurde das Giebelfeld der Rückwand mit einem Löwenpaar gefüllt, die Plafonds mit Blumenmustern überstreut, die Wände oben mit breiten mehrfarbigen Streifen abgeschlossen.

Gegen die Mitte des sechsten Jahrhunderts v. Chr. wurde die Bemalung immer reicher und bunter. Zu den phantastisch gefärbten Raubkatzen kamen Pflanzenmotive und schließlich Szenen mit menschlichen Figuren. Die »Tomba del Frontoncino«, das »Grab des Giebelchens« aus der Mitte des sechsten Jahrhunderts zeigte die bis dahin älteste Darstellung des festlichen Totenbanketts mit drei männlichen Teilnehmern auf Ruhebetten, einer Tänzerin und zwei kleinen Dienergestalten, deren Maße sowohl einen Versuch zu perspektivischer Darstellung, als auch ihren untergeordneten Rang bedeuten konnten. Die bewegte, naturalistische Szene spielte sich in einer geschmückten Umgebung ab mit Kränzen, die von der Decke und von Bäumchen hingen, die vermutlich einen heiligen Hain vorstellten. Blau und Rot dominierten in starken Kontrasten auf diesem Gemälde, das eine an jonischen Vorbildern geschulte Meisterhand verriet. Heute lebt es nur mehr auf Farbfotos fort. Zehn Jahre nach seiner Entdeckung wurde es durch »Tombarolio« auf barbarische Weise aus der Wand gesägt.

Nicht lange nach der nun grausam verstümmelten »Tomba del Frontoncino« entstand das berühmte »Grab der Stiere«, das seit 1892 bekannt ist. Eine steile Treppe führt hinab in ein geräumiges Atrium, hinter dem zwei kleinere Kammern liegen. Entlang der Wände des Vorraums finden sich Bänke. Vielleicht wurde hier die feierliche Zeremonie des Totenmahles abgehalten. Nichts erinnert aber an Sterben in diesem unterirdischen

Haus mit seinem phantasievollen Bilderschmuck voll naiver Grazie. Auf der Wand zwischen den beiden Türöffnungen nach den rückwärtigen Zellen leuchtet gleich einem bunten Gobelin ein großes Gemälde, das, als ganz seltene Ausnahme, ein Ereignis aus dem trojanischen Krieg beschreibt: Achilles, der am Brunnen auf den trojanischen Prinzen Troilos lauert. Er trägt einen Helm korinthischer Art, einen Lendenschurz, Beinschienen und Schuhe und hielt ursprünglich ein Schwert in der erhobenen Linken, um seine böse Absicht anzudeuten. Der hohe Brunnenbau wird von zwei Löwenfiguren bekrönt, die eine speit Wasser in ein Becken auf langem Fuß. Troilos naht auf einem übergroßen, weißen Pferd. Er ist nackt bis auf Schnabelschuhe, eine typisch etruskische Fußbekleidung in der archaischen Zeit, die altkleinasiatischer Herkunft ist und auch bei den Hethitern üblich war. In der Linken hält er einen langen Speer, die Rechte führt den Zügel. Das fliehende Profil, die Mandelaugen und die langen, flatternden Locken des Jünglings erinnern stark an asiatisch-jonische Bildnisse. Die Landschaft mit ihren Sträuchern, Blumen und einem Palmenbaum mit Früchten, in der sich die Szene abspielt, ist dagegen ungriechisch. Unter ihr ist, durch ein Band getrennt, wieder ein heiliger Hain mit Bäumchen, von denen Kränze und Wollbinden hängen, dargestellt.

Für das tyrrhenische Volk, dessen religiöse Riten eine scharfe Beobachtung aller Lebenserscheinungen voraussetzen, war eine starke Naturverbundenheit kennzeichnend. So verwandte es gerne landschaftliche Motive in seinen Wandbildern.

Die obere Hälfte der bemalten Rückwand im »Grab der Stiere« wurde in zwei verschiedene Abschnitte aufgeteilt. Das durch die beidseitig abgeschrägte Decke gebildete Tympanon wird von wild dahinstürmenden Fabeltieren, der Chimäre, die in der etruskischen Kunst öfters vorkommt, und einem Reiter, den ein Stier verfolgt, gefüllt. Auf dem Mauerstreifen darunter sind zwei erotische Szenen dargestellt. Die Einbeziehung der Figur des menschengesichtigen Stiergottes in diese Bilder weist wohl auf ihren kultischen Charakter. Das Obszöne hatte bei den alten Völkern auch eine dämonenabwehrende Funktion; Toten- und Fruchtbarkeitskult waren zudem oft eng verbunden. Geschlechtliche Symbole und erotische Szenen sind daher gerade in diesem Bereich häufig. Ein typisches Beispiel hierfür ist u. a. die Türplatte eines bronzezeitlichen Felsgrabes auf Sizilien mit einer schematisierten Koitusdarstellung.

Oberhalb des Einganges in das »Grab der Stiere« sind im Giebeldreieck langschwänzige Seepferde zu sehen. Auf einem reitet ein Jüngling durch die leicht bewegten Meereswellen. Vielleicht zeigt dieses Bild die Reise des Toten zu den seligen Inseln. In den rückwärtigen Grabzellen sind die Giebeldreiecke mit heraldisch angeordneten Raubkatzen und anderen Tieren gefüllt. In den frühen Totenhäusern findet sich oft die Darstellung von Raubkatzen, die Hindinnen oder Gazellen anspringen, ein orientalisches Motiv, das in den Gräbern den Überfall des Menschen und aller Lebewesen durch den Tod bedeuten könnte.

Die »tomba dei tori« ist sicherlich das Werk eines etruskischen Malers, trotz der Anlehnung an jonische und korinthische Vasenmalerei. Die etwas steife Zeichnung und die mangelnde Komposition der Bilder werden durch die anmutigen Landschaftselemente, die Farbigkeit und die schwungvollen Tierfiguren ausgeglichen. Der liegende Stier ist ein durchaus ungriechisches Motiv.

Kostbare Aufschlüsse über etruskische Bräuche anläßlich der großen Leichenfeiern, die sicherlich zu Ehren vornehmer Verstorbener abgehalten wurden, verdanken wir den Bildern zu einem anderen frühen Totenhause, dem »Grab der Auguren«, das um 525 v. Chr. entstand. Auch hier können wir freilich die religiöse Bedeutung des Dargestellten nur ahnen. Das Fluidum uralter, chthonischer Religionen, die im unterirdischen Reich der Großen Erdmutter und Totengöttin wurzelten und dem alles schaffenden und alles wieder vernichtenden Urgeist mit blutigem Opfer dienten, haftet noch an diesen in dunklen, starken Farben gehaltenen Wandgemälden. Die wollüstig-grausame Realistik der Szenen mischt sich dort seltsam mit rätselhaften, hieratischen Gebärden.

Das »Grab der Auguren« umschließt nur einen einzigen Raum, dessen geweißte Decke mit roten Blumen bemalt ist. Das Abbild einer großen geschlossenen Pforte in der typischen etruskischen T-Form beherrscht die Rückwand. Diese Pforte versinnbildlicht vermutlich die trennende Tür zwischen den Verstorbenen und den Lebenden, vielleicht auch den Eingang zur Unterwelt. Rechts und links stehen, zwischen kleinen Bäumchen symmetrisch angeordnet, zwei männliche Gestalten von beinahe identischem Aussehen. Über ihre weiße Tunika fällt ein dunkles Mäntelchen mit roten Aufschlägen. Ihre eine Hand ist in der rituellen Klagegeste gegen die Pforte ausgestreckt, mit der anderen bedecken sie ihr Haupt. Ein schwarzer Vogel umflattert den einen der Trauernden. Sein Bild kehrt noch mehrmals wieder. Verkörpert er die Seele des Verschiedenen?

An den Seitenwänden entrollen sich merkwürdige und unheimliche Szenen aus den Leichenspielen, mit denen die Tyrrhener ihre Toten ehrten. In diesen Bräuchen sieht man auch den Ursprung der römischen Gladiatorenspiele.

Ein dämonisches Geschöpf, Phersu der Maskierte, mit spitzem Hut und kurzem Wams und einem langen, zur Maske gehörenden Bart hat eine beherrschende Rolle im beklemmenden Spiele der heftig agierenden Gestalten auf den Seitenwänden des Grabes. Gesichtslos und unerbittlich, gleich dem Schicksal, wirft er die Schlinge um die Beine des Gegners, dessen Kopf verhüllt ist, so daß seine Keule, mit der er sich gegen den Angriff eines wütenden Hundes verteidigt, ins Leere treffen muß. Aus dem Namen dieser düsteren Gestalt, die auf der gegenüberliegenden Wand in abgezirkelter tänzerischer Bewegung vor einem nur noch schattenhaft sichtbaren Mann flüchtet, entstand das lateinische Wort *persona*, Maske, das — hintergründig genug — zur Bezeichnung eines Menschen an sich werden sollte. Ein harmloser Nachkomme des Phersu lebt heute noch in der neapolitanischen Maske des Pulcinella weiter.

Neben der Gruppe des Phersu spielt sich ein Kampf zwischen zwei nackten, massigen Ringern ab. Sie halten sich, über drei Bronzebecken — wohl die Siegespreise — geneigt, gegenseitig an den Handgelenken. Der Eindruck gewaltiger, roher Kraft, den der Maler dieser Gestalten hervorzubringen vermochte, ist verblüffend. Ein Schiedsrichter mit erhobenem Krummstab beobachtet die Kämpfer. Sein Name, Tefarath — vielleicht ist dies auch sein Titel — ist neben ihm verzeichnet. Noch eine dritte

Gruppe ist auf der gleichen Wand zu sehen. Sie besteht aus einem großen, bärtigen Mann, der mit weit ausholender Geste einem Knaben winkt, der einen Klappstuhl trägt. Wahrscheinlich stellt er einen Zuschauer des Wettringens dar. Zu seinen Füßen kauert eine halbverhüllte Gestalt, vielleicht eine Trauernde. Schwarze Vögel ziehen zu Häupten aller dieser Figuren dahin.

Leichenspiele sind auch in dem unweit der »tomba degli auguri« neu aufgefundenen »Grab der Olympiade« dargestellt.

Bei der Grabungskampagne des Frühjahrs 1958 auf dem Monterozzi-Hügel bei Tarquinia wurden zunächst 74 unterirdische Kammern ergebnislos mit der fotografischen Sonde untersucht. Als aber der Film aus dem 75. Grab entwickelt wurde, zeigte sich darauf anstatt der üblichen leeren Wände eine Fülle bewegter Gestalten. Noch in der gleichen Nacht wurden die römischen Etruskologen und Lerici von dem großen Ereignis verständigt. Nach langer Zeit hatte man zum ersten Mal wieder ein freskengeschmücktes Grab entdeckt!

Die inzwischen wieder zugeschüttete Kammer mit Giebel-Decke lag nur anderthalb Meter unter der Erdoberfläche. Sechs Stufen und ein Korridor führten hinab. In dem trapezförmigen Raum von mehr als fünf Meter Länge und über drei Meter Breite waren sämtliche Wände mit z. T. noch recht gut erhaltenen Malereien bedeckt. Die kostbaren Fresken wurden abgelöst und nach einem Gastspiel in der Sportausstellung der Olympischen Spiele in Rom in das Museum von Tarquinia überführt.

Die Giebelfelder der Vorder- und Rückwand des »Grabes der Olympiade«, wie man es nach den darin dargestellten Wettspielen genannt hat, sind mit den massigen Gestalten ruhender Männer gefüllt. Dieses auch in anderen Hypogaen vorkommende Schema wird hier aber durch einen drolligen Einfall variiert. Um den links über dem Kammereingang lagernden Mann spielen drei Mäuschen. Das eine scheint ihn zu beschnüffeln, während er seinen Kopf nach ihm wendet. Die Mitte der Rückwand nimmt, ähnlich wie im »Grab der Auguren«, eine große Türe ein. Ihre Flügel sind aber hier geöffnet, und nichts deutet an, daß dahinter das Totenreich beginne. Rechts von ihr tanzen ein nackter Mann und eine Frau in rotem Obergewand, die mit einer weißen Schärpe und einem gelben Tutulus geschmückt ist. Von ihren Ohren baumeln große scheibenförmige Gehänge. Auf der anderen Seite des Tores sind drei sitzende Frauen dargestellt, die mit lebhaften Gesten einem Schauspiel zu folgen scheinen, das auf der linken Kammerwand abrollt: einem Wagenrennen, an dem sich vier Konkurrenten beteiligen. Das vorderste Doppelgespann wird von einem bartlosen Jüngling gelenkt, der sich nach dem zweiten umblickt; sein Verfolger, dessen rotblau gefärbter Wagen mit den ebenfalls zweifarbigen Pferden noch gut unterscheidbar ist, scheint nicht sehr eilig; der dritte Konkurrent aber peitscht seine Rosse, deren gestreckte Leiber förmlich dahinfliegen. Den dramatischen Höhepunkt der ganzen Szene bildet der Sturz des vierten Wagenlenkers. Eines seiner Pferde ist auf den Rücken gefallen, die Beine sind in die Zügel verstrickt, das Gefährt zerschellt und der Fahrer wird emporgeschleudert.

Auf der gleichen Wand war, außer dem Rennen, noch ein Boxkampf zu sehen, der weitgehend zerstört ist. Gegenüber aber taucht die Gestalt des Phersu wieder auf, der in der archaischen Zeit offenbar eine Hauptfigur der Leichenspiele war. Er trägt auch hier die spitze Kappe und die bärtige Maske. Sein Wams ist jedoch schachbrettartig gemustert, wie noch in einem anderen Grab, das man nach ihm »tomba del pulcinella« getauft hat. Wieder treibt er sein sadistisches Spiel mit einem Mann, dessen Kopf in einem Sack steckt. Besser als der Phersu sind drei Läufer erhalten, die offensichtlich einen Wettkampf austragen. Ein bärtiger Mann ist der Sieger. Außerdem kommen auf dieser Wand noch ein Athlet, der zum Sprung ansetzt, und ein Diskuswerfer vor.

Der Einfluß des jonischen Stils wird in den schweren und weichen Formen der Figuren deutlich. Das Motiv des Wagenrennens mit dem Sturz stammte wohl von einem griechischen Vorbild, da es auch auf einer hellenischen Vase aus Tarquinia erscheint. Etruskisch aber sind die Spontaneität und Bewegtheit der Darstellung, Bäumchen und Pflanzen, die die Szenerie auflockern und nicht zuletzt der humorvolle Einfall mit den Mäuschen. Mäuse, die mehrfach auf Wandbildern in Gräbern vorkommen, waren vielleicht Unterweltsymbole.

Die Verewigung der prunkvollen Vorführungen, die man zu Ehren der Verstorbenen veranstaltet hatte, in den Gräbern, sollte deren Bewohner offenbar auch im Jenseits noch erfreuen. Nicht nur solche rituellen Feiern aber wurden auf den Wänden der Totenhäuser festgehalten, auch die alltäglichen Vergnügungen der Etrusker sind dort verewigt.

Da ist das zweiräumige »Grab der Jagd und Fischerei«, aus dem letzten Viertel des sechsten Jahrhunderts, dessen Bilder in entzückender Anmut und Lebendigkeit die Freuden des etruskischen Herrenlebens schildern. Über dem Durchgang vom äußeren zum inneren Gemach sieht man zwei Jünglinge auf schlanken Pferden von der Jagd heimkehren. Ein Diener hält ihre Hunde, die im Gestrüpp nach einem Hasen stöbern wollen. Zwei andere folgen mit einer Stange, an der die reiche Beute hängt. Pflanzen, Gesträuch und Zweige geben der Szene den natürlichen Rahmen. Im zweiten Raum tritt das landschaftliche Element noch stärker in Erscheinung. Es ist fast, als werde man dort vom weichen Schwirren vieler Flügel empfangen. Sie gehören Schwärmen roter, blauer und heller Wasservögel, die über den grünlichen Wellen an allen vier Wänden dieser Kammer flattern. Delphine und andere Fische springen in hohem Schwung aus der Flut, auf der die Boote der gleichzeitig mit Dreizack und Angel fischenden Etrusker schaukeln. Von einer Klippe aus zielt ein Jäger mit seiner Schleuder nach einem Wasservogel. Ein nackter, brauner Jüngling springt kopfüber von einem Fels ins Meer. Alle diese Szenen sind bezaubernd spontan. Die lebhaft gestikulierenden Fischer und Jäger, die zwar schematisch gezeichneten, doch von einem ausgelassen fröhlichen Rhythmus durch den Raum gewirbelten Tiere erinnern in ihrer Buntheit und krausen Fülle an Kinderzeichnungen.

Jagd- und Fischereiszenen gehörten zu den Themen der kleinasiatisch-jonischen Kunst, die Etrurien in der archaischen Phase so auffallend stark beeinflußte und in Anatolien einen Wirkungsbereich hatte, der über Lydien bis nach Phrygien und längs der Küste über Karien bis nach Lykien reichte. 1969 legte eine amerikanische Mission unter Leitung der holländischen Archäologin M. Mellink bei Ausgrabungen in einer archaisch-lykischen Nekropole unweit des Elmali-Sees hinter Antalya kleine Tumuli mit Steinbasis frei, die ebenerdige Kammergräber mit Wandmalereien, darunter ein Gegenstück zum Hauptgemälde im »Grab der Jagd und Fischerei« enthielten und nur etwas älter als die archaischen Hügelgräber von Tarquinia sind.

Das Thema der Jagd wurde in einem anderen Grab von Tarquinia aus dem ersten Viertel des fünften Jahrhunderts, das 1962 gefunden wurde, nochmals auf einzigartige Weise abgewandelt. In diesem »Grab des Jägers« tritt der Besucher aus einem kleinen Vorraum unmittelbar in ein kostbares Zelt, in das die Totenkammer verwandelt wurde. Der obere Teil des Raumes imitiert ein Zeltdach mit Schachbrettmusterung aus roten, blauen und grauen Vierecken, das von dünnen Holzbalken getragen wird. Der untere Teil ahmt Zeltwände aus durchsichtigem, blumig gemustertem Stoff nach, durch die man die grüne Landschaft und ein weidendes Reh erblickt. Ein rot und violett gestreifter Rahmen schließt die Wände ab, an dem Jagdbeute, Hüte und bunte Binden aufgehängt sind. Darüber entrollt sich ein stark bewegter Zierfries in grellen Farben, auf dem Reiter, Hunde, Hirsche und Löwen, die in einem noch leicht orientalisierenden Stil gemalt sind, dahinstürmen. Das Festmahl, das im »Grab der Jagd und Fischerei« im Giebeldreieck über der Darstellung der sportlichen Freuden zu sehen ist und ein Ehepaar in liebevoller Gemeinschaft, umringt von Mundschenken und Kränze flechtenden und Flöte spielenden Dienerinnen zeigt, fehlt im Zelt des Jägers, der offenbar im Jenseits ausschließlich an seine Weidmannsfreuden erinnert werden wollte.

Unweit des »Grabes der Jagd und Fischerei« liegt das »Grab der Löwinnen«, das seinen Namen zu Unrecht trägt. Die beiden Tiere mit dem gefleckten Fell und den prallen Eutern, die im Giebelfeld der Rückwand des einzigen Raumes einander gegenübersitzen, sind Pantherinnen, die zum Gefolge des Dionysos und der Artemis, der kleinasiatischen »Herrin der Tiere« gehörten. Das »Grab der Löwinnen« wurde durch die Maler in einen säulengetragenen Pavillon mit weißrot gemusterter Schachbrettdecke verwandelt. Rings um die Wände läuft ein dekorativer Zierfries aus roten Lotosblüten und blauen und grünen Palmetten, darunter ist eine Meereslandschaft mit springenden

Delphinen und Vögeln dargestellt, die vielleicht wieder den Übergang nach den seligen Inseln symbolisiert, nach denen die Delphine, alte Sinnbilder der Unsterblichkeit, die Toten geleiten sollten. Der obere Teil der Wand ist mit Bildern orgiastischer Festfreude geschmückt. Ein mächtiger, efeubekränzter Krater bildet das Zentrum der Szene. Vor ihm musizieren ein Leierspieler in weitem weißen Mantel und ein Flötenspieler in blauem Gewande mit rotem Saum. Links von dem Weingefäß tanzt eine Frau in besticktem Schleiergewand und rotem Mantel mit blauem Saum in feierlicher ausgewogener Bewegung allein; rechts bewegen sich ein blondhaariger Jüngling und ein schwarzgelocktes Mädchen im sinnlichen Rhythmus eines Tanzes von kaum gebändigter Wildheit. Der helle Körper des Mädchens schimmert durch das hauchdünne Gewand, in der erhobenen Linken hält sie eine Kastagnette. Auf den Seitenwänden betrachten vier Männer auf ihren Ruhebetten halbaufgerichtet das bacchantische Schauspiel. Sie sind viel größer als die tanzenden und musizierenden Gestalten auf der Rückwand, vielleicht sollte damit ihr hoher Rang angedeutet werden. Einer dieser Zuschauer hält in der ausgestreckten Rechten ein Ei, das auch auf anderen Grabmalereien in Tarquinia vorkommt und ein Attribut des chthonischen Dionysos war, mit dem die Jenseits- und Auferstehungshoffnungen der Gläubigen verbunden wurden. Auch in diesem Grabe wird angesichts des Todes das Leben in seiner überschäumenden Fülle beschworen.

Die Farben in der *tomba delle leonesse* sind heute noch von großer Leuchtkraft und ohne Schattierungen in starken Kontrasten nebeneinandergesetzt, die Figuren wurden mit dunklen Linien umrandet. Bezeichnend für das zähe Festhalten der Tyrrhener an alter Mittelmeersitte ist die rotbraune Färbung der Männer im Gegensatz zu den weißhäutigen Frauen, die bis zum Ende der etruskischen Wandmalerei dauerte, während die Griechen dieser Tradition schon längst untreu geworden waren.

Noch eines der bemalten Totenhäuser aus der großen Zeit der etruskisch-jonischen Wandbilder, die etwa von 550 bis 475 v. Chr. dauerte und eine Reihe von Meisterwerken hinterlassen hat, deren sichere, schwungvolle Zeichnung, kühne

Farbgebung und Spontaneität unübertroffen blieben, soll hier beschrieben werden: Das »Grab der Gaukler« aus der zweiten Hälfte des sechsten Jahrhunderts, das 1961, wieder mit Hilfe der geophysikalischen Sonden der Fondazione Lerici, entdeckt wurde. Die Wände seiner weiten Totenkammer sind mit einem großen Bildstreifen zwischen bunten Borten bedeckt. Im Giebelfeld der Rückwand flankieren ein grüner, rot umrandeter Panther und ein roter Löwe mit blauer und rotbrauner Zeichnung die breite Stütze des roten Firstbalkens, der die Decke teilt. Auf dem Gemälde darunter sitzt die Hauptperson, ein bärtiger, weißhaariger Mann, der sich auf einen langen Stock stützt, auf einem Klappstuhl als Zuschauer einer Gauklervorführung. Ein anmutiges Mädchen in durchsichtigem Gewand mit unten glockig ausschwingendem Rock und darüber einer engen roten Tunika mit orangegelben Rändern, das reich mit goldenen Ketten und Goldscheiben als Ohrschmuck geziert ist, balanciert auf ihrem ebenfalls roten *Tutulus* einen mächtigen Kandelaber. Vor ihr steht ein Knabe in kurzem Wams, der mit Ringen jongliert, die er vielleicht über die Spitze des Kandelabers werfen soll, neben zwei Körben, die vermutlich noch andere Geräte für seine Kunststücke enthalten. Ein Flötenbläser sorgt für die musikalische Begleitung des Spiels. Zwei Bäumchen rahmen die Szene. Links davor steht ein nackter Jüngling mit emporgehobenen Armen, vielleicht der Kommentator der Vorführung, ganz in der Ecke sieht man zwei kleine Knaben, der eine hält einen Kranz in der Hand. Auf der linken Seitenwand ist eine der rührendsten Darstellungen aus dem reichen Repertoire der etruskischen Grabmalerei zu sehen. Der alte Mann wandert dort als eine gebrechliche Gestalt mit einem dikken Knotenstock, den er wie ein Blinder vor sich hält, liebevoll gestützt von einem nackten Knaben, nach der anderen Welt. Ein Jüngling mit einem Krummstab in der Rechten eilt ihm voraus. Auf der Eingangswand, die stark beschädigt ist, kann man noch ein Pferd, dessen Zügel ein Mann hält, unterscheiden. Als grotesken Kontrast zu dieser wehmütigen Szene hat der Maler am Beginn der linken Wand einen hockenden Mann hinter einer Palme dargestellt, der mit einer sichtlich dringenden Verrichtung beschäftigt ist. Gleich den Satyrspielen zwischen den einzelnen Akten der griechischen Tragödien, mag auch diese derbkomische Szene als Gegengewicht zum düsteren Ernst des Todes eingeblendet worden sein. Die rechte Wand füllt eine Tanzszene, die vielleicht kultische Bedeutung hatte. In der Mitte bläst ein Mann die Panflöte. Rechts und links von ihm stehen zwei Frauen, deren lange blonde Haare in einer Pferdeschwanzfrisur zusammengefaßt sind. Sie tragen hohe Schnabelschuhe und rotbraune Tuniken mit weißem und blauem Saum, die eine auch einen weitfallenden Mantel mit breiter blauer Borte. Ihre Arme sind in einer feierlichen Geste emporgehoben, die Handflächen nach oben gekehrt. Von den beiden Frauen an den Außenseiten, die, zum Unterschied von den ersten, vom Musikanten abgewendet sind, ist nur die linke gut erhalten. Sie ist die eindrucksvollste Gestalt der Gruppe mit ihrem langen schwarzen Haar, den übergroßen Mandelaugen und dem auffallend kräftigen Körper, der durch das rote Gewand mit blauem Saum schimmert. Sie führt einen Tanzschritt aus, den sie mit hieratischen Gebärden ihrer langen Hände begleitet. Bäumchen mit blauen Blättern und dunklen Beeren, die den gesamten Bildfries unterteilen, deuten an, daß sich die verschiedenen Szenen im Freien abspielen. Der Schöpfer dieser großlinig gezeichneten Wandbilder war nicht nur ein Meister in der Pinselführung und Komposition, er wagte es auch, die konventionellen Formeln der archaischen Malkunst zugunsten einer emotionell geladenen Wiedergabe der Realität zu durchbrechen.

Die technische und künstlerische Entwicklung der griechischen Malerei nach dem Ende des sechsten Jahrhunderts, ihre Fortschritte in der Perspektive und Schattierung und die zunehmende Konzentration auf die Darstellung des Menschen, spiegelt sich auch in den Grabfresken von Tarquinia wider.

Zu Beginn des fünften vorchristlichen Jahrhunderts verschwindet die weiche Massigkeit der Gestalten. Ein neuer, frenetischer Rhythmus durchpulst und befreit die schönen, feurigen Geschöpfe der Tanz- und Bankettszenen. Der Einfluß der rotfigurigen attischen Vasenmalerei ist fühlbar. Den griechischen Vorbildern wird vor allem wieder die Form entlehnt: die verfeinerte, idealisierende Zeichnung der Köpfe mit dem geraden Profil, in dem das Auge aber immer noch ganz gezeichnet wird, die schlanke, anmutige Linie der Körper. Doch suchen die tyrrhenischen Maler, deren Eigenart sich gerade an der Berührung mit dem Griechischen erst voll entfaltete, nicht die ruhige, maßvolle Harmonie der Hellenen. Ihnen kommt es vielmehr in erster Linie auf Dynamik an, auf den Ausdruck einer ungebändigten Lebensfreude. In der *tomba del triclinio* erreicht die Wandmalerei dieser Zeit, etwa um 470 v. Chr., ihre höchste Vollendung. Man hat diese unschätzbaren Fresken 1951 von den Wänden des Grabes gelöst, um sie vor der Zerstörung zu bewahren, und in das Museum von Tarquinia gebracht. Ein bezaubertes internationales Publikum konnte sie auf ihrer Reise durch die europäischen Hauptstädte in der großen etruskischen Ausstellung bewundern. Kein anderes Grab von Tarquinia gibt ein strahlenderes Bild des etruskischen Lebens. Die Eleganz einer hohen Kultur spiegelt sich darin, gepaart mit hinreißender Daseinslust. Auch die Farben dieser Fresken sind von großer Delikatesse und feinsten Abstufungen.

Unter der in bunter Schachbrettmusterung bemalten Decke entwickelt sich die rauschende Symphonie des Festmahles. Die Rückwand der kleinen Grabzelle zeigt drei Paare auf üppigen Ruhebetten. Grazile Epheben und Mädchen bedienen die von kleinen Tischchen Tafelnden. Kränze hängen über ihren Häuptern von der Decke. Zu ihren Füßen herrscht das fröhliche Durcheinander spielender Katzen, Hunde und die Brotsamen der Mahlzeit aufpickender Tauben und Hühner. Diese typisch etruskischen Details geben dem raffinierten Luxus der Szene eine Note familiärer Häuslichkeit. An den Seitenwänden entlang schlingt sich der trunken gelöste Reigen der Tanzenden. Die Gewänder der Mädchen umwogen sie in der raschen Bewegung des Tanzes gleich farbig leuchtenden Nebeln. Die durchsichtigen Unterkleider, deren zarter Stoff wie mit Sternen durchwirkt erscheint, enthüllen den verführerischen Umriß der Gestalten vor dem dunklen Hintergrund des von den Schultern flatternden Überwurfes. Die höchste Intensität im Ausdruck wird von einer in ekstatischem Schwung sich emporwerfenden Frau erreicht. Ihr weit zurückgebogenes Haupt ist ganz blinde Hingabe an den Rausch des Tanzes, der ihren Körper wie ein

Sturmwind ergriffen hat. Die Bewegungen der Jünglinge sind gebändigter, fast träumerisch. Schon der Umstand, daß sie sich selbst oftmals mit Flöten- und Saitenspiel begleiten, bedingt einen anderen Rhythmus. Die Anmut eines Flötenbläsers, der in einer paradiesischen Umgebung von kleinen Bäumchen, Blumen und Vögeln seinen entrückten Reigen schreitet, ist berühmt geworden. Hier treten uns die Tyrrhener auf dem Höhepunkt ihres Lebens in wunderbarer Gelöstheit und Heiterkeit entgegen, gleich überirdischen Gestalten aus einer vollkommenen Welt.

Weniger vollendet in der Ausführung, aber inhaltlich von höchstem Interesse, sind die Wandbilder aus dem 1958 entdeckten »Grab des Schiffes«, die gleich jenen des »Grabes der Olympiade« abgelöst und in das Museum transportiert wurden. Sie zeigen eine in der etruskischen Malerei bis jetzt einzig dastehende Hafenszenerie. Ein großes Frachtschiff mit geblähten Segeln und lebhaft agierender Mannschaft schaukelt in einer Meeresbucht, die außerdem von kleinen Ruderbooten belebt ist. Auf einem Uferfelsen brennt ein gewaltiges Feuer, das wohl zu jener Zeit einen Leuchtturm ersetzte. Davor steht eine männliche Gestalt, und unmittelbar anschließend folgt die Darstellung des rituellen Totenbanketts, die sich von der linken Wand zur mittleren hinüberzieht.

Der Besitzer dieses Grabes aus der zweiten Hälfte des fünften Jahrhunderts mag ein reicher Schiffsherr gewesen sein, der sich auch im Jenseits an seinem stattlichen Frachter freuen wollte. Der künstlerische Wert der Fresken der »tomba della nave« ist nicht sehr groß, doch sie entzücken durch die Frische und Lebhaftigkeit der Darstellungen und die scharf beobachteten Einzelheiten und vermitteln zum ersten Male eine genaue Vorstellung vom Aussehen eines etruskischen Handelsschiffes.

Der stimulierende Einfluß der griechischen Kunst verschwand nach der Mitte des fünften Jahrhunderts v. Chr. aus den etruskischen Fresken. Erst viele Jahrzehnte später sollte er noch einmal eine Renaissance der Malerei in Etrurien auslösen. Zunächst aber erfolgte eine Erstarrung, eine endlose Wiederholung verbrauchter Motive in konventionellem Stil.

Die äußeren Schicksalsschläge zusammen mit dem Rückgang

des griechischen Importes, die zunehmende Isolierung der Tyrrhener, wirkten lähmend auf das Kunstschaffen. Kein Widerschein der glänzenden Kunstentwicklung im Griechenland der Mitte des fünften Jahrhunderts v. Chr. belebt die immer noch archaisierend konventionelle Formgebung der etruskischen Malerei in der zweiten Hälfte des fünften und der ersten Hälfte des vierten Jahrhunderts v. Chr. Auch in der Plastik macht sich der gleiche Stillstand bemerkbar.

Zur selben Zeit vollzieht sich eine bedeutsame Veränderung in der seelischen Grundstimmung der Darstellungen. Die schrankenlose Bejahung des Lebens macht einem melancholischen Ernst Platz, der sich bis zum düsteren Fatalismus steigert. Der Ausdruck der menschlichen Figuren wird streng, ja finster. Ein Hauch von Kälte umgibt die Werke dieser Zeit. Eine immer intensivere Beschäftigung mit einem furchterregenden Jenseits, dessen Vorstellung sich entscheidend gewandelt hat, wird für die Kunst charakteristisch.

An der Schwelle dieser Epoche steht die *tomba del letto funebre*, das »Grab des Totenbettes« (heute auch im Museum von Tarquinia), dessen Bilder eine eigenartige Leichenzeremonie schildern. Ihr Mittelpunkt ist ein Prunkbett von riesenhaften Maßen, auf dessen bestickter Decke zwei Kissen liegen. Sie tragen zwei spitze, an Mitren gemahnende Hüte, die von goldenen Totendiademen umfaßt sind. Um dieses Lager, auf dem das verstorbene Ehepaar nicht mehr in den Genüssen des Festmahles schwelgend, sondern in feierlicher Symbolik dargestellt ist, sind zwei Jünglinge und eine Frau versammelt, sie ehren und grüßen die Toten mit der rituellen Geste der erhobenen Arme und nach außen gedrehten Handflächen. Die Gelageszene spielt sich im Vordergrund ab, doch ruhen hier nicht mehr die Paare in liebevoller Vertrautheit vereint auf den Prunkbetten, Männer und Frauen nehmen getrennt am Totenmahle teil. Auf den Seitenwänden und der Eingangswand des Grabes sind verschiedene Arten von Leichenspielen zu sehen, mit Wagenlenkern, Pferden, Rennwagen und einem Faustkämpfer. Die Feinheit und künstlerische Qualität der Fresken erinnern an die »Tomba del Triclinio«, man könnte sie sogar demselben Meister oder einem seiner Schüler zuschreiben. Die edle Gestalt eines Jünglings, der ein blaues Pferd führt, ist von griechischer Anmut.

Die Sonden der Fondazione Lerici haben 1960 und 1961 noch mehrere bemalte Grabkammern aus dem vierten Jahrhundert aufgespürt, darunter das »Grab des Hahns«, des »Medusenhauptes« und des »Kriegers«, deren Wandbilder künstlerisch nicht an die älteren heranreichen, doch noch die alte Farbenfreudigkeit besitzen. Bemerkenswert ist eine Szene aus dem »Grab des Kriegers«, in dem die Darstellungen sportlicher Vorführungen die ganze linke Seitenwand füllen. Ein riesengroßer Lenker, auf dessen Schulter ein Knabe akrobatische Kunststücke ausführt, steht in einem Wagen, der mit einem weißen Raubtier und einem braunen Pferd, auf dem ein Mann sitzt, bespannt ist.

Gegen Ende des vierten Jahrhunderts vollzieht sich eine grundlegende Veränderung sowohl in den Themen der Grabgemälde wie in der Architektur der unterirdischen Totenhäuser.

Leidenschaft durchpulst auch die Kunst der Spätzeit, doch nicht mehr die rauschhafte irdische Entzückung der glücklichen Jahrhunderte, sondern eine dunkle, sadistische Wollust des Todes und der Vernichtung.

Die kleine, buntgeschmückte Wohnung, die die Verstorbenen mit der freundlichen Intimität eines Heimes aufnahm, wandelt sich nun immer mehr zur weiten, dämmrigen Gruft, an deren Wänden sich düstere Visionen der Unterwelt entrollen. Das frohe Bankett im Kreise der Angehörigen und Freunde wird zum mystischen Totenmahl im Hades, bei dem die ernsten Gottheiten der Tiefe den Vorsitz führen. Der Reigen der Tanzenden wird vom traurigen Zug der Seelen in den Orkus abgelöst, in dessen Schatten schauerliche Dämonen hausen.

Die hohe Blüte der griechischen Malerei der zweiten Hälfte des fünften und der ersten Hälfte des vierten Jahrhunderts v. Chr. und dann der beginnende Hellenismus haben formal und technisch einen bedeutenden Anteil an der Renaissance der etruskischen Malerei. Es ist erstaunlich, daß dieser Einfluß so verhältnismäßig spät erst sichtbar wird. Erst in den letzten Jahrzehnten des vierten Jahrhunderts beginnen die früher meist scharf nebeneinandergesetzten starken Farben der etruskischen

Fresken in weichen Abstufungen zu verschwimmen, die Konturen fließend zu werden. Die Gesichter der menschlichen Figuren werden oft in Dreiviertelansicht gezeichnet, und man versucht sich in Verkürzungen. Die Behandlung der menschlichen Körper verrät eine zunehmende Kenntnis der Anatomie. Die adelige Linie griechischer Gestalten wirkt verfeinernd auf den Umriß der etruskischen. Immer werden diese aber etwas schwerfällig bleiben. Nie auch wird die etruskische Kunst ihrem Wesen nach klassisch sein, denn ihre Grundzüge, die Welt, aus der sie gespeist wird, sind von anderer Art. Gerade dies wird in den Werken der Spätzeit sichtbar wie nie zuvor. Etruskischer Geist beseelt mehr denn je die Wandbilder, die aus dieser letzten Epoche in Orvieto, Tarquinia und Vulci erhalten blieben. Ihre Zahl ist bis jetzt gegenüber den zahlreichen Fresken aus der archaischen Zeit unverhältnismäßig gering. Ihre Erhaltung war nicht vom Glück begünstigt.

In Tarquinia ist die Malkunst des ausgehenden vierten Jahrhunderts nur im »Grab der Unterwelt« vertreten. Dieses wurde einst von einem französischen Offizier entdeckt, der in barbarischem Unverstand die Fresken von den Wänden abzulösen versuchte. Durch sein unsachgemäßes Vorgehen wurde ein unschätzbares Kunstwerk zum Großteil zerstört. Was heute noch erhalten ist und unter der Einwirkung von Luft und Feuchtigkeit immer mehr verblaßt, läßt die Großartigkeit des Verschwundenen nur ahnen.

Ursprünglich gehörten die weitläufigen Räume des Grabes zu zwei verschiedenen Anlagen, die später mit einem Durchbruch verbunden waren. Es scheint sich also um eine lange Zeit hindurch benützte Familiengrabstätte zu handeln. Das ältere Grab stammt aus dem Ende des vierten Jahrhunderts. Einst waren seine Wände mit Bankettszenen, die die Mitglieder der Familie Velcha beim Mahl in der Unterwelt zeigten, geschmückt. Heute blieben nur einige Spuren dieser Fresken, die von außerordentlicher Schönheit gewesen sein müssen. Jedenfalls gehört das Fragment einer Frauenfigur, deren Name Velia noch lesbar ist, zu den vollendetsten Werken, die uns die antike Kunst überhaupt hinterlassen hat. Der zarte Reiz des lorbeerbekränzten Hauptes, das einsam von der feucht überrieselten

Wand der Gruft leuchtet, wurde oft mit der Anmut Botticellischer Gestalten verglichen. Vor einem drohenden, dunkelgrünen Schatten, der wie Rauch oder eine Wolke hinter ihm steht, zeichnet sich das reine, ernste Profil der Frau ab. Die kastanienbraunen Haare sind rückwärts in ein Netz gefaßt, nur eine freie Lockensträhne rahmt das Antlitz, um den Hals liegt eine schwere Goldkette. Haartracht und Umriß des Kopfes erinnern an attische Vasenbilder des ausgehenden fünften Jahrhunderts, der Ausdruck des Gesichtes aber ist in seiner Schwermut, dem schmerzlichen Zug um die vollen, sinnlichen Lippen, der verhaltenen Wildheit des dunklen Blickes, ganz etruskisch.

Rein etruskisch ist auch das monströse Geschöpf, das der Lieblichkeit der jungen Frau gegenübergestellt ist. Es ist Charu, der tyrrhenische Bote und Künder des Todes, der Geleiter der Seelen auf ihrer letzten Reise, ihr unerbittlicher Gefängniswärter. Der Hammer ist das Sinnbild seiner Macht. Er hebt ihn drohend gleich der Sense, die der Tod auf den mittelalterlichen Bildern über den Menschen schwingt. Dieser Charu hat nichts mit dem grämlichen Fährmann des griechischen Hades gemeinsam. Seine Haut zeigt grünliche Verwesungsfarbe, der Blick über der Raubvogelnase glimmt rot, spitze Tierohren ragen aus dem Schlangenhaar. Das etruskische Jenseits, das von solchen Gestalten bevölkert ist, hat sich von einem Ort ewiger Freuden in eine Stätte der Strafe und des Grauens verwandelt. Charu erscheint in der Spätphase der etruskischen Welt immer häufiger auf den Grabwänden, Aschekisten, Sarkophagen und selbst als Hüter vor Felsgräbern. 1975 wurde seine fast lebensgroße Figur aus dem anstehenden Tuffstein als Wächter vor dem Eingang eines Grabes von Caere entdeckt.

Ein schmaler Durchgangsraum führt in das zweite, jüngere Grab. Der etruskische Hang zum Schaurigen und Grotesken manifestiert sich hier in der Szene des von Odysseus geblendeten Polyphem. Der unförmige Körper des Riesen mit plumpem Kopf, fletschendem Maul und gesträubten Haaren wird in halb liegender Stellung vom Pfahl des Odysseus festgenagelt, den er vergeblich aus seinem Auge zu ziehen sucht. Die Gestalt des Griechen ist leider fast verwischt.

Das anschließende große Gelaß hat etwas von der düsteren

Abbildung 5
Der Geierdämon Tuchulcha (Tomba dell' orco, Tarquinia)

Feierlichkeit der Atmosphäre bewahrt, die es einst als ein heidnisches Vorbild der mittelalterlichen Kirchen Etruriens mit ihren grausamen Höllenschilderungen erscheinen lassen mußte. Die Legenden und Gestalten des griechischen Hades sind hier seltsam in eine etruskische Unterwelt verpflanzt, deren von Dämonen, Schlangen und Gespenstern erfüllte Tiefe etwas anderes bedeutet als der von blassen Schatten bevölkerte, entmachtete Hades der Griechen.

Das Herrscherpaar des unterirdischen Reiches: Aita und Persephone, thront hier in strenger Majestät. Das stolze Haupt der Göttin mit dem Gewoge züngelnder Schlangen über der bleichen Stirn ist schön und furchtbar zugleich. Der Gott trägt ein Wolfshaupt mit aufgerissenem Rachen als Helm. Die Geste seines gebieterisch ausgestreckten Armes, die richterliche Würde des Profiles sind von einer trauervollen Größe und Kraft, die an Gestalten Michelangelos erinnern. Vor den Gottheiten der Tiefe steht, gerüstet und schildbewehrt, Geryon, der dreigesichtige Dämon, ein göttliches Wesen der griechischen Vorzeit, das auch die Tyrrhener kannten.

Von der Schilderung des finsteren Reiches der chthonischen Gottheiten ist kaum mehr etwas erhalten. Hier und dort ragt noch ein öder Fels aus nebliger Dämmerung, in der sich greuliche Reptilien winden, und läßt die Schrecken einer Unterwelt ahnen, die der christlichen Hölle zum Vorbild werden sollte.

Zu den wenigen noch erhaltenen Gestalten gehören zwei schöne, jugendliche Dämonen. Große Raubvogelschwingen kennzeichnen den einen als Geisterwesen, während der andere nur als anmutiger nackter Jüngling erscheint. Beide sind um einen mit großen Tongefäßen beladenen Tisch mit den Vorbereitungen zum rituellen Mahl der Toten beschäftigt.

Auch die Helden der griechischen Sage finden sich in diesem Totenreich. Theseus und Peirithoos sieht man hier als Gefangene Tuchulchas, des geflügelten Geierdämons, der eine Variation des Charu darstellt. Er trägt über seinem tückischen Vogelgesicht zwei Eselsohren und schwingt eine scheußliche Schlange über dem in dumpfe Trauer versunkenen Theseus.

An einer anderen Stelle sind Agamemnon und Teiresias zu erblicken. Der Seher steht halbverhüllten Hauptes, tief in sich versunken, vor dem blonden Griechen, dem er die Toten beschworen hat. Ihre winzigen nackten Figuren tummeln sich spukhaft auf den dürren Zweigen eines Baumskelettes.

Im Ablauf des dritten Jahrhunderts, in dem sich die Umwandlung der alten Königsstadt Tarchna in einen römischen Provinzort vollzieht, erlöscht allmählich der schöpferische Impuls der tyrrhenischen Malerei. Sie sinkt immer mehr zum nachlässig geübten Handwerk herab. Todesallegorien, Sterben und Abschied, von Dämonen geleitete Züge weißgekleideter Seelen und die Schrecken des Inferno sind die vorherrschenden Themen der späten Fresken.

Die *tomba degli scudi*, das »Grab der Schilde«, ist ein Beispiel für den Verfall der Malerei in der letzten etruskischen Phase. In ihrer Anlage und Größe ist sie mit ihrem weiten

Atrium und den drei anschließenden Räumen, in die Fensteröffnungen durchgebrochen sind, fast ein Haus. Die Wände des Atriums sind ganz in glanzlosen und gewöhnlichen Farben ausgemalt. Neben ornamentalen Motiven finden sich zwischen und über den Fenstern und Türen mehrere Bilder und zahlreiche Inschriften. Zwei geflügelte Dämonen — der eine trägt einen Hammer in der Hand, der andere schreibt auf einer Tafel — thronen hier als Verkünder des Todes. Die übrigen Wandbilder zeigen, soweit sie noch erhalten sind, drei Ehepaare beim Bankett. Aber hier ruht die Frau nicht mehr an der Seite ihres Gatten auf der Kline, sie sitzt aufrecht zu seinen Füßen auf dem Ruhebett. Stille Trauer spricht aus den Antlitzen der Paare. Im lebendigen Ausdruck der Gesichter spiegelt sich ein Widerschein der hohen Porträtkunst der Spätzeit. Ergreifend wirkt die Abschiedsszene zwischen Larth Velcha und seiner schönen Frau Velia Seitithi. Sie berührt liebevoll mit der Linken seine Schulter, während er ihr ernsten Blickes ein Ei überreicht, gleichsam um die Trennung durch ein Symbol der Auferstehung zu erleichtern. Ein kleines Mädchen neben dem Lager weht dem Paar, vor dem ein reich gedeckter Tisch steht, mit einem Fächer Kühlung zu. Nichts erinnert mehr an die rauschende Festfreude der früheren Jahrhunderte mit den vielfältigen Vorführungen zu Ehren der Verstorbenen, nur die Musikbegleitung des Mahles ist geblieben. Außer der Leier und der Flöte werden von den verschiedenen Musikanten auch neue Instrumente, ein großes Horn und eine Querflöte, bespielt. Der Name dieses Grabes stammt von der Dekoration der rückwärtigen Kammer mit einem Fries plastisch gemalter Schilde.

Kennzeichnend für die veränderte Atmosphäre in den etruskischen Gräbern der Spätzeit ist auch das dreiräumige »Grab der Charune«, das 1960 mit den Geräten der Lerici-Stiftung aufgespürt wurde. Dort herrschen nur mehr die Unterweltdämonen, die zwei große Scheintüren im Vorraum bewachen. Die T-förmige Umrahmung der beiden Pforten zum Hades sowie die hölzernen Türflügel mit ihren Bronzebeschlägen sind in Relief aus dem Fels gearbeitet und bemalt. Rechts und links von diesen Portalen steht je ein Charu. Die einzelnen Gestalten unterscheiden sich voneinander, allen gemeinsam ist nur der

Hammer, die Stiefel und die bläuliche Verwesungsfarbe der Haut. Eine Figur hält ein breites Richtschwert in der Rechten und hat große braune Flügel. Sein ebenfalls geflügelter Partner erinnert in der graublauen Tunika mit einem Schuppenmuster – die übrigen Charune tragen kurze rote Tuniken – an die greulichen Schlangen der etruskischen Unterwelt. Das zweite Paar besteht aus einem Dämon mit blauen Schwingen und einem Flügelhut, der ihn dem chthonischen Hermes, der die Totenseelen geleitete, angleicht. Die zweite Gestalt wirkt mit ihrem blauen, schwarzgefleckten Körper und den Schlangenhaaren wieder reptilhaft. Über jedem der vier Dämonen ist eine Inschrift angebracht, in der das Wort Charu vorkommt, einmal mit dem Ausdruck *xunxulis* und einmal mit dem Wort *huths* verbunden. Diese Bezeichnungen und die verschiedenartigen Darstellungen des Charu sind ein bedeutsamer Hinweis auf das Bestehen mehrerer Arten von Dämonen.

Die Bilder im »Grab der Charune« sind inhaltlich interessant, aber ohne künstlerischen Wert. Daß in dieser Periode aber auch noch bedeutende Maler in Tarquinia arbeiteten, zeigt das »Grab der Aninas«, das ebenfalls etwa aus der Wende vom dritten zum zweiten Jahrhundert v. Chr. stammt und 1963 gefunden wurde. Diese ungefähr quadratische Gruft von je 7 m Seitenlänge mit flacher Decke wurde lange Zeit benutzt. Eine breite, dreistufige Bank läuft längs der Seitenwände und der Rückwand, in der sargförmige Vertiefungen für die Bestattungen ausgehöhlt sind, die man mit einfachen Satteldach- oder mit Figurendeckeln verschloß. Mehrere Tote wurden auch in echten Sarkophagen beigesetzt. Die Bildnisse der Verstorbenen, die halbaufgerichtet auf den Deckeln ruhen, sind handwerkliche Erzeugnisse von unterschiedlicher Qualität. Farbspuren zeigen, daß sowohl die Särge wie auch die Wand dahinter anläßlich jeder neuen Bestattung bemalt wurden. Der malerische Schmuck der Gruft, von dem noch Girlanden, zwei namenlose Dämonen und ein ruhendes Paar zu unterscheiden sind, wurden daher erst im Lauf der Zeit durch verschiedene Handwerker angebracht. Bei der Anlage des Grabes, in dem mehr als 20 Mitglieder der vornehmen Familie Aninas, deren Name auch auf anderen Monumenten von Tarquinia vorkommt, beigesetzt wurden, bemühte man jedoch einen Meister für die Bemalung der Eingangswand. Zu beiden Seiten der Türe sind zwei Gestalten von düsterer Schönheit zu sehen, die den hohen Stand der Malkunst auch für die Endperiode des etruskischen Tarquinia bezeugen. Auf der rechten Seite der Türe erscheint Charu mit olivgrünem Raubvogelgesicht, umrauscht von mächtigen Schwingen mit einer riesenhaften Doppelaxt über der Schulter, furchterregend und majestätisch, mehr eine Unterweltgottheit als das leicht groteske Teufelswesen, als das er in der Volkskunst oft abgebildet wird. Ihm gegenüber ist Vanth dargestellt, der jugendliche weibliche Todesgenius mit der brennenden Fackel, mit großen blau und rötlich getönten Flügeln, nacktem Oberkörper und geschürztem rotem Rock. Beide Figuren sind in rascher, aggressiv wirkender Bewegung, gleichsam als wollten sie sich auf ihre Opfer stürzen. Die sichere großzügige Zeichnung der dynamischen Gestalten, die raffinierte Farbgebung mit ihren Helldunkeleffekten verraten einen Künstler, der durch die Schule der hellenistischen Malerei gegangen war.

Die zahlreichen Inschriften im »Grab der Aninas« lieferten u. a. wichtige Hinweise auf den Wert der etruskischen Zahlworte, der ein altes Streitobjekt der Gelehrten ist.

So gibt der von zahllosen Gräbern durchsiebte Boden um Tarquinia immer wieder verborgene Schätze preis, die vor Jahrtausenden in ihn gesenkt wurden. Gerade hier wird auch der Ausklang der etruskischen Welt, ihre Verschmelzung mit der römischen, besonders deutlich sichtbar. Die Aufgabe der Idee des Wohnhauses für die Toten und das Ende der typisch etruskischen Kunst werden im »Grab des Typhon« klar, das vielleicht um den Beginn des letzten vorchristlichen Jahrhunderts entstand. Eine lange, steile Stiege führt zu ihm hinab. Der Charakter einer Wohnstätte ist hier ganz geschwunden. Der einzige große, aber niedrige Raum, dessen flache Decke ein wuchtiger, viereckiger Pfeiler stützt, gleicht vielmehr der Krypta einer mittelalterlichen Kirche. Übrigens wurden die etruskischen Gräber der Spätzeit auch mehrfach in den Bau romanischer Gotteshäuser einbezogen oder geradezu in christliche Kultstätten umgewandelt! Drei aus dem Fels gehauene übereinanderliegende Stufen laufen an den Wänden der Gruft entlang. Sie dienten der Aufstellung der Sarkophage, soweit die Leichen nicht in Vertiefungen in den Stufen selbst Platz fanden, die mit Steindeckeln verschlossen wurden. Einige dieser Deckel, auf denen die Toten schlummernd zu sehen sind, befinden sich heute noch an Ort und Stelle. Ein plumper Steinaltar in der Mitte des Raumes verstärkt den Eindruck einer Krypta. Die Wandmalereien sind sehr beschädigt. Es blieb nur mehr das Fragment eines feierlichen Zuges weißgekleideter Gestalten, die, von schlangenhaarigen Dämonen begleitet, zum Ort der Schatten wallen. In der meisterhaften Komposition des Zuges, der ernsten Würde der ausdrucksvollen Köpfe, dem imposanten Faltenwurf der hellen Togen wird bereits das Wesen der besten römischen Kunst sichtbar. Dieses Grabgeleit erinnert an römische Reliefs, auf denen die gemessene Prozession der Senatoren zu sehen ist. Etwas von der Vollendung, die diese Darstellungen später auf der *Ara Pacis* des Augustus erreichen, kündet sich schon in diesem Werk eines unbekannten, aber bedeutenden etruskischen Malers an.

Auf den Seiten des Mittelpfeilers erhielten sich die Bilder dreier phantastischer Wesen. Zweimal kehrt die Gestalt des geflügelten, schlangenfüßigen Typhon wieder, der gleich einer Karyatide den bemalten Sims des Pfeilers stützt. Das dritte Geschöpf ist eine der schwermütig-lieblichen etruskischen Lasen, die mit ihren langen Flügeln die Vorgängerinnen der christlichen Engel scheinen. Der nackte Körper des Typhon, der an die Riesen des Pergamon-Altares erinnert, zeigt eine bewunderungswürdige Herausarbeitung der anatomischen Struktur und des Spieles der Muskeln. 1600 Jahre später, als die schöpferischen Kräfte Etruriens in der Renaissance neu erwachen, malt Luca Signorelli seinen Verdammten im Dom von Orvieto solche Körper.

Die Zeit des tyrrhenischen Volkes ist abgelaufen. Dies verkündet das »Grab des Typhon«, dessen Inschriften nicht mehr etruskisch, sondern lateinisch sind, dessen Fresken in der Pinselführung römischen Geist verraten. Ein letzter Schimmer der glücklichen archaischen Zeit bewahrt sich noch im Motiv der springenden Delphine und stilisierten Wellen. Nicht anders als 500 Jahre früher die heiteren Wohnungen der Toten, schmückt es auch diese traurige Gruft, dieses Denkmal an der Grenze zweier Welten.

Als der Siegeszug des Hellenismus Rom in seinen Bann schlug, war die geistige und künstlerische Sendung der Etrusker erfüllt. Die italische Welt dankt ihnen einen wichtigen Teil ihrer inneren und äußeren Substanz und ein kostbares Erbe an schöpferischer Begabung, das durch die Jahrtausende hin im einstmals tyrrhenischen Gebiet lebendig geblieben ist.

Eine ungewiß leuchtende Vision verschollenen Seins, ein Spiel stummer, doch hinreißend lebensvoller Gestalten, vor dem dämmernden Hintergrund versunkener Jahrtausende, das sind die Wandbilder der Nekropole von Tarchna. Immer gleicht das Hinabsteigen in die schweigenden Grüfte einem Untertauchen in eine tiefere Bewußtseinsschicht der Menschheit, die den Tyrrhenern noch, den Griechen und Römern schon nicht mehr zugänglich war, einem Suchen nach den Urbildern in uns selbst.

Die Gräber von Tarchna mit ihren Fresken, die Gestalten der verstorbenen Tyrrhener auf ihren Sarkophagen, dies alles spricht immer noch vom Wesen und von den Menschen der versunkenen Stadt, die am Anfang der italischen Geschichte steht. Die Namen ihrer Könige und Priester sind vergessen, ihre Heiligtümer längst zerfallen. Doch etwas vom Erbe der etruskischen Rasse lebt auch jetzt noch in der stolzen Linie manchen Männerprofils, dem schwermütigen und feurigen Blick manchen Mädchens aus Tarquinia fort.

Gleich zeitlosen Gestalten wandeln abends die Frauen von Tarquinia gemessenen Schrittes zum Brunnen, um das kupferne Wassergefäß zu füllen. Sie ahnen nicht, daß in ihrem Antlitz manchmal noch ein anderes, unvergängliches – das Gesicht der schönen Velia aus dem »Grab der Unterwelt« – Wirklichkeit wird.

DAS UNERBITTLICHE FATUM

Als letzter Vertreter einer altmediterranen Welt steht das etruskische Volk an der Schwelle der abendländischen Geschichte. Dies war für seine Kultur, sein Wesen und sein Schicksal entscheidend.

Der Weg zum tieferen Begreifen der Tyrrhener führt über die Erforschung ihrer alle Daseinsäußerungen beherrschenden und durchdringenden Religion, deren Wurzeln weit in die Vorzeit hinabreichten.

Die Quellen, aus denen sich Wissen über die religiösen Bräuche und Vorstellungen der Etrusker schöpfen läßt, sind zwar vielfältig, doch fließen sie nur spärlich. Man weiß wohl, daß die Etrusker, wie später auch die Römer, Familien-, Tempel- und Stadtarchive und eine Anzahl heiliger Bücher, die »Etruskische Disziplin«, besaßen. Leider ging diese auch ins Lateinische übersetzte religiöse Literatur verloren, obwohl sie noch an der Schwelle des Mittelalters römischen Gelehrten und Wahrsagern bekannt war. Unsere Informationen über ihren Inhalt beruhen daher mehr oder weniger auf Bemerkungen und Zitaten und einigen Abhandlungen, die sich bei antiken Schriftstellern fanden. Cicero erwähnt als erster die »disciplina etrusca«, die Anweisungen und Vorschriften für das Verhalten des Menschen vor den Göttern und Schicksalsmächten, Weissagungen, Erklärungen übernatürlicher Erscheinungen, magische Formeln, Anleitungen für das Ritual etc. enthielt. Tarquitius Priscus versuchte sich dichterisch an der etruskischen Disziplin, und der aus Volterra stammende Caecina, aus altem etruskischem Adel, schrieb über die Blitzlehre. Die Entzifferung des einzigen großen Originaldokumentes zweifellos rituellen Inhaltes, der Agramer Mumienbinde, ist heute noch zu wenig fortgeschritten, um neue Erkenntnisse zu vermitteln, und ebenso steht es mit einigen längeren Funerärtexten.

Sehr wichtige Aufschlüsse verdankt man dem bei Piacenza gemachten Fund einer Bronzeleber, wohl dem Lehrmittel einer Priesterschule, an dem die zur Leberschau notwendigen Kenntnisse erworben wurden. Sie zeigt eine das Weltall symbolisierende Einteilung mit den Namen von vierzig Gottheiten. Jede von diesen hat einen bestimmten Bereich für sich.

Auch die mythologischen, oft durch die Namen der dargestellten Gottheiten und überirdischen Wesen erläuterten Szenen auf Bronzespiegeln, Reliefs, Gemmen, Vasen und Münzen enthalten manchen wertvollen Hinweis. Dasselbe gilt natürlich für die Grabfresken. Schließlich bieten Religion und Ritus der Römer, die in früher Zeit wesentliche Elemente aus der tyrrhenischen Religion übernahmen, die Möglichkeit zu Forschungen und Vergleichen. Aus allen diesen Quellen wurde viel Material zusammengetragen, doch bleibt es lückenhaft und widerspruchsvoll. In jener Zeit, aus der die meisten Berichte und Dokumente stammen, war zudem die Vermischung etruskischer, italisch-römischer, griechischer und orientalischer Elemente schon weit fortgeschritten. Die Herausschälung der ursprünglichen etruskischen Kulte und Göttervorstellungen wird dadurch sehr schwierig. So bleibt die Religion der Etrusker in vieler Hinsicht rätselhaft. Aber die Überlieferungen, die Ergebnisse der archäologischen Forschung und vor allem das Erlebnis der Nekropolen und die Betrachtung einer weitgehend für den Totendienst bestimmten Kunst genügen, um die Grundakkorde ihrer religiösen Welt aufklingen zu lassen, über der die olympische Helligkeit noch nicht aufgegangen war, die im Banne der uralten Toten- und Erdmutterkulte des Mittelmeerraumes und eines typisch orientalischen Fatumsglaubens stand. Man identifizierte die griechischen zwar teilweise mit eigenen Gottheiten, doch wurden sie nicht von den Etruskern verehrt, nicht eine von ihnen erscheint in der Aufzählung der Bronzeleber von Piacenza. Die griechischen Mythen hatten hauptsächlich die Funktion künstlerischer Vorlagen.

Die Toten sind – dies fühlt man in den Nekropolen – den Etruskern niemals wesenlose Schatten, wie bei Homer. Sie sind mächtiger als die Lebenden und greifen tief in deren Dasein ein. Wir haben gesehen, daß ihre Unsterblichkeit ursprünglich ganz stofflich aufgefaßt und mit der Dauer und Festigkeit des Grabes in Zusammenhang gebracht wurde. Als Wohnung und Denkmal des Verstorbenen sollte es ewig bestehen. Die Entmachtung der Tiefe, die für die homerische Religion charakteristisch ist, hat bei den Etruskern nicht stattgefunden. Es fehlen bei ihnen auch die Deutung und Überwindung der Welt aus dem Geist, wie sie den Griechen gelungen ist. Sie haben dem Chaos bis zum Schluß nur die magischen Formeln einer erstarrten Religion entgegenzusetzen. So konnten die Tyrrhener auch den neuen, geschichtsbildenden Kräften, die in Rom erwachten, nur ihren östlichen Fatalismus entgegenstellen und waren daher zum Unterliegen verurteilt.

Das Dasein des einzelnen und der Nation war in allen seinen Erscheinungsformen in den unerbittlichen Rhythmus der tellurischen Schöpfung eingebaut. Der Staat, das Gesetz, die Justiz, die Heeresorganisation, der Städtebau, die Landmeßkunst, alles ruhte auf religiöser Grundlage. Ein Vergehen gegen das irdische Gesetz war gleichzeitig ein Verstoß gegen das göttliche, ein Sakrileg, und wurde als solches geahndet. Die Strafe war zugleich das Sühneopfer für die beleidigte Gottheit.

Alles war vorbestimmt im etruskischen Weltbild. Dem Kosmos waren von Anfang an nur 12 000 Jahre zugemessen. Jedes Jahrtausend stand unter der Herrschaft eines Tierkreiszeichens. Im ersten wurden Himmel und Erde geschaffen, im zweiten das Firmament, im dritten die Meere und alle Gewässer, im vierten die Gestirne, im fünften alle Lebewesen bis auf den Menschen, im sechsten schließlich der Mensch. Uralte asiatische Vorstellungen, die sich auch in der Bibel spiegeln, lebten hier fort. Nach den sechs Jahrtausenden des Schöpfungsaktes waren dem Erschaffenen noch weitere sechs Jahrtausende gegönnt.

Das Leben des einzelnen war ebenfalls in zwölf Perioden zu je sieben Jahren eingeteilt. Auch hier zeigt sich der Einfluß babylonischen Glaubensgutes. Bis zu seinem siebzigsten Jahr konnte der Mensch nach dieser Lehre sein Geschick durch Sühneriten beeinflussen. Nach dieser Zeit war er dem Schicksal ausgeliefert. Nach dem 84. Jahre galt seine Seele als vom Körper geschieden; er war ein lebendiger Toter, dem die Götter auch keine Zeichen mehr gaben.

Mit der gleichen Unerbittlichkeit wurde das Bestehen der Nation auf acht, oder nach andrer Berechnung auf zehn Säkula festgesetzt, deren Länge verschieden war. Ihr Ende wurde jedesmal von den Göttern durch Zeichen, wie Naturkatastrophen,

Seuchen oder sonstige außergewöhnliche Ereignisse, angekündigt. Die längste überlieferte Dauer eines Säkulums betrug 123 Jahre. Im Jahre 88 v. Chr. zeigte, wie Plutarch berichtet, ein greller, klagender Trompetenton das Ende des achten Säkulums an, und 44 v. Chr. verkündete laut Varro ein Komet den Ablauf des neunten. Nach antiken Angaben zur etruskischen Zeitrechnung könnte diese mit dem Jahre 968 v. Chr. begonnen haben.

Während der ersten zehn Perioden des Menschenlebens und bis zum zehnten Säkulum konnte man den Drohungen des Fatums durch Sühneopfer entgehen. Der Ablauf jedes Säkulums bedeutete stets eine Krise. Auch die Römer haben manches aus diesen Vorstellungen übernommen. Augustus führte – wohl vom tyrrhenischen Schicksalsglauben beeinflußt – große Säkularsühneopfer zur geistigen Erneuerung des Imperiums ein.

Das Leben der Etrusker als Volk hat tatsächlich die Frist nicht überdauert, die sie sich selbst gesetzt hatten. Ihr Fatumsglaube läßt vieles von der geistigen Haltung der Tyrrhener der Spätzeit begreifen. Sie betrachteten ihren Untergang als etwas Vorbestimmtes, Unabänderliches, gegen das eine Auflehnung sinnlos schien.

Die Götterwelt der Etrusker ist uns leider erst aus einer Zeit überliefert, da griechische und römische Götternamen vielfach an die Stelle der alten etruskischen getreten waren. Die ursprüngliche Bedeutung der tyrrhenischen Gottheiten, denen die fremden Namen aus Gründen gewisser allgemeiner Verwandtschaften oder der Repräsentation verliehen worden waren, ist für uns verwischt. Von den vierzig Namen, die die Bronzeleber aus Piacenza aufweist, sind nur siebzehn rein etruskisch. Unter diesen entspricht Tinia, dessen Name viermal auf der Bronzeleber von Piacenza vorkommt, etwa Jupiter. Er wurde manchmal wie Zeus dargestellt; allerdings gibt es auch jugendliche Bildnisse von ihm, auf denen er Apollo gleicht. Fufluns wurde dem Bacchus gleichgesetzt, Turan der Venus, Turms dem Merkur, Tesan der Aurora, Sethlans dem Vulcanus. Uni, die etwa Juno entspricht, war jedenfalls die Hauptgöttin von Veji. Der etruskische Maris hatte vermutlich nichts mit dem römischen Mars zu tun, da er unbewaffnet und nur als untergeordnete

Gottheit erscheint. Minerva besaß einen Tempel in Veji, den man zunächst fälschlich dem Apollo zuschrieb, dessen Statue dort gefunden wurde. Apollo wurde aber wahrscheinlich gar nicht von den Etruskern verehrt. Doppelgesichtig wie Janus erscheint Culsans, möglicherweise der Lokalgott von Cortona. Der geheimnisvolle Vortumnus, den Varro als Hauptgottheit Etruriens bezeichnet, und der vielleicht auch der besondere Schutzgott von Volsinium war und mit der von Livius erwähnten Gottheit Voltumna identisch, blieb uns in keinem Bildnis erhalten. Tertullian erwähnt das Heiligtum der Göttin Northia, die nicht auf der Bronzeleber genannt ist. Nach ihm war diese die Hauptgöttin von Volsinium. Nach Servius gab es einen Unterweltgott Mantus.

Nach antiken Überlieferungen habe jede ritu Etrusco angelegte Stadt drei Tempel für Jupiter, Uni und Minerva enthalten. Der römische Architekt Vitruvius berichtet, daß die Tempel für Mars, Venus und Vulcanus außerhalb der Stadtmauern standen.

Die Funktion zahlreicher anderer Götter kennen wir nicht genau. Die Bedeutung einer Reihe überirdischer Wesen, mit Namen wie Aminth, der vielleicht mit Amor identisch ist, Colalp, Letham, Laran usw., ist noch nicht geklärt. Auch die Frage, inwieweit bei der italischen Götterwelt Namen und Begriffe von den Etruskern übernommen wurden, ist keineswegs beantwortet.

Über der vielgestaltigen etruskischen Götterschar, deren Herrscher Tinia war, thronten die »Verhüllten«, die namenlosen Gewalten des Schicksals, die nicht genannt werden durften. Mit ihnen beschäftigte sich eine dunkle, nur für Eingeweihte bestimmte Geheimlehre.

Eine große Zahl überirdischer Wesen niedriger Ordnung, die an Personen und Orte gebunden waren, bevölkerte weiter die Welt. Von zahlreichen Kunstwerken her kennen wir die geflügelten Laren, die meist im Geleit höherer Gottheiten auftreten, Genien, Furien, die Dämonen der Unterwelt und die vergöttlichten Seelen der Abgeschiedenen, *aisma Hinthu*. Deutliche Vorstellungen haben wir auch von den meisten dieser Nebengötter nicht, die immer wieder in der etruskischen Überlieferung und den künstlerischen Darstellungen auftauchen.

Über den Jenseitsglauben der Tyrrhener haben wir, außer der stummen Aussage der Nekropolen und den mit dem Totenkult verbundenen Kunstwerken, nur wenige Zeugnisse. Ob die Wandlung in den etruskischen Vorstellungen vom Leben nach dem Tode, die sich vom vierten Jahrhundert v. Chr. an immer stärker bemerkbar macht, in Zusammenhang mit der aus Unteritalien eindringenden orphisch-pythagoräischen Lehre stand, die später in der Kaiserzeit Roms neu aufleben sollte, ist ungewiß. Diese Lehre, die zwischen Gerechten und Sündern unterscheidet, die im Jenseits belohnt oder bestraft werden, die den Erlösungsgedanken enthält und Askese und strenge Reinigungsriten vorschreibt, wurzelt letzten Endes in einer vorhomerischen Gedankenwelt. Ihrem Wesen nach könnte sie den Etruskern daher vertraut gewesen sein. An sich aber scheint es, daß der tyrrhenische Dualismus von primitiverer Art war als der orphisch-pythagoräische. Er erinnert eher an den Glauben der Ägypter, deren Jenseitsvorstellungen sich unter der XII. Dynastie im Mittleren Reich ebenfalls stark wandelten. Von dieser Zeit an glaubte man in Ägypten, daß den Toten, die nach der älteren Religion ein von allen irdischen Wonnen erfülltes Dasein zu erwarten hatten, strenge Prüfungen und zahllose Gefahren vor der Erlangung des Paradieses drohten. Die vielfältigen Zauberformeln des Totenbuches dienten deren Beschwörung.

Auch bei den Etruskern besteht ein ähnlicher, aufs äußerste entwickelter Formalismus, ein ängstliches Haften an komplizierten Beschwörungsriten, von deren genauer Erfüllung das Heil erwartet wird. Die Erlösung der Seele wird daher auch — so scheint es wenigstens — nicht noch bei Lebzeiten auf geistigem Wege erstrebt, wie bei den Orphikern. Man erlangt sie vielmehr durch Opfer, die bestimmten Göttern für die Verstorbenen gebracht werden. Nur so kann eine Vergöttlichung der Seele des Toten erreicht werden.

Es mag sein, daß auch hier bei den Etruskern kleinasiatische Vorstellungen wirksam waren. Genaueres wissen wir aber nicht über die Art dieser als sehr schwierig geschilderten Vergottungszeremonien, die sicher auch höchst kostspielig waren. Vielleicht lebte manches aus ihnen in den Apotheosen der römischen Kaiser fort. Es ist bis jetzt nicht geklärt, ob die Etrusker überhaupt an die Unsterblichkeit der Seele glaubten. Da in der schriftlichen Überlieferung einmal von den »Gesetzen der Sterblichkeit« gesprochen wird, die eben durch Opfer aufgehoben werden könnten, bleibt auch dies zweifelhaft. Anfänglich dachte man sich das Fortleben nach dem Tode, wie es die Nekropolen beweisen, durchaus stofflich. Die Toten hausen wenigstens zeitweilig in ihren Grüften und können noch Genuß und Nutzen von den ihnen mitgegebenen Dingen haben. Sie sind die »Mehreren«, denen zu dienen wichtiger ist als alles andere. Die Welt der Lebenden ist nur ein kleiner Teil jener übermächtigen und unendlichen, in der die Toten herrschen. Auf die Vorstellung eines entfernten Totenreiches weisen vielleicht Darstellungen der Reise der Verstorbenen ins Jenseits. Bereits im sechsten Jahrhundert v. Chr. sieht man sie auf Grabstelen aus Felsina zu Fuß, zu Pferd oder auch im Wagen zur letzten Wanderung aufbrechen.

Im Herzen jeder etruskischen Stadt befand sich der *mundus*, die Verbindung zur Unterwelt. Dies war ein brunnenartiger Schacht, der bei jeder Stadtgründung im Mittelpunkt des zum Stadttemplum geweihten Bereiches angelegt wurde. In diese Höhlung warf man die Erstlinge aller Früchte als Gabe für die Unterirdischen. An drei Tagen des Jahres: dem 24. August, dem 5. Oktober und dem 8. November, wurde der sie verschließende Stein ganz entfernt, »die Pforte der unteren Götter geöffnet, um die Seelen zur Oberwelt steigen zu lassen«. Dies schreibt Varro und fügt hinzu, daß diese Tage ehrwürdig und dem Pluto und der Proserpina geweiht seien.

So war der innerste Kern allen etruskischen Lebens immer der Todesgedanke. Die in den glücklichen Jahrhunderten verdrängte Jenseitsangst erwachte in der Zeit des Abstiegs und mit ihr die alten Dämonen, die die Tyrrhener vielleicht aus dem Osten mitbrachten. Waren der schwerttragende Nergal, der chaldäische Gott des Todes und der Vernichtung, die raubvogelfüßige Labartu, die eine Schlange in jeder Hand schwingt, die

Ahnen des geflügelten Geierdämons Tuchulcha und des hammerbewehrten Charu, der die Toten in die Unterwelt holt?

Die »etruskische Disziplin« wurde vermutlich in Tarchna, dem religiösen Zentrum der archaischen Zeit, entwickelt, das über große Priesterschulen verfügte. Darauf deutet der bereits erwähnte Mythos, daß in der Vorzeit ein Bauer in Tarchna den grauhaarigen Götterknaben Tagès, der das Aussehen eines Kindes, aber die Weisheit eines Alten besessen habe, aus einer Furche pflügte. Das ganze etruskische Volk habe sich um ihn versammelt und seinen Worten gelauscht, mit denen er ihm das Gesetz der Götter offenbarte. Die Lukumonen – nach einer anderen Fassung Tarchon, der Gründer Tarchnas, selbst – hätten alle seine Worte aufgeschrieben. Tagès aber sei nach der Erfüllung seiner Mission verschwunden oder gestorben. Es ist in diesem Zusammenhang interessant und wieder ein deutlicher Hinweis auf den Tellurismus der tyrrhenischen Religion, daß Tagès nicht vom Himmel, sondern aus der Erde kommt.

Ein großer Teil der heiligen Bücher bestand aus tagètischen Weissagungen, ein anderer aus solchen der Nymphe Vegoe, die der Sage nach die Blitzlehre und die Regeln der Grenzziehung verkündete.

Wir wissen die Zahl der Bücher der »etruskischen Disziplin« nicht genau; sie waren aber jedenfalls in die *libri haruspicini*, die die Lehre von der Eingeweideschau enthielten, die *libri fulgurales*, die von der Blitzlehre handelten, und die *libri rituales* eingeteilt. Die letzten beschäftigten sich in ihrem ersten Abschnitt mit den heiligen Regeln der Stadtgründung, des Tempelbaues und der Aufteilung des Landes; der zweite Teil enthielt die Staatsdoktrin, die Verfassung und die Rechts- und Kriegsbestimmungen; der dritte die Lehre vom Jenseits und die Schicksalsbücher, und der vierte schließlich erklärte die Bedeutung der Wunder und Zeichen und erläuterte, wie sich der Mensch ihnen gegenüber zu verhalten habe.

Die römische Überlieferung berichtet, daß diese etruskische Disziplin zusammen mit den sibyllinischen und den Büchern des Magon aus Karthago über den Ackerbau auf Geheiß des Augustus im römischen Apollotempel auf dem Palatin aufbewahrt wurde. Aus dieser Nachricht erkennen wir die wichtige

Rolle, die der etruskischen Disziplin auch im römischen Kult zukam.

Wie aus der Inhaltsangabe der heiligen Bücher der Tyrrhener hervorgeht, blieb kein Gebiet außerhalb des religiösen Bereiches. Das öffentliche wie das private Leben war ganz in das verwickelte System religiöser Regeln und Vorschriften dieser, wie es scheint, durchaus unphilosophischen Doktrin eingebettet. Entscheidend war immer die genaue Befolgung aller Riten.

Sehr kompliziert war die Eingeweide-, vor allem die Leberschau. In Babylonien kam sie im dritten Jahrtausend v. Chr. auf und gelangte von dort nach Kleinasien zu den Hethitern und zu anderen Völkern Vorderasiens und wurde schließlich auch von den Griechen und Etruskern übernommen. Die beiden tyrrhenischen Lebermodelle aus Piacenza und aus Falerii Veteres stimmen auffallend mit dem Schema der mesopotamischen und hethitischen überein, doch sind sie nicht älter als das dritte vorchristliche Jahrhundert. Manche Gelehrte schließen aus dem Fehlen älterer Zeugnisse, daß die Leberschau von den Etruskern, erst später von den Griechen übernommen wurde. Als weiteres Argument wird die etruskische Benennung *Nethsvis,* für die lateinische *Haruspex* (Leberbeschauer) angeführt, die von den griechischen Ausdrücken *nèduia* (Eingeweide) und *nèdus* (Bauchhöhle) abstammt. Gerade diese Worte gehören jedoch einer vorgriechischen Sprache an. Die Überlieferung, die Tagés als den Lehrer der Leberschau bezeichnet, die das Kernstück der etruskischen Disziplin war, spricht sicher für das ehrwürdige Alter dieser Praxis ebenso wie die altertümliche Kleidung der Haruspices, die über der Tunika einen fellgesäumten Mantel trugen, den eine Bootfibel zusammenhielt, die typisch für die ausgehende Bronzezeit war. Außerdem trugen sie einen Krummstab, der bis heute das Abzeichen eines hohen kirchlichen Amtes geblieben ist.

Die Leber, nach babylonischem Glauben der Sitz der Seele, war für die Tyrrhener ein Sinnbild des Kosmos. Ihre Einteilung spiegelt die Einteilung des Weltganzen in die den verschiedenen Gottheiten unterstehenden Bereiche wider. Die Leberbeschauer, die *haruspices,* vermochten schon aus dem Aussehen der Leber zu erkennen, welcher Gott aus ihr sprach. Eine kran-

Abbildung 6
Bronzeleber aus Piacenza

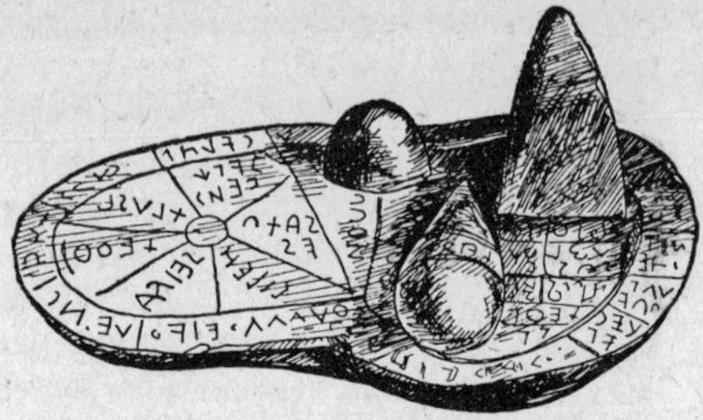

ke Leber bedeutete Unglück, eine gesunde großes Glück. Die *haruspices* erfreuten sich auch bei den Römern höchsten Ansehens und wurden besonders von den römischen Imperatoren ständig befragt. Plinius erzählt hierzu, daß die Tiere – es wurden hauptsächlich Schafe und Kälber geschlachtet –, die Augustus am Tage seines Amtsantrittes in Spoleto opferte, sechs doppelt vergrößerte Lebern gehabt hätten. Der *Haruspex* wahrsagte daraus, daß Augustus das Reich innerhalb eines Jahres verzweifachen werde. Noch Julian Apostata ließ sich auf seiner Persienfahrt von einem Korps Haruspices begleiten. Die Blitzlehre unterschied – wie dies auch die Chaldäer taten – elf Blitzarten, die aus sechzehn verschiedenen Himmelsregionen mit entsprechend verschiedenen Wirkungen kommen konnten. Ein Rat von zwölf Gottheiten, sechs männlichen und sechs weiblichen, hatte darüber zu entscheiden. Nur neun der Himmelsgötter hatten das Recht, Blitze zu senden. Unter diesen vermochte Tinia drei verschiedene Blitze, *manubiae,* zu schleudern. Der erste galt als Warnung, der zweite, der nur nach Beratung mit den übrigen Göttern niedergehen durfte, kündete Gefahr; der dritte, *manubia peremptorium,* aber konnte nur auf Geheiß der obersten, verhüllten Mächte geschleudert werden und brachte Verwüstung und Untergang. Die Blitze wurden von den *fulguriatores,* den »Blitzbeobachtern«, gedeutet. Dies geschah, indem diese sich nach Süden gewandt aufstellten, wodurch sie je acht Blitzregionen zu ihrer Rechten und ihrer Linken hatten. Von links kamen die glückverheißenden, von rechts die unheilbringenden Blitze. Außer der Richtung des Blitzes wurden seine Farbe, der Ort seines Niederganges und seine Wirkung studiert. Tinias Blitz war z. B. blutrot. Wenn der Blitz Tempel oder heilige Orte traf, so bedeutete dies den Zorn jener Götter, denen diese Weihestätten gehörten. Ein vom Blitz getroffener Mensch, der dabei aber keinen Schaden genommen hatte, wurde als von den Göttern bevorzugt angesehen. Bei einer Person vornehmen Standes verkündete dies Ruhm für deren ganzes Geschlecht. Die Beschwörung der Blitze, deren Ablenkung oder Herabziehung auf Feinde, gehörte ebenfalls zu der Wissenschaft der *fulguriatores.*

Die in den *libri rituales* enthaltenen Lehren vom Jenseits, vom Schicksal der ganzen Schöpfung, der etruskischen Nation und des einzelnen wurden bereits besprochen.

Der vierte Teil der *libri rituales,* der sich mit den *ostenta,* den göttlichen Zeichen und Wundern, beschäftigte, lehrte, wie diese zu verstehen seien und wie man ihnen begegnen müsse. Die etruskischen Auguren, die diese Lehre vor allem beherrschen mußten, waren stets Meister in der Kunst des Wahrsagens aus den Naturerscheinungen. Sie deuteten den Vogelflug, unterschieden glück- und unglückbringende Tiere und Bäume. Ein schwaches Erdbeben galt ihnen als Vorbote von Dürre und Hungersnot, ein starkes kündete politische Unruhen. Eine gestürzte Statue Tinias bedeutete Gefahr für das Leben der Priester und Magistraten usf.

Diese Lehre von den *ostenta,* in der sich wieder zahlreiche Anklänge an babylonische Vorstellungen finden, war offensichtlich auch sehr ausgearbeitet und umfangreich. Interessant ist in diesem Zusammenhang eine Schilderung des Plinius, der in diesen Büchern der etruskischen Disziplin, vermutlich neben dem Text, der sich mit dem Vogelflug beschäftigte, viele Vögel gezeichnet fand. Unter diesen waren auch Arten, die zu seiner Zeit ausgestorben waren. Das hohe Alter dieser Bücher wird hieraus klar.

Die Beherrschung der etruskischen Disziplin erforderte ein langes und schwieriges Studium, für das eigene Priesterschulen, vor allem in Tarchna, bestanden. Auch in Rom gab es später Schulen für *haruspices,* die sich sogar bis zum Verfall des

Imperiums hielten. Die *haruspices,* die *augures* und die *fulguriatores* waren drei getrennte Priesterkasten.

In alter Zeit stand dem Priesterkönig sicher die oberste priesterliche Gewalt zu. Bei den einem Sieg folgenden Zeremonien wurde er mit der Gottheit selbst identifiziert. Ob in späteren Epochen eine Trennung der weltlichen und der geistlichen Macht bei den Tyrrhenern stattgefunden hat, wissen wir nicht mit Bestimmtheit, doch deutet manches darauf hin. In Rom war später der Kaiser zugleich *pontifex maximus.* Augustus, der in allem bestrebt war, die alte Tradition zu beleben, führte die Zusammenlegung der beiden höchsten Ämter wieder ein.

Angesichts der dominierenden Stellung der Religion bei den Etruskern muß den Priestern eine sehr wichtige Rolle zugefallen sein. Sie allein vermochten den in rätselhaften Zeichen sich offenbarenden Willen der Ewigen zu erraten, die Drohungen der negativen Mächte zu beschwören, zwischen den Sterblichen und den Unsterblichen zu vermitteln und die vielfältigen schwierigen religiösen Zeremonien durchzuführen. Die kultischen Handlungen bestanden außer in Opfern, Opfermählern, Gebeten und Anrufungen noch in Tänzen, Musik, Umzügen und den Leichenspielen. Die Tieropfer waren zweifacher Art. Bei den *hostiae consultatoriae* wurden die Tiere getötet, damit man aus ihren Eingeweiden weissagen konnte. Bei den *hostiae animales* wurde das Leben des Opfers als Sühne und Ersatz für das Leben und die Seele des Menschen dargebracht. Auch Menschenopfer kamen noch in geschichtlicher Zeit vor. Ursprünglich spielten sie wohl eine Rolle im chthonischen Kult.

Die religiösen Vorstellungen der Italiker waren tief, vermutlich viel tiefer, als die Forschung dies heute nachweisen kann, mit etruskischem Ideengut durchsetzt. Rom hat das von den Thyrrhenern übernommene altmittelmeerische Erbe in die Grundfesten seiner neuen Ordnung eingebaut. Seine Größe beruhte nicht zuletzt auf dieser Fähigkeit, alles aufzunehmen, um es dann mit seinem eigenen Wesen zu durchdringen und zu etwas Neuem zu gestalten. So hat es auch das ihm von den Etruskern überbrachte Vermächtnis einer älteren Welt übernommen und gleichzeitig überwunden. Rom, die nach heiligem etruskischen Ritus gegründete Stadt, erhielt von den Tyr-

Abbildung 7
Gravierter Spiegel aus Vulci (IV. Jh. v. Chr.)
Nach der Inschrift Chalchas bei der Opferung einer Leber

rhenern seine ersten Tempel und Götterbilder, den Begriff des Sakrariums, die Sühneopferriten und zahlreiche Normen des Kultes. Auch der profane Kalender mit seiner Einteilung des Jahres in Kalenden, Nonen und Iden (etruskisch *itus*) und aller Wahrscheinlichkeit nach der religiöse Kalender wurden von den Tyrrhenern eingeführt. In seiner Frühzeit erhielt Rom durch sie das ganze Gerüst einer voll entwickelten Religion, die an die Stelle der alten primitiven Kulte trat. Die Unterwerfung unter die religiöse Ordnung und die genaue Befolgung des sich in mannigfaltigen Hinweisen kundtuenden Willens der Götter waren auch für die Römer die Grundlage allen nationalen Gedeihens. Auch sie glaubten an das Fatum, doch in einem andern Sinne als die Etrusker, und gerade darin wird der Unterschied zwischen den beiden Völkern sichtbar.

Die Römer fühlten sich nicht den unerbittlichen Schicksalsgewalten ausgeliefert, sondern als die »vom Schicksal Berufenen«. Ihre Aufgabe war es, die Weisungen des Fatums zu verstehen und sie auszuführen und damit die ihnen von den Göttern bestimmte Sendung der Weltherrschaft zu erfüllen. Sie bedienten sich dabei der etruskischen Praktiken, um den göttlichen Willen zu erforschen. Der römische Machtanspruch ruht, dies tritt immer wieder in Erscheinung, durchaus auf dem Gedanken des zur Schaffung einer höheren Ordnung Auserwähltseins. Die berühmten Verse Vergils über die Berufung der Römer zur Beherrschung der Völker drücken dies klar aus. Aber auch die Überzeugung, daß die Größe Roms unmittelbar von der genauen Befolgung der Gebote des Fatums abhängig sei, wird immer wieder aus der Überlieferung deutlich. Veji konnte erst besiegt werden, als man auf die Mahnung der Götter hörte. Die gallische Katastrophe, die Rom um ein Haar vernichtet hätte, wurde hingegen durch die Nichtbeachtung der überirdischen Stimme, die das Nahen des Feindes kündete, heraufbeschworen.

Die Bedeutung der etruskischen Religion für den geistigen Aufbau des römischen Staates und die Formung des römischen Weltbildes und ihre Wirkung auf ganz Italien, die bis tief ins Mittelalter hinaufreicht, sind heute noch viel zu wenig erforscht. Sicher aber ist es, daß Tarchna als Zentrum des religiösen Lebens der Etrusker einst der Ausgangspunkt geistiger Kräfte war, die die italische und damit die abendländische Entwicklung überhaupt stark beeinflußt haben.

VULCI

Der Aufstieg von Vulci, dessen etruskischer Name verlorenging, zu einer der reichsten und künstlerisch produktivsten Städte der toskanischen Küsten, begann erst mit dem sechsten Jahrhundert v. Chr., obwohl dort schon zuvor eine alte dörfliche Siedlung bestanden hatte. Wundervoller Goldschmuck, prachtvolles Bronzegerät und große Mengen der schönsten attischen Vasen bezeugen den Wohlstand von Vulci. Die Produkte seiner hochentwickelten Bronzeindustrie wurden nach ganz Italien und sogar bis Zentraleuropa und Griechenland verhandelt. Es scheint auch, daß die sogenannten »pontischen Vasen« mit ihren klassischen Formen und den schlanken und beschwingten Menschen- und Tierfiguren auf hellem Grund aus Vulcenter Werkstätten kamen. Von Vulci ging schließlich das abenteuerliche Unternehmen der Brüder Vibenna aus, die sich in Rom festsetzten und vielleicht eine neue geschichtliche Ära einleiteten, in der die Priesterkönige der Frühzeit durch republikanische Regierungen abgelöst wurden, die ehrgeizige Adelsgeschlechter an die Macht brachten.

Wie fast alle großen etruskischen Städte der Küstengebiete lag auch Vulci aus Sicherheitsgründen etwa 12 km vom Meer entfernt auf einem weiten Plateau. Nach der endgültigen Zerstörung der Stadt durch die Sarazenen breitete sich das Schweigen der Malariasümpfe über die verlassene Ebene. Über den Ruinen von Vulci entstand keine neue Siedlung mehr. Seine Nekropolen aber, deren Plünderung schon in der Antike begonnen hatte, wurden besonders seit dem siebzehnten Jahrhundert das Ziel großer Raubzüge. 1825 fanden die ersten systematischeren Ausgrabungen statt, die dann in großem Stil durch den Fürsten von Canino fortgesetzt wurden. Schatzsuche war die vorrangige Triebfeder dieser Unternehmungen, die unvorstellbaren Schaden anrichteten und die wissenschaftliche Erforschung der Nekropolen durch die angerichteten Verwüstungen für immer unmöglich machten. Die zahllosen kostbaren Funde aus den Gräbern haben die Sammlungen der Antikenmuseen der ganzen Welt bereichert. Der letzte fatale Angriff auf die Nekropolen wurde von den Bulldozern ausgeführt, die man in den beiden verflossenen Jahrzehnten zur erneuten Urbarmachung des Gebietes einsetzte.

Bis dahin war die Region von Vulci eine sonnengebleichte Ebene ohne Baum und Busch, die sich in wüstenhafter Dürre bis zu den schattenblauen Bergen im Hintergrund erstreckte. Nur Distelgestrüpp mit feuergelben und violetten Blütensternen wucherte auf der geborstenen Erde, die viele Jahrhunderte lang kein Pflug mehr berührt hatte. Heute ist dieses Land nach einer großangelegten Aufsiedlungsaktion wieder zum Leben erwacht. Bauern wohnen wieder in kleinen weißen Höfen auf dem Plateau, das im Frühsommer ein einziges wogendes Kornfeld wird. Im breiten, tiefen Riß, der es in vielen Windungen durchschneidet, fließt in einem Bett aus schwarzem Lavagestein ein grünes Wasser, die Fiora, die auf dem 1700 Meter hohen Monte Amiata entspringt. Dichte Macchia und alte Feigenbäume wuchern in der Schlucht über dem wellig ausgewaschenen Fels, der silbrig glänzt wie nasser Asphalt. Im Sommer führt der Fluß wenig Wasser. An den tieferen Stellen stehen Forellen schläfrig in der lauen Flut. Träge Stille brütet dicht wie eine Wolke über dieser Wildnis. In 30 Meter Höhe überspannt die kühne Wölbung einer uralten Brücke den Fluß. Vor 2000 Jahren verband sie die volkreiche blühende Stadt mit anderen Zentren, vielleicht auch mit ihrem Hafen, den man bis heute nicht gefunden hat, obwohl kein Zweifel über die intensiven Seeverbindungen von Vulci besteht. Heute steht die 20 Meter lange Brücke als Denkmal einer verstummten Welt im Leeren. Ihre beiden mächtigen Pfeiler aus großen Quadern scheinen kaum angetastet von der Zeit und tragen mühelos die Last des steilen Brückenbogens. Das herabsickernde Wasser einer römischen Leitung längs der Nordbrüstung, das kalk- und schwefelhaltig war, bedeckte sie seitlich mit seltsamen Tropfsteingehängen wie mit verblichenem Geschmeide. Der Oberteil der Brücke, die 90 v. Chr. erbaut und vermutlich auf den Grundfesten einer älteren rekontruiert wurde, stammt aus dem Mittelalter, aus der Zeit um 1100, in der man an diesem Übergang eine kleine Burg und eine Zisterzienserabtei errichtete, die heute ein Museum mit lokalen Funden enthält. Nach der Abtei wird die Brücke »Ponte dell'Abbadia« genannt.

Vulci lag auf der rechten Seite der Fiora, die drei größten Nekropolen aber lagen auf ihrer linken, im Osten der Stadt. Eine vierte, noch wenig erforschte, befindet sich im Norden. Frühe Pozzo- und Fossa-Gräber bezeugen das hohe Alter der Siedlung. Später wurden dann Kammergräber in den Fels gehöhlt, die im allgemeinen einfacher sind als jene von Caere oder Tarquinia. Einzelne Mausoleen allerdings, wie z. B. die »tomba dei pilastri scanalati«, aus dem sechsten Jahrhundert v. Chr., gleichen auch hier mit ihren zahlreichen Räumen, skulptierten Toren und Kassettendecken unterirdischen Palästen. Im sechsten und fünften Jahrhundert v. Chr. wurden ganze Toten-Dörfer im Felsgrund angelegt mit etwa 40 Kammern längs eines Korridors, die man durch Schächte erreichte. Vom vierten bis zum ersten Jahrhundert v. Chr. wurden auch viele Felskammergräber in mehreren Stockwerken in die linke Wand der Fioraschlucht gehöhlt. Typisch für die Grabanlagen von Vulci sind die ungedeckten Vorhöfe, zu denen ein schräger Gang hinabführt. In die Tuffwände dieser Höfe wurden dann die kleinen Grabzellen geschnitten. Zu den Anlagen mit offenem Zentralraum gehörten naturgemäß kein Hügel. Nur drei Totenhügel erheben sich heute noch über der flachen Ebene von Vulci: die mächtige »Cuccumella« (ein Dialektausdruck für »kleiner Berg«) und zwei bescheidenere.

Die weithin sichtbare, rundliche Cuccumella ist eine künstliche Aufschüttung von etwa 90 m Durchmesser an der Basis und rund 12 m Höhe. Eine Wildnis aus hohem Gras, Sträuchern und einzelnen efeuumsponnenen Steineichen bedeckt den Hügel. Durch wiederholte Grabungen wurde er stark zerstört. Labyrinthische Stollen sind an vielen Stellen durch seine Masse getrieben. 1829 wurde zum erstenmal nach seinen Geheimnissen geforscht. Damals entdeckte man wahrscheinlich einige Kammergräber und, nach etwas phantastisch wirkenden Berichten und Zeichnungen, auch zwei turmartige Einbauten quadratischer bzw. konischer Form.

Eine viereckige Konstruktion aus behauenen Blöcken, angeblich der untere Teil eines dieser Türme, ist noch innerhalb der Hügelkuppe vorhanden. Man hat vermutet, daß es sich bei diesen Bauten um symbolische Zugänge zur Unterwelt in der

Art des mundus gehandelt habe, um Opferschächte, in die Gaben für die Toten geworfen wurden. Andrerseits erwähnt Plinius in seiner Beschreibung des Grabmales des Königs Porsenna, daß dieses von Türmen bekrönt gewesen sei. Die Cuccumella mit ihren kolossalen Maßen könnte sehr wohl das Grabmal eines Herrschers gewesen sein, das mit ähnlichen Türmen geschmückt war. Die von den Ausgräbern gefundenen Konstruktionen reichten noch etwa elf Meter in den Tumulus hinab.

Eine Anlage in seiner Südflanke mit einem breiten Zugang, der zu einem ummauerten, ungedeckten und von Treppen umrahmten Hof führt, hinter dem zwei große Kammern liegen, mag zugleich Grab- und Kultstätte gewesen sein. Seitlich des Treppenraumes öffnen sich noch zwei kleine Zellen, die wie das Regolini-Galassi-Grab mit spitzbogigen Kraggewölben gedeckt waren. Nahebei wurde eine zweite, ähnliche aber kleinere und weniger sorgfältig gebaute Konstruktion in den Hügel gesenkt.

Zugleich Totenmahl und Schauplatz feierlicher Opferhandlungen und Kultzeremonien zu Ehren der Verstorbenen und der inferischen Mächte, verkörpert die rätselhafte Cuccumella, die wohl in der ersten Hälfte des sechsten Jahrhunderts errichtet wurde, wie wenige andere Monumente das Wesen des etruskischen Totenkultes, seine Verwurzelung in frühen religiösen Vorstellungen der Mittelmeervölker, die schon Jahrtausende zuvor von Ägypten bis Spanien Riesen-Steingräber und Tumuli für die Toten errichteten. Genau im Stil der künstlichen Hügel, die im dritten und zweiten vorchristlichen Jahrtausend über die Megalith- und Kuppelgräber gehäuft wurden, ist auch die Basis der Cuccumella mit einem hohen Steinring eingefaßt, den ein Kranz vorspringender Platten deckt. Auf diesem Sims hockten einmal steinerne Fabelwesen, deren Fragmente sich teilweise bei Ausgrabungen fanden. Diese Löwen, Sphingen, Greife, Delphine – einer mit Reiter – die auch an anderen Stellen der Nekropolen, häufig in den Grab-Vorhöfen, mehr oder weniger gut erhalten zutage kamen, mögen Totenwächter dargestellt haben. Ein stark stilisierter, ruhender Löwe aus Nenfro aus der zweiten Hälfte des sechsten Jahrhunderts v. Chr. wirkt sehr orientalisch. Ein Kentaur von massigen Formen ist sicherlich von der »dädalischen« Kunst Griechenlands inspiriert worden, die in Unteritalien noch bis gegen das Ende des sechsten Jahrhunderts weiterlebte und auch die frühe etruskische Plastik beeinflußte. In Vorderansicht gleicht der Kentaur einem hellenischen Kuros; doch ist er plumper und weicher gebildet, und die riesigen, hervorquellenden Augen wirken monströs.

Auch in den Grabkammern von Vulci kamen frühe Bildwerke ans Licht, darunter die 85 cm hohe Alabasterfigur einer Frau. Die blockhafte Schwere und die strengen Linien der Skulptur, das flache, fast quadratische Antlitz und die großen, dreieckigen Augen erinnern wieder an die dädalische Kunst. Auch die beiden Lockenpaare zu seiten des Gesichtes entsprechen einer griechischen Mode; etruskisch aber sind die vorgestreckten Hände mit der geöffneten Rechten und die bis über die Hüften hinabhängenden Haare des Hinterhauptes, die in Flechten geteilt und mit einem Band vielfach umwunden sind.

Von ungewöhnlicher Schönheit sind die zahlreichen Bronzen aus den Nekropolen. Seit dem ausgedehnten sechsten Jahrhundert bestand in Vulci offenbar eine bedeutende Bronzeindustrie. Zu ihren bemerkenswertesten Erzeugnissen gehören die hohen, gegossenen Stabdreifüße, die zum Unterschied von den Caeretaner Tripoden aus Bronzeblech, nicht auf orientalische, sondern auf griechische Vorbilder aus Unteritalien zurückgehen. Ihr ornamentaler und figuraler Schmuck ist meist sehr fein gearbeitet. Von ebenso hoher Qualität sind die Vulcenter-Bronzekandelaber mit ihren Tragfigürchen von großer Anmut und Beschwingtheit. Auch viele Räucher- und andere Gefäße und Votivstatuetten wurden gefunden.

Das gleiche Raffinement, das die Bronzearbeiten auszeichnet, tritt auch in der Keramikproduktion zutage, die teilweise an die griechische heranreicht. Die sogenannten »pontischen Vasen« sind stark von der jonischen Malerei beeinflußt und den frühen Grabfresken von Tarquinia ebenso verwandt, wie den Vulcenter Bronzen des sechsten und fünften Jahrhunderts. Ihr massenhaftes Auftreten in Vulci deutet wohl darauf hin, daß sie dort hergestellt wurden. Um die Mitte des fünften Jahrhunderts begannen die dortigen Werkstätten auch rotfigurige Gefäße zu produzieren.

Von künstlerischem und historischem Interesse ist eine Schale, die auf schwarzen Firnis gesetzte rote Figuren und den Namen Avles Vipinas zeigt, ein Beweis für die tatsächliche Existenz der Vipinas, die in den römischen Berichten als Vibenna erscheinen.

Trotz des hohen Standes der Vasenmalerei von Vulci wurden die dortigen Gräber anscheinend nur selten mit Fresken geschmückt. Eines, die tomba Campanari, ist verschollen, und nur Zeichnungen von zweifelhafter Genauigkeit vermitteln noch eine Ahnung von den Bildern, die seine Wände bedeckten. Das zweite, die tomba François aber, die nach ihrem Entdecker genannt wurde, hat uns einige der wichtigsten malerischen und historischen Dokumente der etruskischen Welt bewahrt. Das weite Felsgrab mit acht Kammern um einen Mittelraum, zu denen ein 20 m langer Dromos 8 m tief hinabführt, das im nordwestlichen Rand des Fiora-Tales gefunden wurde, stammte aus dem fünften Jahrhundert. Es wurde aber erst viel später mit Wandmalereien ausgestattet. Nach ihrer Auffindung im Jahre 1857 wurden sie abgelöst und in das Museum der Fürsten Torlonia gebracht, denen das Gebiet von Vulci gehörte.

Die Wände des Hauptraumes waren links vom Eingang mit Szenen aus der griechischen Sage bemalt, während rechts die von Vulci ausgehenden historischen Ereignisse um die Gestalten der Brüder Vipinas dargestellt waren. Dies ist das einzige bis jetzt bekannte Beispiel der Verwendung eines geschichtlichen Themas in der etruskischen Grabmalerei. Diese Fresken stammen jedoch nicht aus der Entstehungszeit des Grabes, sondern entstanden wahrscheinlich erst gegen Ende des zweiten vorchristlichen Jahrhunderts. Sie gehören zu den vollendetsten Schöpfungen der tyrrhenischen Malerei. Die Figuren bewegen sich hier in plastischer Lebendigkeit. Die muskulösen, nackten Körper der Männer in ihren kühnen, ja akrobatischen Stellungen, der durchgeistigte Realismus der Köpfe erinnern an die Meister der toskanischen Renaissance. Die großangelegte Komposition der stark bewegten Szenen, die Feinheit der gedämpften, doch nicht matten Farben, die kunstvolle Schattierung ebenso wie die kraftvolle Linienführung ergeben einen Zusammenklang von großem Reiz. Gewisse perspektivische Mängel und Unbeholfenheiten der Zeichnung vermögen den Eindruck, daß hier eine Malerpersönlichkeit von hohem Können und leidenschaftlichem Temperament eine Meisterleistung schuf, nicht zu stören.

Die Darstellungen aus dem François-Grab sind, wie fast alle aus der Niedergangsepoche der Etrusker, blutigen und grausamen Inhalts. Aus der griechischen Sage wurde für das Hauptbild die Opferung der trojanischen Gefangenen durch Achilles gewählt. Es ist sicher kein Zufall, daß diese an sich ungriechische, finstere Opferhandlung, in der das Wesen vorhomerischer Kulte noch einmal durchbricht, so oft in der funerären Kunst der Tyrrhener geschildert wird. Auch hier verrät sich wieder unwillkürlich die seelische Verwurzelung der Etrusker in jener älteren und ursprünglicheren religiösen Welt der Mittelmeervölker, deren Gottheiten dann von den hellen Olympiern verdrängt wurden.

Trotz des griechischen Mythos zeigt die Opferszene hier typisch etruskischen Charakter durch die den Griechen fremde Hinzufügung dämonischer Gestalten. Den Mittelpunkt des Gemäldes nimmt Achilles ein. Über einen halb liegenden Gefangenen geneigt, versetzt er diesem mit seinem Schwert den Todesstoß. Hinter dem sterbenden Trojaner wartet schon unerbittlich Charu, der Todesdämon. Er ist hier durch den Hammer, die hakennasige, rotäugige Fratze und die bläuliche Verwesungsfarbe der Haut kenntlich. Neben ihm steht Vanth, der schöne weibliche Todesgenius mit weit ausgespannten Flügeln. Die geisterhaft verschwommene Gestalt des Patroclus birgt sich in ihrem Schatten, gekennzeichnet durch die Überschrift *hinthial patrucles,* d. h. wohl »Seele« oder »Schatten des Patroclus«. Ihm gilt ja dieses blutige Opfer. Andere griechische Krieger schleppen noch zwei nackte Trojaner herbei. Tragische Todesbereitschaft spricht aus ihren gesenkten Antlitzen. Gedankenvoll wohnt Agamemnon der schrecklichen Szene bei.

Von ähnlicher Kraßheit ist die andere Partie der Fresken, die die Befreiung des Caile Vipinas zum Gegenstand hat.

Die revolutionären Taten der Brüder Vipinas aus Vulci sind

uns aus verschiedenen Quellen, wie den Schriften Varros und des Tacitus, sowie aus dem erhaltenen Bruchstück einer Rede des Kaisers Claudius überliefert. Diese Berichte sind allerdings lückenhaft und einander widersprechend wie fast alles, was wir von der etruskischen Geschichte wissen. Doch ergeben sie, von ihrem legendären Beiwerk befreit, ein ziemlich deutliches Bild der schicksalhaften innerpolitischen Umwälzungen des ausgehenden sechsten Jahrhunderts vor Christi Geburt.

Das Geschlecht der Vipinas war wohl eine der großen Adelsfamilien von Vulci, deren Einfluß durch eine bewaffnete Gefolgschaft unter Führung eines verwegenen Abenteurers, des Macstrna (es ist möglich, daß dieser Name einfach *condottiere* bedeutet), noch verstärkt wurde. Die ehrgeizigen Brüder Caile und Aule Vipinas, Exponenten der machthungrigen Adelspartei, deren Anhänger sich ständig mehrten, riefen mit ihren kriegerischen Banden bald ernste Unruhe innerhalb des tyrrhenischen Städtebundes hervor. Die konservativen Elemente fühlten mit Recht ihre in geheiligten Traditionen geordnet ruhende Welt von diesem Aufruhr der aristokratischen Jugend bedroht. Einige der bedeutendsten Städte: Volsinium, Sovana und Rom, schlossen daher ein Bündnis und erklärten den Vipinas den Krieg. Das Glück war den revolutionären Brüdern anfangs nicht geneigt. Sie erlitten eine Niederlage, bei der Caile in Gefangenschaft geriet. Bei einer zweiten Schlacht, die in der Legende die »Schlacht der Könige« genannt wird, besiegten Aule und Macstrna jedoch die Verbündeten und befreiten Caile. Damit war die politische Vorherrschaft der neuen Bewegung begründet. Daß keiner der Brüder Vipinas, sondern Macstrna als Servius Tullius die Herrschaft über Rom erlangte, würde auf Konflikte innerhalb der revolutionären Partei deuten. Hierauf spielt auch eine merkwürdige Überlieferung an, von der Arnobius in seinen *Adversus gentes* berichtet. Danach hätte Macstrna Aule Vipinas getötet, dessen Haupt dann auf dem Kapitol beigesetzt wurde. Dieses habe davon seinen Namen *caput auli* erhalten. In dem Namen des Monte Celio hingegen soll die Erinnerung an Caile oder römisch Celio Vipinas fortleben.

Bis zur Entdeckung des François-Grabes verwies man die

Berichte vom Aufstand der Brüder Vipinas mehr oder weniger in den Bereich der Sage. Seither aber überzeugte sich die Forschung immer mehr von der Geschichtlichkeit der Vorgänge. In den letzten Jahren wurde auch eine aufschlußreiche Vasenscherbe im Gebiet des sogenannten Apollotempels von Veji gefunden. Sie stammt aus dem sechsten Jahrhundert v. Chr. und trägt eine Weihe-Inschrift, die mit *Avile Vipiennas* unterzeichnet ist. Da dies dem Namen Aule Vipinas entspricht, scheint damit wieder ein Argument für die historische Wirklichkeit der Figur des etruskischen Revolutionärs gegeben.

Auf dem großen Wandgemälde aus dem François-Grabe sind die Brüder Vipinas mit mehreren Gefolgsleuten, deren Namen: Rasce, Laris Papathnas, Velznach, Macstrna und Marce Camitlnas, neben jeder Figur stehen, im Kampf mit den Römern dargestellt. Der gefangene Caile wird gerade von ihnen befreit. Macstrna zerschneidet seine Fesseln mit einem Dolch. Die übrigen kämpfen paarweise. Einer der fallenden Römer stellt, nach seinem Namen *Cneve Tarchunies Rumach* zu schließen, den römischen König aus dem Hause der Tarquinier dar. Die Römer sind, zum Unterschied von den bärtigen Etruskern, alle glatt rasiert. Naturgemäß sind sie als Unterliegende dargestellt. Das Haupt eines von einem etruskischen Schwert durchbohrten römischen Kriegers erinnert an die ernsten, monumental schönen Jünglingsköpfe, die Michelangelo auf die Decke der Sixtina malte. Das reichlich fließende Blut, das in wahren Güssen aus den Wunden bricht, verstärkt den Eindruck primitiver Wildheit der leidenschaftlich bewegten, brutalen Kampfszenen. Auf einen kleinen Raum zusammengedrängt und auf den einfachsten Nenner gebracht, wirkt diese Darstellung eines geschichtlichen Ereignisses höchst dramatisch und überzeugend.

Die Tomba François gehörte der Familie Satie. Drei ihrer Mitglieder, zwei Männer und eine Frau, waren auf der Wand des Vorraumes als stehende Figuren dargestellt. Nur das Porträt des Vel Satie, eines schwarzhaarigen, jüngeren Mannes in einer reich mit bacchantischen Szenen bemalten, dunkellila Toga blieb erhalten. Vel Satie ist im Profil gezeigt, mit halbgeöffneten Lippen. Er blickt ernst und gedankenvoll nach oben. Die sprechende Lebendigkeit des Antlitzes mit seinen individuellen

Zügen, die Würde der Haltung, zeigen die scharfe Beobachtung und das Talent des Malers, der hier nicht durch konventionelle Vorlagen in seiner Erfindungsgabe begrenzt worden war. Auch der fette Zwerg Arnzna, der mit einem Vogel auf der erhobenen Linken neben seinem Herrn hockt, ist lebensvoll und originell aufgefaßt.

Oberhalb der Wandgemälde und der Türen schmückt ein schmaler Fries die Wände, auf dem das alte Motiv der laufenden Tiere und der Raubkatzen, die ein Opfer zerreißen, noch einmal erscheint.

Aus dem Dunkel des François-Grabes traten die schicksaltragenden Gestalten etruskischer Geschichte ans Licht. In einer Zeit, da Vulci wohl nach der Niederlage von 280 v. Chr. bereits seit langem seine Selbständigkeit an Rom verloren hatte und einem unaufhaltsamen Verfall entgegenging, leuchtete in den Wandgemälden des letzten Hauses der Familie Satie noch einmal der etruskische Genius kraftvoll auf, ehe die alte Stadt und ihre Geschichte vergessen wurden.

Nahe von Rom, so nahe, daß der Widerschein der großen Stadt nachts noch seinen Horizont erhellt, hebt sich ein nacktes Tuffplateau aus den Schluchten zweier Wildbäche. Einmal trug diese Höhe das etruskische Veji.

Neben Tarquinia spielte diese bereits im siebenten Jahrhundert hochzivilisierte Tyrrhenerstadt sicher eine wichtige Rolle in der frühen Entwicklung Roms, von dem sie kaum 20 Kilometer entfernt war. Der Hoheitsbereich von Veji erstreckte sich bis hinab zum Tiber. Dessen rechtes Ufer mit dem vatikanischen Hügel, dem Janiculus und dem heutigen Monte Mario wurde damals das »etruskische Ufer« genannt. Dort, in beherrschender Stellung, erhoben sich sieben tyrrhenische Dörfer über dem Flußtal, das bis zur Mündung des Tibers von den Tyrrhenern beherrscht wurde.

Jahrhundertelang wuchs Rom im Schatten von Veji. Vielleicht dienten die raffinierten Kanalisationsanlagen der Etruskerfeste den römischen Entwässerungsanlagen als Vorbild. Sicher beeinflußten ihre Mauern, Häuser und Tempel die bauliche Umgestaltung der Dörfer am Tiber in eine Stadt. In künstlerischer Hinsicht schließlich scheint Rom besonders stark von Veji abhängig gewesen zu sein, das in seiner Blütezeit sogar mit Athen verglichen wurde. Eine der spärlichen antiken Nachrichten über die etruskisch-römischen Beziehungen auf kulturellem Gebiet bezeugt, daß der 509 v. Chr. auf dem Kapitol errichtete Jupitertempel seinen Terrakottaschmuck und seine Statuen aus der Bildhauerwerkstätte des Vulca von Veji erhalten habe.

In jener frühen Zeit bewunderten die Römer noch die kulturelle Überlegenheit der Tyrrhener und versuchten sich alles anzueignen, was ihnen die an Wissen und Können fortgeschrittenere Nation zu bieten hatte. Damals formten sich in den späteren Herren der Welt nicht wenige jener Anschauungen und Eigenschaften, die dann ein gut Teil ihrer Stärke ausmachen sollten. Dieselbe Geistesfreiheit in religiösen, kulturellen und politischen Belangen, dieselbe Weltoffenheit, die die Tyrrhener auszeichnete, welche alle fremden Kulturströme bereitwillig aufnahmen und fruchtbar verarbeiteten, tritt uns später in den Römern entgegen. Selbst in Zeiten grimmiger Feindschaft mit den Griechen blieben die etruskische Einfuhr hellenischer Vasen ungeschmälert und die etruskische Verehrung für den hellenischen Genius ungetrübt. Eine ähnliche Großzügigkeit auf geistigem Gebiet charakterisierte, freilich erst später, auch die römische Herrschaft über die Völker. Die tyrrhenische Liebe zum Prunk, zum glanzvollen Schaugepränge als Ausdruck der Macht, hat ebenfalls im Rom der Cäsaren ihre Steigerung ins Überdimensionale erfahren. Doch auch die strenge Unterwerfung unter die religiöse Ordnung und die genaue Befolgung aller ihrer Regeln mag etruskisches Erbe gewesen sein. Gerade diese Geisteshaltung war einer der wichtigsten Grundsteine, auf denen sich später der Bau der römischen Weltmacht erhob. Was schließlich die komplizierten Formeln der »etruskischen Disziplin« für die Ausbildung der römischen Denkschärfe und Beobachtungsfähigkeit bedeutet haben, ist gar nicht zu überschätzen. An ihr lernten die Römer nicht nur eine genaue Beobachtung aller Lebenserscheinungen, sondern auch, sie zu analysieren, einzuteilen und Schlußfolgerungen aus ihnen zu ziehen.

Die wenigen in lateinischer Sprache erhaltenen Abschnitte aus den etruskischen Ritualbüchern zeigen eine außerordentliche Präzision der Ausdrucksweise, verbunden mit sorgfältiger Auswahl der geeignetsten Worte, und eine erstaunliche Klarheit der Darlegung. Alle diese Eigenschaften charakterisierten dann auch das römische Recht.

Die Durchdringung des italischen Geistes mit tyrrhenischem Ideengut wird auch an der Übernahme gewisser etruskischer Worte in die lateinische Sprache deutlich. Vor allem religiöse und mit dem öffentlichen Leben zusammenhängende Begriffe, wie *mundus* oder *persona,* zeigen die Rolle der Etrusker im Leben der Lateiner. Die italischen Ortsbezeichnungen und auch die Eigen- und Geschlechtsnamen weisen eine Fülle etruskischer Bildungen auf.

Als Rom die Herrschaft der Etrusker abschüttelte, war es vermutlich noch weit davon entfernt, von einer Rivalität mit Veji zu träumen. Und Veji mag es kaum ernst genommen haben, als Rom allmählich sein Haupt immer anspruchsvoller erhob.

Aber in den Römern war inzwischen der Nationalstolz erwacht. Die bis vor die Tore ihrer Stadt reichende Nachbarschaft der Etrusker, die naturgemäß auch ihren Flußhandel hemmte, wurde ihnen immer unerträglicher. Rom war sich daher wohl von Anfang an der entscheidenden Bedeutung eines Krieges gegen den mächtigen Stadtstaat bewußt. Der Mythos, der sich der Kämpfe um Veji bemächtigt hat, verrät dies unmißverständlich. Die Niederlage der Römer bei einem ihrer ersten Einfälle in das Territorium von Veji wurde durch die Überlieferung alsbald heroisch verklärt. Angeblich unternahmen damals dreihundert kühne Jünglinge aus der Sippe der Fabier einen Vorstoß gegen die übermütige Etruskerstadt, gerieten in einen Hinterhalt und wurden von einer großen Übermacht niedergemetzelt.

Für Veji wurde die Gegnerschaft zu Rom wohl erst blutiger Ernst, als sein König Larth Tulumnes im Kampf um den Grenzort Fidenae fiel und dieser in römischen Besitz geriet.

Rein militärisch wäre Veji kaum zu besiegen gewesen. Uneinnehmbar ragte es auf seiner von allen Seiten gesicherten Höhe. Jeder neue Ansturm der Römer wurde lange Jahre hindurch mit Leichtigkeit zurückgewiesen.

Die kunstvollen Kanalisations- und Entwässerungsanlagen, die den Tuffboden der Stadt mit ihrem Netz unterirdischer Gänge durchzogen, gaben den Lateinern schließlich, nach der Legende, den rettenden Einfall zur Bezwingung der Feste. Nicht im offenen Kampf sollte Veji fallen; die Vernichtung stieg aus dem Schoß der mütterlichen Erde, aus dem roten Fels, in dem die Toten von Veji seit Jahrhunderten so sicher geruht hatten.

Es scheint, daß die Römer nach angeblich zehnjähriger Belagerung schließlich unter Benützung eines etruskischen Stollens in die Stadt eindrangen. Die Legende berichtet, daß das Verderben aus dem Heiligtum der Burggöttin Uni über die Stadt hereingebrochen sei. Die Römer wären in ihrem unterirdischen Gang bis dicht unter den Tempel gelangt. Ein Haruspex zelebrierte darin gerade die Eingeweideschau. Seine Weissagung aus der Opferleber lautete: Wer diese besitze, dem gehöre der

Sieg. Dies klang den lauschenden Römern wie ein anfeuernder Zuruf der Götter. Sie brachen aus der Erde, und ihr Anführer entriß dem Priester die Opferleber, während sich der Strom der bewaffneten Krieger in die Straßen der nichts ahnenden Stadt ergoß. Ein Meer von Feuer und Blut verschlang das unglückliche Veji. Seine Bewohner bekämpften den Feind selbst noch von den Dächern ihrer brennenden Häuser herab mit einem Hagel von Steinen und Ziegeln. Doch aller Widerstand war vergeblich.

Der Jubel der Römer über die Niederwerfung der gefürchteten und bewunderten Rivalin war grenzenlos. Von seinen Soldaten gefolgt, zog Furius Camillus, der Triumphator, auf einem von vier weißen Rossen gezogenen Wagen durch Rom. Gleich dem kapitolinischen Jupiter war er mit einem goldgestickten Purpurgewand angetan, trug das elfenbeinerne Adlerzepter in der Hand und einen goldenen Lorbeerkranz auf dem Haupte. Sein Antlitz war mit Mennigrot gefärbt. So begab sich der Sieger in der Gestalt des höchsten Gottes auf das Kapitol, um dort das Dankopfer zu bringen. Rom hatte die erste große Probe bestanden!

Die Geschichte Vejis war mit seiner Eroberung durch die Römer mehr oder weniger zu Ende. Nur ein kleiner Teil seiner Bewohner hatte die Niederlage überlebt. Später versuchten die Römer, der zu zwei Dritteln zerstörten und verlassenen Stadt durch Kolonisten neues Blut zuzuführen. Doch das Dasein des römischen Veji war nicht viel mehr als die langsame Agonie eines Organismus ohne richtigen Lebenswillen. Immer tiefere Einsamkeit senkte sich über seine Straßen, die gestürzten Tempel und zerfallenden Häuser.

Eine weite, leere Fläche, eine von den Stürmen der Jahrtausende kahl geschliffene Insel, die aus steilen Felsschluchten steigt, das ist Veji heute. Schon im Mittelalter wußte niemand mehr, wo sich einst die große Gegenspielerin Roms erhoben hatte. Man vermutete sie in der Nähe von Civitacastellana, wo es etruskische Mauerreste gibt. Erst im 17. Jahrhundert wurde der Standort von Veji wiedererkannt.

Trotz der ungewöhnlich günstigen Möglichkeiten, die eine gewaltsam zerstörte und danach nur mehr zum Teil bewohnte

Stadt der archäologischen Forschung bietet, wurde im Bereich von Veji noch verhältnismäßig wenig gegraben. Besser erforscht sind die zahlreichen Friedhöfe, die das dreieckige Tuffplateau auf einem hügeligen Gelände in einem großen Kreis umgeben. Ihre Schachtgräber mit Brandbestattungen und Fossagräber mit Körperbestattung, die manchmal in Baumsärgen erfolgte, bezeugen das hohe Alter der Besiedelung. Die neuesten Ausgrabungen in den Villanova-Nekropolen werden seit einer Reihe von Jahren durch das britische archäologische Institut von Rom unternommen. In Flußnähe liegen die jüngeren Kammergräber. Wie überall in Etrurien waren auch hier die »tombaroli« tätig und entdeckten und plünderten u. a. ein Felsgrab aus dem siebten Jahrhundert, in dem die Archäologen 1958 nur mehr einige Scherben etruskisch-geometrisch bemalter Gefäße und die vielleicht ältesten Wandmalereien, die bis jetzt in einem tyrrhenischen Grabe ans Licht kamen, fanden. Die ganze Kammer ist in der unteren Hälfte rot und der oberen gelb ausgemalt, auch auf der Satteldecke wechseln diese beiden Farben einander ab, auf der Stirnwand der Kammer wandern fünf mit sicherem Strich auf die gelbe Wand gesetzte stilisierte Enten, die auch im Goldschmuck der orientalisierenden Periode so häufig vorkommen. Die ebenerdige Kammer, zu der ein kurzer Dromos führt, enthält an der linken Wand eine breite Totenbank. Die Bemalung, die unmittelbar auf die geglätteten Tuffwände aufgetragen wurde, leuchtet in erstaunlicher Frische. Sie ist wahrscheinlich früher entstanden als die Wandbilder der berühmten Grotta Campana, die schon 1843 in einem Hügel, dem Monte Michele, entdeckt wurde. Zwei Sphingen aus Tuff hüten das Tor, das ein echter Rundbogen mit Schlußstein überspannt. In der vorderen der beiden Kammern ruhten bei der Öffnung der Gruft noch zwei Skelette auf ihren aus dem Fels geschnittenen Betten. Man hatte ihnen große Amphoren, einen Bronzekandelaber, einen Krug und ein kleines Holzkohlenbecken mitgegeben, wie es die Bauern heute noch zum Wärmen der Hände benutzen. Im zweiten Raum stand eine Urne aus Terracotta, auf deren Deckel ein Kopf gesetzt war, der wohl das Abbild des Eingeäscherten sein sollte. Auf die Wand dahinter hatte man sechs Schilde gemalt.

Rechts und links des Durchganges von der vorderen in die rückwärtige Kammer waren die Wände reich mit Malereien verziert. Kopien aus der Zeit ihrer Entdeckung haben die Wandbilder, die heute fast vergangen sind, im damaligen Zustand festgehalten. Man sieht auf diesen Zeichnungen die phantastischen Tiere der orientalisierenden Kunst: Pferde mit Menschenköpfen und Flügeln, mit braunem Vorder- und rot und gelb gesprenkeltem Hinterleib; Leoparden, die mit übergroßen, schnurrbärtigen Gesichtern den Beschauer anblicken. Nur auf einem der vier rechteckigen Bilder ist eine Szene mit mehreren menschlichen Figuren dargestellt. Ein Mann geht einem Pferde voraus, das ein Jüngling führt. Ein auffallend kleiner Reiter sitzt darauf, und hinter ihm hockt ein Fabeltier, eine Art Raubkatze mit seltsamer Musterung. Ein Hund begleitet den Aufzug. Voluten, Palmetten und andere dekorative Motive sind regellos über die Gemälde verstreut und erwecken den Eindruck, daß diese eher als Ersatz für Wandteppiche, denn als richtige Bilder konzipiert wurden.

Veji erscheint in der antiken Literatur als die reichste und mächtigste etruskische Stadt des sechsten und fünften Jahrhunderts, die 100 000 Einwohner gehabt habe. Fest steht, daß sie sich in der zweiten Hälfte des sechsten Jahrhunderts zu einem der bedeutendsten Kunstzentren Etruriens entwickelt hatte. Veji ist die einzige etruskische Metropole, deren plastische Schöpfungen in die antike Geschichtsschreibung eingegangen sind, die einzige, aus der uns der Name eines Bildners überliefert wurde. Es scheint, daß sich die Koroplasten von Veji frühzeitig auf den Terracotta-Dekor spezialisiert hatten, der die archaischen Tempel aus Holz und Ziegeln verkleidete und schmückte.

Auf der Akropolis von Veji kamen die Fundamente eines kleinen, rechteckigen Sanktuariums aus der Mitte des sechsten Jahrhunderts ans Licht und Reste seiner Dekoration; vor allem Stirnziegel mit weiblichen Köpfen, deren massige Züge und vorquellende Augen an die frühen Skulpturen von Vulci erinnern.

Verkleidungsplatten aus Terracotta, die nach Matrizen aus Veji gearbeitet wurden, oder diesen doch sehr ähneln, kamen an verschiedenen Orten, vor allem aber in Velletri bei Rom zutage. Die Koroplasten von Veji erhielten offenbar auch Aufträge von anderen Städten.

Gegen Ende des sechsten Jahrhunderts war die Schule von Veji so berühmt, daß man ihre Künstler mit der Ausschmükkung des wichtigsten Tempels von Rom, der dem Jupiter Capitolinus geweiht war, betraute. Es wird überliefert, daß die Statue des Gottes selbst und eine Herkulesfigur die Schöpfung des Vulca aus Veji gewesen seien.

Dank der Funde, die auf der Portonaccio-Felsterrasse etwas unterhalb des Stadtplateaus zutage kamen, haben wir heute eine Vorstellung von den Werken, die einmal den Ruf der Kunstschule von Veji begründeten sowie vom barocken, farbenprächtigen Aussehen eines Tempels aus der Wende vom sechsten zum fünften Jahrhundert v. Chr. Das große Sanktuarium der Menrva als Heilgöttin, die bei den Etruskern, anders als die römische Minerva, im Wesen nicht identisch mit Athena, sondern eher eine Erd- und Muttergottheit war, stand dicht über dem Abgrund. Auch dieser Tempel fiel bei der Vernichtung der Stadt den Flammen zum Opfer. Das Feuer verzehrte seine Säulen und das Giebeldach und Gebälk aus Holz und sprengte den bunten Terracottaschmuck und die Statuen, die den First krönten. Nur die Grundfesten aus Stein blieben erhalten, der große dreieckige Opferaltar mit seiner Abflußöffnung, durch die das Blut der Opfertiere von der Erde aufgenommen wurde — ein Hinweis auf den chthonischen Charakter der etruskischen Menrva — und ein Badebassin an der Nordseite des Tempels für das schwefel- und eisenhaltige Heilwasser, das ein Stollen aus dem Fels leitete. Votivgaben in Gestalt erkrankter Körperteile, die beim Portonaccio-Tempel ans Licht gefördert wurden, bezeugen die Dankbarkeit genesener Pilger.

Noch immer verzweigt sich ein ganzes System von Wasserrinnen, die aus dem Felsgrund gehauen wurden, um den zerstörten Tempel, und mehrere Stollen in der Felswand zeigen, wie ihre Speisung erfolgte. Wasser spielte stets eine wichtige Rolle in den alten Kulten für rituelle Waschungen und Zeremonien. Heute sind alle Rinnsale trocken. Lange nach dem Ende des etruskischen Heiligtums führten die Römer eine ihrer fast unzerstörbaren Straßen aus großen flachen Steinen achtlos über den einstmals heiligen Bereich.

Im Laufe des zwanzigsten Jahrhunderts wurde mehrfach in diesem Tempelbezirk gegraben. Hier fand sich im Jahre 1916 auch die berühmtgewordene Statue des Apollo. Man entdeckte sie, aufrecht stehend, in einer Art Grotte. Der Spaten legte als erstes das unversehrte, rätselvoll lächelnde Antlitz der Statue frei. Der Anblick des göttlichen Hauptes, das die Erde nach Jahrtausenden wieder freigegeben hatte, sei überwältigend gewesen. Der Entdecker warf sich vor Ergriffenheit weinend zu Boden und bedeckte es mit Küssen und Freudentränen.

Ein großer Fund war gelungen, der auch kunstgeschichtlich von außerordentlicher Bedeutung war. Er bewies das schöpferische Eigenleben der etruskischen Kunst, die man zuvor allzusehr im Schatten der griechischen gesehen hatte.

Nun steht der Apollo von Veji in Rom im Etruskischen Museum der Villa Giulia. Es gibt nicht viele antike Kunstwerke, von denen eine ähnlich aufwühlende Wirkung ausgeht. Dieses Bildnis aus goldfarbener Terracotta mit seinem dunkelbraunen Antlitz und dem unerhört intensiven Blick trennen Welten von der edlen, abstrakten Strenge der archaischen Apollogestalten der Griechen. Die hellenischen Götterbilder scheinen ruhevoll in die verklärte Schau der ewigen Gesetze versunken, ihr Lächeln, ihre Haltung sind vollkommen statisch. Das Lächeln des weit ausschreitenden etruskischen Apollo ist anders. Hinter dem schrägen Blick und den raubtierhaft emporgezogenen Lippen dieses Gottes, der viel eher der Erde als dem Himmel entstammt, lauert die blinde Grausamkeit des Kosmos. Nicht das Vollkommene, die reine Idee, ist hier verkörpert, sondern die unbegreiflichen Gewalten der Schöpfung. Die Dynamik der Naturereignisse bebt in der Kraft seines Körpers, spannt seine starken Muskeln unter dem leichten, wehenden Gewande. Hinter seiner breiten, finsteren Stirn wohnen todbringende Geheimnisse. Außer dem Namen hat er fast nichts mit dem griechischen Gott der Musen gemein. Der Schöpfer dieses Bildwerkes bediente sich zwar der schon geprägten griechischen Form, durchdrang sie aber ohne Rücksicht auf ihre innere Struktur mit seinem ungebändigten Willen zum sinnlichen Ausdruck. Die klassische Objektivität fehlt diesem Werk ebenso wie die klassische Ruhe. Hier gelten nur Wille und Temperament des Künstlers, dessen Meisterwerk von einer Spontaneität ist, die der frühen Kunst der Griechen fernliegt.

Man schreibt diese lebensgroße Statue, die eine bewundernswerte Kenntnis der Anatomie und Beherrschung aller technischen Feinheiten der Modellierkunst verrät, dem Vulca aus Veji zu und datiert sie um 500 vor Christi Geburt. Der Name dieses Künstlers ist der einzige, den uns die Überlieferung bewahrt hat, obwohl das hochbegabte etruskische Volk sicher eine ganze Reihe bedeutender Künstler hervorbrachte. Die Apollostatue gehörte zu einer Gruppe, die den Raub der heiligen Hindin aus dem delphischen Apolloheiligtum durch Herkules darstellte; sie thronte auf dem Dachfirst des Minervatempels.

In der Nähe der Apollostatue kamen noch Bruchstücke der gleichen Gruppe zutage, unter diesen der prachtvolle Kopf des Hermes mit seinem spöttischen Lächeln und der geflügelten Kappe, und Stirnziegel, die den Rand des Tempeldaches in einer Reihe teils lieblicher, teils schreckenerregender Köpfe schmückten. Unter diesen Antefixen befindet sich auch ein in seiner Farbenpracht glänzend erhaltenes Gorgonenhaupt mit Schlangenhaar, klaffendem Maul und herausgestreckter Zunge. Wahrscheinlich sollte seine dämonische Scheußlichkeit feindliche Kräfte von dem Heiligtum scheuchen. Dagegen mag das anmutige Antlitz einer jungen, mandeläugigen Frau, das an jenes der Peploskore der Akropolis von Athen erinnert, wohl nur eine dekorative Bestimmung erfüllt haben.

Grabungen der letzten Jahre im Bereich des Minervatempels von Portonaccio haben noch weitere Terracotten von hoher Qualität zutage gefördert. Auf einer jener mit buntbemalten Reliefs verzierten Platten, mit denen die Etrusker die Wände ihrer Tempel verkleideten, tanzt eine Bacchantin mit Schnabelschuhen. Ihr kostbares, granatrotes Gewand umwogt sie wie Flammen. Ein kleiner Kriegerkopf wurde durch die Intensität seines Ausdruckes und die feine Arbeit berühmt. Auch einer der beiden zunächst fehlenden Arme des Apollo kam ans Licht und konnte wieder angefügt werden.

Einer der wichtigsten Funde war das Fragment der fast lebensgroßen Statue einer Frau mit einem Kind auf dem Arm, deren Kopf leider bis jetzt fehlt. Die Dynamik der ausschreitenden Gestalt und die eigenwillige ornamentale Stilisierung des wehenden Gewandes verraten die Hand des Bildners, der den Apollo schuf. Auch hier sprengt ein für diese frühe Zeit ungewöhnlicher Realismus die Schranken der archaischen Formgesetze und bringt ein Werk von ergreifender Unmittelbarkeit hervor. Die Geste, mit der diese Mutter ihre lange und schöne Hand beschützend auf das Knie des Kindes legt, ist von bezaubernder Innigkeit. So sanft und doch fest halten Jahrtausende später die Madonnen des Andrea della Robbia den göttlichen Sohn im Arm, als die uralte Tradition der Tonbildnerei in der Toskana aufs neue in wunderbaren Werken aufblüht.

Man hat diese Statue nach einem Münzbild auch als Creusa gedeutet, die den Sohn des Aeneas, Ascanius, im Arm trägt. Tatsächlich wurden in Veji Votivterracotten ausgegraben, die Aeneas und Anchises darstellen. Dies könnte auf einen Aeneas-Kult in dieser Stadt weisen. Es scheint, daß auch die Etrusker Aeneas als einen ihrer Ahnherren betrachteten, und dies mag ein Hinweis auf ihre kleinasiatische Abstammung sein.

Die Funde von Veji zeigten, daß die dortigen Koroplasten Rundplastiken von hohem Können und starker Originalität hervorbrachten. Das Material dieser Terracotta-Figuren bedingt naturgemäß eine gewisse Kompaktheit und Schwere der Figuren. Vermutlich entsprach dies aber dem etruskischen Kunstempfinden mehr als die makellose Glätte und ätherische Schönheit des Marmors. Es ist bestimmt kein Zufall, daß die Tyrrhener, denen anfangs allerdings der Marmor von Carrara unerreichbar war, da dieses Gebiet den feindlichen Ligurern gehörte, auch später auffallend wenig in Marmor gearbeitet haben. Sie blieben ihrer archaischen Vorliebe für Terracotta und die anspruchslosen einheimischen Gesteinsarten, wie Grautuff, bis zum Schlusse treu. Die Etrusker liebten leicht zu bearbeitendes Material, das sich jedem spontanen Einfall des Bildners ohne große Mühe anpassen ließ. Eine gewisse bäuerliche Ursprünglichkeit und Derbheit, die wir oftmals in ihren Plastiken finden, und die sie besonders liebenswert machen, kann sich kaum in Marmor ausdrücken.

Die bedeutendsten Werke der Tyrrhener aber wurden ohne Zweifel in Bronze geschaffen. Die antike Überlieferung berichtet immer wieder von ihrer Meisterschaft auf diesem Gebiet. In der Tat sind die wenigen noch erhaltenen großen Bronzefiguren mit Ausnahme des Mars von Todi, einer matten und konventionellen Arbeit, von ungewöhnlicher Schönheit. Bis jetzt hat man leider keine einzige lebensgroße Bronzestatue eines Menschen aus der archaischen Epoche aufgefunden: doch besitzen wir immerhin zwei Tierplastiken: die kapitolinische Wölfin und die Chimära von Arezzo. Sie bezeugen die Vollendung etruskischer Bronzeskulpturen im ausgehenden sechsten und im fünften Jahrhundert in großartiger Weise.

Über die Wölfin, dieses etruskische Unterweltstier, das für die Römer dann zum Sinnbild ihres gottgewollten Ursprungs, zu einer Art Totemtier wurde, ist unendlich viel gesagt und geschrieben worden. Man hielt sie sogar zeitweilig für eine mittelalterliche Bronze. Wenn man die oft verblüffende Verwandtschaft der romanischen und gotischen Kunst in Mittel- und Norditalien mit den etruskischen Bildwerken bedenkt, ist dies nicht verwunderlich. Auch als griechische Skulptur wurde die Wölfin schon angesprochen, da man Vollkommenheit nur unter diesem Vorzeichen akzeptieren wollte.

Doch dieses heilige Tier, das als Wahrzeichen Roms auf dem Kapitol stand, und von dem wir durch Cicero wissen, daß es 65 v. Chr. dort vom Blitz getroffen wurde, ist zweifellos eine etruskische Skulptur. In der Wölfin atmen das gleiche aus den Urtiefen des Seins brechende Leben, die gleiche dämonische Kraft und Wildheit, die auch den Apollo von Veji beseelen. Ihr wachsames Tiergesicht, mit der in Dreiecksform stilisierten Augenpartie, ist drohend vorgereckt. In dem mageren, sehnigen Körper bebt eine ungeheure Spannung. Eine souveräne Kenntnis des Tierkörpers verrät sich in der Wiedergabe des Muskelspieles der nervösen Flanken, der Behandlung des Kopfes mit der langgestreckten Schnauze, auf der das zarte Netz der Äderchen förmlich vibriert. Die feierliche Stilisierung des Kunstwerkes bändigt dieses pulsierende Leben der Bestie und hebt die Wölfin gleichsam aus dem Irdisch-Tierhaften in die Sphäre des Übersinnlichen. Tausend Jahre und länger stand sie wohl als erhabenes und furchtgebietendes Fabelwesen, das die Götter selbst mit ihrem Blitz gezeichnet hatten, auf dem Kapitol. Im zehnten Jahrhundert n. Chr. befand sie sich als Wahrzeichen der Ewigen Stadt vor dem Lateran, und 1471 schaffte man die *lupa* wieder auf das Kapitol, wo sie heute im Konservatorenpalast zu sehen ist. An den Hinterbeinen der massiven Bronzeplastik sind immer noch die Blitzspuren erkennbar. Die unter ihr sitzenden Bronzeknäblein wurden in der Renaissance ergänzt. Wir wissen, daß die Wölfin auch ursprünglich zusammen mit Romulus und Remus dargestellt war. Die Figur des Romulus sei durch den Blitzschlag geschmolzen, berichtet Cicero.

Die Chimära, die in Arezzo gefunden und teilweise von Cellini restauriert wurde, entstand später als die Wölfin. Hier durchbricht der Wille des Künstlers zum aufs höchste gesteigerten dramatischen Ausdruck schon endgültig die Schranken des archaischen Stils. Das Verhaltene und Gebändigte der frühen Plastiken fehlt diesem phantastischen Geschöpf einer urzeitlichen Sagenwelt. Es ist in jenem Augenblick festgehalten, da es sich, schon tödlich getroffen, in einem letzten Aufbrüllen gegen den Feind wendet. Seine ornamental stilisierte Mähne sträubt sich in vielen kleinen Flammenzungen um das in einer Maske rasender Wut erstarrte Haupt. Die Rückenhaare, die einzigen, die außer der Mähne die Glätte des Tierleibes unterbrechen, sind kammartig aufgestellt. Die gewaltigen Pranken der Bestie stemmen sich in den Boden, um den Körper dem Feind entgegenzuschleudern. Aus dem Rücken der Chimära wachsen die Köpfe einer Schlange und einer Ziege, die im Todeskampf ineinander verbissen sind. Die Schlange stellt allerdings eine spätere Ergänzung dar, die umstritten ist.

Manche wollten die Chimära einem griechischen Meister zuschreiben; aber die Behandlung der Mähne, die den Kopf wie eine Krause umschließt, während das Ohr hinter ihrem Ansatz hervorsieht, ist typisch etruskisch und erscheint bereits bei den frühen Grablöwen. Bei den hellenischen Werken liegt das Ohr vor dem Mähnenansatz. Außerdem fand sich bis jetzt keine griechische Skulptur, die man als Vorbild der Chimära von Arezzo ansehen könnte.

Sicher wurden in einer Zeit, die solche Tierskulpturen hervorbrachte, auch wundervolle erzene Göttergestalten geschaffen. Die Kleinbronzen von lieblich-strengen Göttinnen, Satyrn, Kriegern, Priestern, Akrobaten und Opfernden, die wir aus dem sechsten und fünften Jahrhundert in großer Zahl besitzen, sind in ihrer Art vollkommen. Doch vermitteln sie natürlich nur eine Ahnung von der Pracht der großen Bildwerke und von dem Können der Etrusker bei der Behandlung der Bronze, die zuerst gegossen und dann überarbeitet wurde.

Vielleicht wird man eines Tages noch eine der 2500 erzenen Statuen wiederfinden, die die Römer allein bei der Plünderung von Volsinium erbeutet haben sollen. Dann erst wird man endgültig über die etruskische Kunst urteilen können, deren Meisterwerke das Geschick der Tyrrhener: Untergang und Vergessenheit, teilten.

Von den verlassenen Ruinen des Wasserheiligtums von Veji, in dessen Bereich so kostbare Funde gemacht wurden, führt ein Weg hinauf zur öden Fläche, auf der sich früher die Stadt erhob. Ihre Trümmer wurden längst gänzlich von der Erde verschlungen. Rote und blaue Anemonen wachsen im Frühling aus dem kargen Boden, aus dem der Pflug des Bauern immer wieder Ton- und Ziegelscherben reißt. Ein Zufall führte kurz vor Ausbruch des zweiten Weltkrieges auf die Spur eines weiteren archaischen Tempels, der sich ebenfalls zwischen zwei Quellen erhob. Man förderte hier bis jetzt eine große Anzahl tönerner Votivfigürchen zutage, die hauptsächlich Mütter mit Säuglingen darstellen. Es dürfte sich also um das Heiligtum einer weiblichen Fruchtbarkeitsgottheit handeln. Im Nordosten des Stadtbereiches wurden Häuser aus dem siebenten und sechsten Jahrhundert v. Chr. ausgegraben.

Von den zyklopischen Festungsanlagen von Veji hat sich auf dem höchsten Punkt des Plateaus der Mauerring erhalten, der die Arx, die Burg, umschloß. Der Fels fällt hier mehr als sechzig Meter senkrecht in die Tiefe ab. Zu seinen Füßen vereinigen sich die beiden Wildbäche, die das Tuffmassiv von Veji isolieren. Auf der Akropolis, im Schutz des Heiligtums der Burggöttin Juno Regina, wollten die Stadtbewohner ihre letzte Zuflucht finden, falls ein Feind die äußeren Befestigungsanlagen erobern würde. Noch steht ein wenig Wasser in der Zisterne, die die Belagerten im Ernstfall versorgen sollte. Unter wildwuchernden Sträuchern öffnet sich die schmale Torbresche, durch die man in das innerste Herz von Veji gelangte. Von hier also nahm, der Legende nach, das Verderben der Stadt seinen Ausgang. Hier mag damals der Tempel der Burggöttin gleich einer Todesfackel über dem letzten Kampf der Einwohner von Veji geflammt haben, während sich die Schreie der Sterbenden in das Brausen der Wasser mischten, in die man die Erschlagenen hinabstürzte.

Die Mauern von Veji, die es damals nicht zu schützen vermochten, sind zerstört. Doch ein anderes Werk, das ebenfalls zu den Befestigungsanlagen gehörte, besteht noch fast unverändert: der Bergdurchstich zur Ableitung des *Formello.* Etruskische Ingenieure schufen diesen etwa 80 Meter langen Tunnel von acht Meter Höhe und etwa vier Meter Breite vor vielleicht 2600 Jahren, und immer noch rauscht das Wasser durch sein kühles Zwielicht. Man sieht deutlich, daß sich das alte Bett des Flüßchens zuvor in einem beträchtlichen Bogen vom Fuß des Felsens von Veji entfernte. Dies erschien den Tyrrhenern wohl aus verteidigungstechnischen Gründen korrekturbedürftig. Die natürliche Brücke – heute »Ponte Sodo« genannt –, die Veji durch den Tunnel erhielt, war vermutlich durch Mauern und Türme als Bollwerk ausgebaut. Gleichzeitig diente die Anlage der Wasserversorgung der Stadt im Falle einer Belagerung. Eine runde Öffnung in der Tuffdecke des Tunnels, die ebenfalls noch vorhanden ist, ermöglichte das Hinablassen von Eimern, mit denen das Wasser des Formello geholt werden konnte.

Gleich einer alles verschlingenden Sintflut rauschte die Zeit über die Felseninsel von Veji hinweg und ließ sie leer und öde zurück. Unten im Tibertal aber breitet sich das ewige Rom unter den schimmernden Monden seiner Kuppeln. Es hat den Sturz des Imperiums, den Zerfall und die Kriegsstürme der Jahrtausende überdauert. Längst ist sein Schicksalskampf mit Veji, der unglücklichen Rivalin, vergessen, deren Untergang der Anfang seines beispiellosen Aufstieges war.

Der mächtige Stadtstaat von Clusium, dessen etruskischer Name Camars, vielleicht auch Clefsin, war, gehörte zu den bedeutendsten und eigenartigsten Zentren etruskischer Kultur. Was Tarquinia für die Malerei und Veji für die Skulptur darstellten, war diese Stadt vielleicht für die Porträtplastik, in der das tyrrhenische und später das römische Kunstschaffen seine stärksten und unvergänglichsten Leistungen erreichte. Das heutige Chiusi nimmt fast genau die Fläche der alten Etruskerstadt ein. Diese war bereits um das Ende des achten Jahrhunderts das wichtigste Zentrum Nordost-Etruriens. Ihren Aufstieg verdankte sie wohl der beherrschenden Lage über dem Chianatal. Die Chiana war damals schiffbar und mündete in den Tiber. Sie stellte daher eine wichtige Wasserstraße nach dem Süden dar. Außerdem erleichterten günstige Landverbindungen den Verkehr mit den Küstenstädten, und die Fruchtbarkeit des umliegenden Gebietes bildete eine noch solidere Grundlage ihres Wohlstandes als der Handel.

Weite Nekropolen umgeben Chiusi, wo die Totenverbrennung bis tief ins 6. Jahrhundert den Vorrang behielt, obwohl man in der eigenartigen Vermenschlichung der Ascheurnen vielleicht einen Kompromiß zwischen der Villanova-Tradition der Einäscherung und der tyrrhenischen der Leichenbestattung sehen könnte. Nach den ältesten Schachtgräbern mit einfachen Aschegefäßen findet in Chiusi auch die Sitte Eingang, die Urne in ein großes, rohes Tongefäß, das in dieser Gegend nicht Dolio, sondern Ziro genannt wird, zu setzen. Die Totenausstattung wurde meist außerhalb dieses Behälters deponiert. Später wurden die Urnen manchmal zu merkwürdigen kleinen Monumenten, auf deren Deckel Figuren thronen, vermutlich Bildnisse der Eingeäscherten, die öfter von einem Miniaturgefolge umgeben sind.

Urzeitlich wirkt eine große Terracotta-Urne, auf der eine weibliche Gestalt, bekleidet mit einem Netzgewand und einem Mantel, steht. Zwei stilisierte Locken rahmen das grob modellierte Gesicht mit den weit aufgerissenen Augen ein. Die rechte Hand hielt ursprünglich einen Granatapfel, der bereits in der kretisch-mykenischen Kultur als Sinnbild lebenspendender Kräfte im Götter- und Totenkult vorkommt und auch ein häufiges Motiv in den Grabmalereien von Tarquinia bildet. Die Linke ist zu den Lippen gehoben, als wollte sie Schweigen gebieten. In den Ohren der geheimnisvollen Gestalt hängen dünne Goldringlein. Rund um ihren Rocksaum ist ein Reigen von Klageweibern auf den Deckel gesteckt. Auf der Schulter des Aschegefäßes sind abwechselnd kleine Gestalten und Greifenköpfe mit langen Hälsen und aufgerissenen Schnäbeln befestigt, ein Motiv, das von den Bronzekesseln des orientalisierenden Stils kam und eine dämonenabwehrende Funktion hatte.

Auf einer anderen Urne, die ebenfalls aus dem 7. Jahrhundert stammt, steht eine bärtige, männliche Figur, ebenfalls in einem Netzgewand, mit auf der Brust gefalteten Händen und einem in zwei Etagen angeordneten Gefolge kleiner Männchen, abwechselnd mit Greifenköpfen, die aus einem männlichen Sexualsymbol zu wachsen scheinen.

Typisch für Chiusi sind, neben solchen Figurenvasen, vor allem die »Kanopen«, die ihren Namen von den oft menschenköpfigen Eingeweidevasen aus ägyptischen Gräbern erhielten. Diese bauchigen Ascheurnen aus Impasto oder Bronze mit zwei Henkeln wurden mit einem kugeligen Gefäß verschlossen, auf dem eine Maske aus Bronzeblech, die ein menschliches Gesicht darstellte, befestigt wurde. Dies war der Beginn einer zunehmenden Vermenschlichung des gesamten Aschegefäßes. Der Deckel wurde zum plastisch modellierten Kopf, die Urne zum Körper, die Henkel zu Armen. So entstand ein schematisches Abbild der Verstorbenen, das öfter auf einen Thron aus Terracotta oder Bronzeblech gesetzt wurde.

Es steht bis heute nicht fest, ob sich der Brauch der Kanopen an Ort und Stelle im Gebiet von Camars entwickelt hat, ob die Tyrrhener ihn einführten, oder ob ihn die Träger der Villanova-Kultur mitbrachten. Die einzigen Gegenstücke der Kanopen fanden sich bis jetzt auf dem Balkan. Dies spricht also für die letzte Annahme, falls man sich zu der Ansicht bekennt, daß die Villanovaleute aus dem unteren Donaugebiet nach Italien einwanderten.

Die Abbilder der Verstorbenen in den Gräbern von Camars

beruhten auf den Vorstellungen einer vom Toten- und Ahnenkult bestimmten Religion, der es notwendig erschien, dem Abgeschiedenen einen Ersatzleib zu schaffen. Wie stark man das Bild mit dem Toten identifizierte, zeigt die Durchbohrung des Nasen- und Ohreninneren bei einigen Kanopenköpfen. Offenbar sollte der Verstorbene mit diesen Ohren wirklich hören, durch die Nase wirklich atmen können. In dieser magischen Identifizierung lebten sehr alte Gedanken fort. Gerade aus dieser primitiven seelischen Haltung aber mag andererseits der Naturalismus der tyrrhenischen Totenporträts hervorgegangen sein, dieses typisch etruskische Streben, bereits in früher Zeit individuelle Züge des Verstorbenen festzuhalten. Den Griechen lag diese Einstellung fern.

Das hellenistische Ehrenbild berühmter Toter hat nichts mit dem tyrrhenischen Ahnenporträt zu tun. Es ist, seinem Zweck entsprechend, nicht naturalistisch, sondern idealisiert. Das griechische Interesse für das Porträt im eigentlichen Sinne erwacht erst ziemlich spät.

Auch die Römer kannten eine merkwürdige Form des Totenporträts, die jedoch mit Kunst wenig zu tun hatte: In vornehmen römischen Geschlechtern herrschte die Sitte, von Angehörigen, die ein öffentliches Amt bekleidet hatten, nach deren Tode eine Wachsmaske anfertigen zu lassen. Dies war ein besonderes Vorrecht, das *ius imaginum*. Diese Totenmasken wurden von Generation zu Generation vererbt. Jedesmal, wenn wieder ein Familienmitglied starb, wurde es symbolisch von seinen Ahnen zu Grabe geleitet. Schauspieler übernahmen dann deren Rolle und fuhren, entsprechend verkleidet und mit der Wachsmaske vor dem Gesicht, als makabre Schar der verstorbenen Vorfahren vor dem Leichenwagen einher. Es ist durchaus möglich, daß dieser eigenartige Brauch, ebenso wie andere Schaustellungen, durch die Etrusker nach Rom gelangt war. Künstlerische Bestrebungen spielten vermutlich bei der Herstellung der römischen Ahnenmasken keine Rolle, während die Kanopenköpfe doch bereits einen schöpferischen Versuch zur Gestaltung von Abbildern der Toten darstellen. Kennzeichnend für die Kunst der Etrusker ist die Struktur dieser Gesichter, die nicht, wie bei den griechischen Bildwerken, aus dem Organischen entstanden scheint, sondern aus einer abstrakten geometrischen Form. Sparsame Linien und große Flächen fügen sich zu einem mehr ornamentalen als plastischen Ganzen von eindringlicher Wirkung, in dem der Bildner vielleicht schon wesenhafte Züge des Toten wiederzugeben suchte.

Im sechsten Jahrhundert endet die Sitte der Kanopen. Unter den späten Exemplaren gibt es einen Kriegerkopf von imponierender Würde. Mit seinem herb geschlossenen Mund, dem kraftvollen Kinn und den tiefliegenden Augen ist er schon eine Bildnisstudie von ungewöhnlich konzentriertem Ausdruck. Von ihm führt die Entwicklung in einer einzigen großen Linie zu dem als ein Porträt des älteren »Brutus« bezeichneten Bronzekopf im Kapitolinischen Museum von Rom.

Die antike Welt hat uns nicht viele ähnlich faszinierende Bildnisse hinterlassen. Auch in diesem Porträt aus der überfeinerten Epoche des vierten bis dritten Jahrhunderts walten noch die Gesetze aus alter Zeit, nach denen dieses Antlitz aus den stereometrischen Elementarformen aufgebaut wurde. Doch mit welcher Meisterschaft bedient sich der Künstler jetzt dieser Ausdrucksmittel, um das Wesen eines Menschen zu schildern und in ihm die Dramatik des Lebens selbst darzustellen!

Die Schwermut der Erkenntnis liegt um die fest geschlossenen Lippen dieses unvergeßlichen Gesichtes mit dem nach innen schauenden Blick. Geist und unbeugsamer Wille wohnen auf der gebuckelten Stirn über den starken Brauen und in der energischen Linie der edel geformten Nase. Die eigenartige Behandlung des Bartes und der Haare, deren flämmchenartige Anordnung an die charakteristische Stilisierung der Mähne bei den etruskischen Löwenfiguren erinnert, verrät noch immer die alte Vorliebe für das Ornamentale. In dieser trotz ihrer Intensität ganz unpathetisch, fast trocken wirkenden Darstellung fehlt der idealisierende Zug der hellenischen Kunst ebenso wie der reine Verismus der vorerst an die Wachsmaske des Toten anknüpfenden römischen Ahnenbilder. Der Ausdruckswille des etruskischen Künstlers ist durchaus auf das Geistige gerichtet. Es kommt ihm weit mehr auf das Erfassen des Seelischen, auf das Charakteristische, an als auf die äußere Ähnlichkeit. Diese Kunst steht der Gotik und der Frührenaissance im Grunde nä-

▲ *Tumulus 1, Banditaccia-Nekropole (7. Jh. v. Chr.), Cerveteri.*

▼ *Grabkammer in der »Tomba degli Scudi e delle Sedie« (7. Jh. v. Chr.).*

Bemalter Terracotta-Sarkophag der Larthia Seianti (3.–2. Jh. v. Chr.), Chiusi.

▲ *Bemalter Terracotta-Sarkophag aus Cerveteri (6. Jh. v. Chr.).*

▼ *Hüttenurne aus Vulci (um 700 v. Chr.).*

Bucchero-Doppelkrüglein in Gestalt eines Fabelwesens mit Reiter. (7. Jh. v. Chr.) Aus der Sorbo-Nekropole von Cerveteri.

▲ *Tanzszene aus der »Tomba del Triclinio« (um 475 v. Chr.), Tarquinia.*

▼ *Tanzendes Paar aus der »Tomba delle Leonesse« (um 525 v. Chr.).*

Athenafigur in bemaltem Hochrelief aus der Darstellung eines Kampfes zwischen Göttern und Giganten. Vermutlich vom Giebelfeld des Tempels A von Pyrgi (5. Jh. v. Chr.).

Goldene Trinkschale (7. Jh. v. Chr.), Bernardini-Grab, Palestrina ▼

▲ *Caeretaner Hydria (Wasserkrug, 2. Hälfte 6. Jh.).*

▼ *Kultkessel mit Topfguckern (um 675 v. Chr.), Bernardini-Grab*

Das sogenannte »Porträt des Älteren Brutus«, Bronzekopf aus dem 4.–3. Jahrhundert v. Chr.

her als der Zeit des Perikles. Sie ist der modernen Porträtkunst erstaunlich verwandt.

Die Gemeinsamkeiten zwischen tyrrhenischen Bronzeskulpturen und Werken der toskanischen Frührenaissance drängen sich besonders angesichts eines Jünglingshauptes auf, das sich im Museum von Florenz befindet. Dieses Werk, das etliche Jahrzehnte später als der Brutuskopf datiert wird, mit dem es aber die Behandlung des Haares und der ganzen Materie noch gemein hat, erinnert in seiner strengen Anmut und Sammlung überraschend an Jünglingsköpfe des Donatello und des Desiderio da Settignano.

Inwieweit das Erwachen uralter Impulse, das sich in der toskanischen Renaissance vollzieht, mit der unmittelbaren Anschauung antiker Kunstwerke in Zusammenhang stand, mag dahingestellt bleiben. Sicher haben Funde, wie etwa jener der Chimäre, die Künstler dieser Zeit auf das stärkste bewegt. Von Michelangelo gibt es eine Zeichnung, die den etruskischen Unterweltsgott mit dem Wolfshelm darstellt. Ein Beweis dafür, daß der Meister tyrrhenische Fresken kannte und sich künstlerisch mit ihnen auseinandersetzte. Auch Piranesi spricht später mehrmals mit Entzücken von etruskischen Grabfresken. Weit stärker noch als das Erlebnis antiker Kunstwerke aber dürfte sich in der toskanischen Renaissance ein schöpferisches Erbe, eine im Unbewußten fortlebende geistige Disposition ausgewirkt haben.

Die Begabung für das Porträt bleibt den Etruskern bis zum Ende ihres Bestehens. Zu einer Zeit, da die Malerei, die Töpferei und das Kunsthandwerk bereits in vollem Verfall begriffen waren, schuf man noch hervorragende Porträts. Der etruskische Naturalismus steigerte sich in ihnen manchmal bis zur Brutalität, ja ins Groteske und Karikaturhafte. Jenes Nachinnen- und Zurückschauen, das die geistige Haltung und die Kunst der Tyrrhener in ihrer Spätzeit kennzeichnet, drückt sich in den letzten beiden Jahrhunderten ihres Daseins als Volk in einem Wiederaufleben ganz früher Kunsttendenzen aus. Gleich wie ein halbes Jahrtausend zuvor bei den Kanopen alle Aufmerksamkeit des Bildners auf das Gesicht konzentriert wurde, tritt auch in der Endphase der Funerärplastik das Interesse am Körper so weit zurück, daß dieser, etwa bei den liegenden Figuren auf den Aschenkisten, nur mehr ganz nachlässig und schematisch angedeutet wird. Auf die meist unproportioniert kleinen Gestalten wird dann ein großes, verblüffend lebensvolles Haupt, eine unverkennbare Porträtstudie des Abgeschiedenen, gesetzt. Das Zurückgreifen auf die älteste Auffassung des Totenporträts ist ganz deutlich.

Die Kanopen machen übrigens im fünften Jahrhundert eine andere, zum Körperhaften führende Entwicklung mit. Sie werden von Sitzstatuen abgelöst, in deren hohlem Inneren man die Asche der Verstorbenen bewahrt. Im Gebiet von Chiusi haben sich solche Funerärstatuen in größerer Zahl gefunden. Sie stellen hauptsächlich Frauen dar und sind durch den düsteren Ernst des Ausdrucks und eine gewisse monumentale Schwerfälligkeit gekennzeichnet, die später auch für die Sarkophage aus dieser Gegend charakteristisch ist. Auf Tonsarkophagen aus dieser Zeit wird der Mann beim Gelage dargestellt, während seine Frau oder ein geflügelter weiblicher Dämon zu seinen Füßen sitzen.

Die etruskische Porträtkunst hat die römische nachhaltig beeinflußt. Nicht der magische Realismus der römischen Totenmasken noch der stets Idealbildnisse anstrebende Hellenismus haben letzten Endes die Hochblüte der augusteischen Kunst hervorgebracht. In der Schlichtheit und Großzügigkeit der Form, in der Würde und Verinnerlichung dieser besten römischen Kunst vollendet sich vielmehr das alte etruskisch-italische Erbe. Die am Trasimenosee gefundene lebensgroße Bronzestatue des tyrrhenischen Magistraten Aule Metele, die man den »Redner« getauft hat, macht dies deutlich. In diesem Bildnis, das im Archäologischen Museum von Florenz steht, einen sich etruskische Tradition und römischer Geist zu einer kraftvollen Synthese. Mit der feierlichen, sprechenden Geste des halberhobenen Armes und der edlen Ruhe des klar und streng geformten Antlitzes verkörpert diese Figur gleichsam das dem alten Etrurien entsteigende neue Römertum.

Später allerdings, in den letzten Jahrhunderten der römischen Antike, bestimmt der Hellenismus das römische Kunstschaffen. Doch gegen Ende des dritten Jahrhunderts nach Chri-

Abbildung 8

Gebälkverkleidung aus farbiger Terracotta von einem etruskischen Tempel (Beginn V. Jh. v. Chr.)

sti Geburt vollzieht sich etwas Seltsames: Die alte tyrrhenische Auffassung bricht in der Porträtkunst noch einmal mächtig durch und verdrängt den hellenischen Einfluß. Es gibt Porträts aus dieser Zeit, die ohne weiteres für etruskisch gehalten werden könnten.

So wirft in dieser entscheidenden Epoche, da sich vor dem Hintergrund der zerfallenden Antike wiederum eine neue Welt abzuzeichnen beginnt, der altitalische Genius noch einmal seine Werte in die Waagschale, um an ihrer und damit der Gestaltung des Abendlandes selbst schöpferisch teilzuhaben.

Clusium hat nicht nur auf dem Gebiet des Porträts und der Skulptur überhaupt Bedeutendes geleistet, sondern auch ein reiches Kunsthandwerk hervorgebracht. Von einer seltsamen, barbarisch anmutenden Kraft und Phantastik sind vor allem seine Buccherovasen. Die ältesten Gefäße sind jenen der Küstenstädte noch ähnlicher, dünnwandiger und mit zartem Dekor, der mit Hilfe eines Rollstempels eingedrückt wurde. Die großen Gefäße des *bucchero pesante* aber mit ihren Reliefverzierungen, dem plastischen Schmuck der Deckel und Krugränder, auf denen menschliche und tierische Figuren und Köpfe thronen, wirken barock überladen und ziemlich plump. Die weiß inkrustierten Ritzzeichnungen erhöhen den Eindruck üppiger Fülle. Die Reliefs auf den Gefäßwänden zeigen rituelle Tänze, Prozessionen oder auch Szenen aus griechischen Mythen. Auf vielen Deckeln sitzen Hähne oder Tauben, heilige Symbole oder vielleicht Personifizierungen der Totenseele.

In manchen Gräben fand man ganze Garnituren von verschiedenartigen Gefäßen und Schüsseln, die auf einem schweren Tontablett zusammengestellt waren und wohl sakralen Zwecken dienten.

Chiusi gehört zu den wenigen etruskischen Orten, an denen das aus den archäologischen Funden rekonstruierte Bild der tyrrhenischen Vergangenheit noch durch die Überlieferung ergänzt wird. Die Persönlichkeit des Königs Porsenna von Camars, der Rom um das Ende des sechsten Jahrhunderts v. Chr. wiederum unter etruskische Herrschaft zwang, war bedeutend genug, um tiefe Spuren in der Erinnerung der Römer und der Tyrrhener zu hinterlassen. In Porsenna verkörperte sich wohl für die Latiner noch einmal das jahrhundertealte Prestige der Etrusker, ihre kulturelle und kriegstechnische Überlegenheit. Livius berichtet, daß der Name »Clusium« allein schon den römischen Senat zittern ließ. Er gemahnte an die furchtbare Niederlage, die die Römer nach der Vertreibung der Tarquinier — gerade in dem Augenblick, als sie ihr Eigendasein kundgetan hatten — durch Porsenna erlitten. Das Zurücksinken unter das alte Joch erschütterte ihr Selbstgefühl sicher stark. Die Katastrophe wurde denn auch später nach Möglichkeit durch Legenden beschönigt und verklärt, nach denen Porsenna durch die heldischen Gesten des Horatius Cocles, des Mucius Scaevola und der Cloelia zum Abbruch der Belagerung Roms bewogen worden sei. Die Geschichte von Mucius Scaevola ist jedoch vermutlich das Plagiat einer gleichen Erzählung aus den Perserkriegen der Griechen. Dort war es Themistokles' Bruder Agesilaos, der die Hand ins Feuer steckte. Wahrscheinlich sollten diese heroischen Legenden die römische Nachwelt über die Tatsache hinwegtäuschen, daß die Römer dem etruskischen Sieger Geiseln stellen mußten. Aus den Berichten des Livius und des Tacitus geht deutlich hervor, daß Rom erstürmt wurde und mit seinem ganzen Hoheitsgebiet wieder unter tyrrhenische Botmäßigkeit geriet. Der Sieg sei so vollständig gewesen, daß den Römern jeder Gebrauch von Eisen für andere Zwecke als den Ackerbau verboten werden konnte.

Nicht nur die Kriegstaten des Königs Porsenna wurden märchenhaft ausgeschmückt, die Überlieferung bewahrte auch persönliche Züge dieses bedeutenden Autokraten, die ihn in seiner echt etruskischen Maßlosigkeit für die Nachwelt lebendig erhalten haben. Für seine hemmungslose, sehr orientalisch anmutende Prachtliebe zeugt der Bericht über sein Grabmal. Plinius zitiert folgende Schilderung des Varro: »König Porsenna liegt unter der Stadt Clusium begraben und hat ein Monument aus Quadersteinen hinterlassen, an jeder Seite 360 Fuß breit und 60 Fuß hoch. In dem rechtwinkligen, gleichseitigen Grundbau befindet sich ein Labyrinth, aus dem niemand ohne Knäuel den Ausweg finden kann. Über diesem Grundbau stehen fünf Pyramiden, vier an den Ecken, eine in der Mitte, jede an der Basis 75 Fuß breit, jede 150 Fuß hoch. Und jede trägt oben eine Bronzekugel. Über das Ganze ist eine eherne Scheibe gelegt, von der an Ketten Glocken herabhängen, die, wie einst die dodonäischen Kessel, beim Wehen eines Windes weithin ertönen. Auf dieser Scheibe erheben sich abermals vier Pyramiden, jede 100 Fuß hoch, und darüber wiederum auf einem Boden noch fünf Pyramiden.« Plinius fügt hinzu, daß die Sagen der Etrusker behaupteten, diese seien gleich hoch wie der ganze übrige Bau gewesen. Mit so toller Raserei habe der Erbauer Ruhm im Aufwand gesucht, der keinem nützen konnte. So habe er die Kräfte des Reiches erschöpft, um einem Künstler Ehre zu verschaffen.

Diese ebenso phantastische wie unklare Schilderung darf natürlich nicht wörtlich genommen werden, doch zeigt sie deutlich, daß das Mausoleum des Porsenna ein Bau war, dessen Formen und Maße außergewöhnlich genug waren, um die Einbildungskraft des Volkes für Jahrhunderte zu beschäftigen.

Man hat bis jetzt vergeblich nach dem gigantischen Grabmal gesucht. Seine Identifizierung mit dem sechs Kilometer von dem heutigen Chiusi entfernten Grabhügel von »Poggio Gaiella«, der einen Umfang von 250 Metern hat und eine Art Labyrinth aus Grabkammern in mehreren Etagen enthält, scheint nicht berechtigt.

Aus Darstellungen auf Aschenurnen wissen wir, daß es in der Tat Totenmäler gab, die auf einem steinernen Unterbau zwar nicht Pyramiden, aber Kegel oder Kegelstümpfe trugen. Im Volksmund nannte man sie vielleicht Pyramiden. Außerdem entspricht das archaisierende Grabmal bei Ariccia diesem Typ. Die Überlieferung teilt es dem Arunte, Sohn des Porsenna, zu, der in der etruskisch-latinischen Schlacht an diesem Orte fiel. In Wirklichkeit stammt das Monument aus dem ersten Jahrhundert v. Chr. Dieser heute noch guterhaltene Bau trägt auf einer hohen Basis aus Quadern vier mächtige Kegelstümpfe aus behauenen Steinen und erinnert ohne Zweifel an die Schilderung vom Monumentalgrab des Königs Porsenna. Sein Erbauer mag sich an altetruskischen Vorbildern inspiriert haben.

Die Legenden um das Totenmal des mächtigen etruskischen Herrschers unterstreichen die politische und kulturelle Bedeutung des Stadtstaates von Clusium. Tyrrhenisches, italisches und vielleicht noch älteres Volkstum brachten hier eine Zivilisation hervor, der die römische Kultur manche entscheidenden Impulse verdanken mag.

Das sagenhafte Mausoleum des Porsenna ist verschollen, und auch von den oberirdischen Bauten seiner Residenz Camars haben sich nur geringe Mauerreste erhalten. Aber der Boden des heutigen Chiusi ist noch von einem Netz unterirdischer Gänge durchzogen, die bis zu den entferntesten Punkten des Ortes führen. Heute benutzt man die Stollen vielfach als Keller. Auf Grund alter Klosterdokumente entdeckte man vor etlichen Jahren zehn Meter unter dem Domplatz der Stadt ein großes, durch einen Pfeiler gestütztes Gelaß. Ein bautechnisch bemerkenswertes ovales Gewölbe aus sorgfältig behauenen Travertinblöcken überdeckt den Raum, der vermutlich als Zisterne diente. Von den vielfältigen Bauten der alten Königsstadt hat sich nur das erhalten, was in der Tiefe des Felsens geborgen wurde.

Doch mag auch Camars verschwunden sein, das Leben hat hier niemals aufgehört wie an der tyrrhenischen Küste mit ihren Malariasümpfen. Tod und Verfall berührten diese fruchtbare Weinlandschaft, die einst durch die Etrusker kultiviert wurde, zu keiner Zeit. Seit Jahrtausenden bekränzen lichte Ölhaine die grünen Hänge rings um Chiusi. Große, alte Bauernhäuser stehen inmitten reicher Rebengelände. Manchmal sind ihre Dächer mit pinienzapfenartigen etruskischen Grabsteinen gegen den Wind beschwert. Mit der gleichen Unbefangenheit hat man auch da und dort eine tyrrhenische Aschenurne als Eckstein in eine Hausmauer verbaut oder einen schweren Steinsarkophag, auf dem noch verwitterte Schriftzeichen zu sehen sind, als Viehtränke aufgestellt.

Die Felskammergräber von Camars ruhen im Herzen der blühenden Hügel wie freundliche Behausungen. Manche von ihnen, wie das »Grab des Großherzogs«, haben schöne Tonnengewölbe aus langen, haarscharf aneinandergepaßten Travertinblöcken. Auf den Steinbänken längs der Wände stehen teilweise noch die Aschenkisten mit den würdevollen Gestalten der Verstorbenen auf ihren Deckeln.

Die intimste und anmutigste aller Totenwohnungen von Chiusi ruht unter den Wurzeln einer riesigen Pinie. Ihre schwere Pforte aus Travertin, deren immer noch vollkommen bewegliche Flügel oben und unten mit plumpen Zapfen in Vertiefungen im Fels eingesetzt sind, öffnet sich mit dumpfem Dröhnen in das Atrium des unterirdischen Hauses. In den Morgenstunden dringen die schrägen Sonnenstrahlen bis ins Innere des Grabes, das man *tomba Casuccini* getauft hatte. Heute wird es *»tomba del colle«*, »Grab des Hügels« genannt. Der warme Sonnenglanz erfüllt seinen Hauptraum mit freundlichem Licht, und es scheint, als wäre dieses Totenhaus nicht 2500 Jahre alt, sondern gerade erst als gastliche Wohnstätte für ein liebendes Paar bereitet worden. Die Farben der Wandbilder leuchten in unverwelkter Frische, die Wände sind glatt und ohne Risse, wie in einer neuen Wohnung. Die Linien und Kanten der im Tuff nachgebildeten Balkendecke mit ihren kunstvoll eingeschnittenen und ausgemalten Kassetten, die wir dann in den toskanischen Renaissancepalästen wiederfinden, sind völlig unversehrt.

Rund um den Raum läuft ein breiter, gemalter Fries. Er entstand im fünften Jahrhundert, als die archaische Malkunst bereits alle ihre Formeln souverän beherrschte und sich zu müheloser Grazie gelöst hatte. Schlanke Pferde mit kleinen, rassigen Köpfen jagen, von eleganten Jünglingen gelenkt, im Wagenrennen dahin. Die verstorbenen Besitzer des Grabes lagern im Kreise ihrer Angehörigen heiter beim Festmahl und freuen sich an den Spielen und Tänzen junger Männer und Mädchen. Eine der Tänzerinnen mit reichen schwarzen Locken ist von besonderer, zugleich kräftiger und geschmeidiger Schönheit. Ihre Tracht erinnert an mittelalterliche Pagenkostüme. Die Farben der Gemälde, die hier unmittelbar auf den feuchten Tuff aufgetragen wurden, haben der Zeit in erstaunlicher Weise standgehalten.

Hinter dem Atrium, das wohl ausschließlich für die Feiern zu Ehren der Toten bestimmt war, liegt nur eine einzige Kammer mit zwei Bänken. Dies war das Schlafgemach des Paares, das hier zu ewiger Ruhe vereint war. Verblaßte Fresken zeigten nackte Jünglinge, die musizierend zwischen Olivenbäumchen wandeln. Vielleicht stellen sie die Geister der Toten in den seligen Gefilden dar.

Außer in der *tomba Casuccini* haben sich nur noch in einem einzigen der in verschiedenen Epochen entdeckten ausgemalten Gräber von Chiusi die Fresken erhalten. Zum Unterschied von dem eben geschilderten Totenhaus liegt dieses in großer Tiefe in einem Hügel verborgen. Es gelang niemals, seinen wirklichen Eingang aufzufinden. Man stieß anfänglich bei Erdarbeiten auf einen senkrechten Schacht, den die Etrusker vielleicht für Nachbestattungen angelegt hatten. Jahrelang war dies der einzige Zugang zur Gruft, bis man schließlich eine aus Ziegeln gemauerte Stiege baute, über deren 27 Stufen man heute in die weitläufige, aus vier Kammern bestehende Grabanlage hinabsteigt. Die Fresken schmücken vor allem den ziemlich großen Hauptraum. Sie sind von einer gewissen Derbheit der Konturen und Farben, fast etwas bäuerlich. Auch der Inhalt der Darstellungen drückt ländlich unbefangene Lebenslust aus. Es ist eine Art Volksfest, was sich da an den Wänden abspielt, ein buntes Jahrmarktgetriebe mit Gauklern, Ringkämpfern, Akrobaten, einem dressierten Äffchen und sogar einem Zwerg. Die Tote, zu deren Ehre sich all diese Artisten und Schausteller bemühen, wohnt den Vorführungen, auf einem Stuhl mit Fußbänkchen sitzend, im Schutze eines flachen Schirmes mit würdevoller Miene bei.

Dieselbe urwüchsige Begabung und Wesensart, die sich in den Kanopen, den Buccherogefäßen und den schwerfälligen, doch ausdrucksvollen Skulpturen kundtut, spricht auch aus den Gemälden im »Grab des Affen«, die etwa aus der Mitte des fünften Jahrhunderts stammen.

Was der in Camars beheimateten Kunst an Eleganz und Geschmack etwas abgeht, ersetzt sie durch ihre Unmittelbarkeit und Wucht, ihre überquellende dekorative Phantasie. Diese Kunst ist nicht immer schön, aber sie ist stets echt, und deshalb wirkt sie so stark und nachhaltig. Im ungelenken Versuch der Kanopenporträts von Clusium zeichnet sich der Beginn einer künstlerischen Entwicklung ab, die auch heute noch für das Abendland von Bedeutung ist.

Ein dunkler, warmer Glanz liegt über der vulkanischen Landschaft Inneretruriens. Ihre schwermütige Schönheit hat etwas Elementares. Man fühlt noch die Urkräfte, die sie geformt haben, unter der dünnen, vergänglichen Schicht menschlicher Zivilisation, die ihr Wesen kaum berührt hat. Das satte Braunrot des Tuffs ist der Grundton der Landschaft. Vor dieser lebendig glühenden Farbe steigern sich das Grün der Wiesen, das herbstliche Gold der Laubwälder, der Metallschimmer der runden Kraterseen zu intensivstem Leuchten.

Der Weg in das Herz Etruriens führt auch heute durch den Engpaß von Sutri. Er liegt fast genau in der Mitte zwischen dem Bracciano- und dem Vicosee, in die Ausläufer des Ciminischen Waldgebirges eingebettet. In der zuvor recht flachen, lieblichen, aber eintönigen Gegend öffnen sich hier plötzlich wasserdurchrauschte Schluchten. Aus ihrer Sohle steigen steile Tuffsockel, auf denen verwitterte Ortschaften kauern. Im Lauf der Jahrtausende hat das Wasser das weiche Gestein geformt und eine höchst eigenartige Szenerie geschaffen. Talwände und Felsklippen wirken hier wie architektonische Gebilde von elementarer Strenge und Größe. Kein Fels ist nachgiebiger und lebendiger als Tuff, der fast noch Erde scheint und nichts von der Kälte und Härte anderen Gesteins besitzt.

Die Städte der lebenden und der gestorbenen Tyrrhener wuchsen wunderbar organisch aus diesem Stein; ihr Bau fügte sich oft seinen natürlichen Formen. Die Zyklopenmauern der Etrusker waren meist nur Ergänzung und Vollendung gewachsener Bastionen. Ihre Gräber paßten sich den natürlichen Grotten der Talhänge oder der Gestalt herabgestürzter Felsblöcke an, aus denen man z. B. eine Würfelform schälte. Die besondere Gestalt der einzelnen Täler wurde oft bestimmend für die Art der Anlage der Felsnekropolen.

Auch Sutri scheint mehr ein gewachsenes Gebilde als ein von Menschenhand gebauter Ort. Seine enggedrängten, dunklen Häuser werden immer noch von den Resten der einstigen etruskischen Mauer zusammengehalten. Der Ort ist heute ungefähr gleich groß wie zur Zeit, da er den Zugang nach Inneretrurien verteidigte. Von den Befestigungswerken des alten Grenzforts ist wenig geblieben, und die römische Geschichte hat auch die Namen ihrer mutigen Verteidiger verschwiegen. Nur der Name des Eroberers von Sutri, Furius Camillus, des ersten großen Feindes der Tyrrhener, blieb lange in einem der alten Stadttore, das man *Porta Furia* getauft hatte, erhalten.

Die Toten haben auch hier, wie überall in Etrurien, tiefere Spuren hinterlassen als die Lebenden. Ihre Grabkammern klaffen in langen Reihen in den Talwänden gleich dunklen Augenhöhlen. Verwitterte Giebeldreiecke, die über den Eingängen aus dem Fels gemeißelt sind, verraten noch einstige architektonische Ausschmückung. Eine ferne Erinnerung, daß dies heilige Stätten waren, mag die Bewohner von Sutri veranlaßt haben, in manche dieser Giebel Madonnenbildchen zu hängen.

Die weit in die Urzeit zurückreichende, in der Antike und noch im Mittelalter fortwirkende Tradition von der Heiligkeit gewisser Orte ist in den abgelegenen Gebieten Inneretruriens lange lebendig geblieben. Der in prädeistischen Vorstellungen wurzelnde Menschheitsglaube an eine manchen Orten innewohnende »Kraft«, der einmal zur Entstehung der meisten Heiligtümer führte, bewahrte sich bis in die christliche Ära. Es war Absicht, wenn man im Mittelalter mit Vorliebe Kirchen über heidnischen Kultstätten errichtete. Damit wurde nicht nur der Sieg Christi über die heidnischen Gottheiten demonstriert, sondern auch die im Volk lebende Tradition im Dienst der neuen Religion weitergeführt. Erst der Rationalismus der Renaissance zerriß die viele Jahrtausende alte Kette mystischer Überlieferung. Nicht mehr die Heiligkeit eines Ortes veranlaßte von da an den Bau einer Kirche, sondern erst das Gotteshaus heiligte die Stelle, auf der es stand.

Sutri besitzt in seiner Felskirche der *Madonna del parto* ein höchst merkwürdiges Beispiel für die christliche Übernahme heidnischer Kultstätten. Ein geräumiges, langgestrecktes Hypogaeum aus der etruskischen Spätzeit mit ihren Massenbestattungen wurde hier zu einem Gotteshaus, das der »Madonna del parto« geweiht ist.

Die Form des ehemaligen Grabes wurde kaum verändert. Man brach nur einige Fensteröffnungen in den meterdicken

Stein durch die spärliches Licht in das Heiligtum dringt. Hinter einem Vorraum mit Spuren byzantinischer Fresken öffnet sich ein schmales, in einer ausgemalten Apsis endendes Gewölbe. Diese primitive Basilika wird durch zwei Reihen roher Pfeiler in drei Schiffe geteilt. Die – ebenso wie die Pfeiler – aus dem gewachsenen Stein herausgehauenen Bänke, auf die die Etrusker ihre Verstorbenen legten, sind noch vorhanden. Selbst die vermoderten Knochen der tyrrhenischen Toten erhielten im Vorraum eine Freistätte. So eint sich Heidnisches und Christliches hier friedlich unter dem sanften Lächeln der Muttergottes, die in verblaßten Farben in der Apsis thront.

Der mächtige Tuffblock, der gleich einer Bienenwabe von den etruskischen Totenbehausungen durchhöhlt ist, umschließt auch ein tief in seinen Schoß eingegrabenes Amphitheater. Die Entstehungszeit dieser Anlage, deren Ränge und Laufgänge aus dem gewachsenen Stein gehauen sind, ist umstritten. Sie wurde wohl unter römischer Herrschaft und ziemlich spät geschaffen, doch zeigt sie noch alle Merkmale tyrrhenischer Bautechnik. Die zerbröckelnden, vom Regen abgeschliffenen Stufen des schönen Ovals sind mit hohem Gras bewachsen. Breitwipflige Steineichen beschatten seinen oberen Rand.

Hier sammelten sich vor Jahrtausenden die Einwohner der zahlreichen umliegenden Siedlungen, um den Leichenspielen beizuwohnen, die man für vornehme Tote abhielt. Als diese feierlichen Spiele zu Ehren der chthonischen Gottheiten, bei denen die Grausamkeit einstiger Menschenopfer zu Zweikämpfen gemildert war, im kaiserlichen Rom zu rohen Schaustellungen entartet waren, gab es wohl auch hier die üblichen Gladiatorenkämpfe. An die einstige kultische Bedeutung der Vorführungen erinnerte dann nur noch eine von Tertullian aus Rom berichtete Sitte. Er erzählt, daß die mit der Feststellung des Todes der Gladiatoren beauftragten Personen in den Masken des Hermes und des *Dispater* aufgetreten seien. Der Hermes trug ein glühendes Eisen, der *Dispater* aber einen Hammer wie der etruskische Charu, der Künder und Vollstrecker des Todes.

Dank seiner strategisch wichtigen Lage an der Via Cassia behielt Sutri auch unter den Römern und später im Mittelalter eine gewisse Bedeutung. Im achten Jahrhundert gelangte es in den Besitz der Kirche, die hier mehrere Konzilien abhielt. Einmal rastete auch Kaiser Barbarossa auf diesem Fels, um sich hier mit Papst Hadrian IV. zu treffen.

Heute aber gleicht das verschlafene Städtchen nur noch einem Strandgut der Geschichte, das vom Meer der Zeit ans Ufer gespült und vergessen wurde. Wie leiser Wellenschlag längst verebbter Stürme umrauschte es die Legende, und keine Narbe zeugt mehr von den Kämpfen, die hier Römer und Tyrrhener ausfochten. Die Überlieferung berichtet, daß Sutri damals an einem einzigen Tage zweimal erobert und wieder verloren worden sei. Die etruskischen Priester hätten sich im Verlauf dieser Kämpfe selbst an die Spitze der Truppen gestellt und sollen, brennende Fackeln und Schlangen schwingend, die Römer in die Flucht geschlagen haben. Trotzdem trug die kühne, kalt überlegene Strategie der Römer schließlich den Sieg davon. Auf dem 1200 Meter hohen Monte Cimino meldet eine Steintafel in dem Buchenwald, der seinen Gipfel gleich einem säulengetragenen Dome überwölbt, daß sich hier das römische Heer durch die Bergwildnis einen Zugang zu Inneretrurien bahnte.

Zu dieser Zeit hatten die Römer schon lange nichts mehr von der tyrrhenischen Kriegskunst zu erlernen. Dreihundert Jahre früher war dies anders. Damals traten die Etrusker mit einer nach orientalischem Muster entwickelten komplizierten Bewaffnung und fortgeschrittenen Kriegstechnik in die italische Geschichte ein. Bis zum Ende des sechsten Jahrhunderts v. Chr. benützte der Adel Streitwagen, danach gab es ausschließlich Kavallerie und Infanterie, die in drei Ränge eingeteilt waren. Ohne Zweifel erhielten die Römer zum ersten Mal eine straffe militärische Schulung durch die Tyrrhener, auf die vermutlich die dreifache Gliederung der römischen Legionen in *velites, principes* und *triarii* zurückging. Die Überlieferung schreibt Servius Tullius die Neuordnung des römischen Heeres zu. Von den Etruskern übernahm man noch das Kämpfen in geschlossenen Reihen und die Lanzenphalanx. Wahrscheinlich wurde auch die römische Kavallerie von den Tyrrhenern herangebildet, die berühmte Gestüte besaßen. Pferdeskelette aus Gräbern haben gezeigt, daß ihre Pferde von westasiatischer Rasse waren und keine Abstämmlinge der europäischen Pferde von niedriger

Statur. Mit dem Verfall der etruskischen Kultur gingen auch die orientalischen Pferderassen verloren, und es dauerte Jahrhunderte, ehe die Römer wieder bessere Rassen züchteten. Die edlen Pferde, die wir aus der etruskischen Kunst kennen, gab es jedoch nicht mehr.

Die Reichhaltigkeit der Bewaffnung spiegelt die Vielfalt der Formationen eines etruskischen Heeres. Sehr verschiedene Helmformen kamen bereits in frühen Gräbern als Totenbeigaben ans Licht. Neben runden Kalottenhelmen, die auch mit beweglichem Wangen- und Nackenschutz versehen sein konnten, gab es die imposanten Helme mit quergestelltem dreieckigem Kamm, die schon auf den Ascheurnen der Villanovakultur erscheinen und später korinthische Helme, die mit einem Federbusch oder einem Roßschweif geziert waren. Die runden, elliptischen, manchmal auch viereckigen Schilde waren aus Leder, Holz, Kupfer und Bronze. Brustpanzer, Arm- und Beinschienen, ursprünglich aus starkem Leinen, später aus Bronze, schützten den Körper. Zu den Angriffswaffen gehörten verschiedene Lanzen, Wurfspieße und in der Frühzeit auch die mythische Doppelaxt der alten Mittelmeervölker sowie kurze, massive Schwerter, Degen, Dolche und Armbrüste. Getriebene Ornamente, Fabeltiere und selbst figurenreiche mythologische Szenen schmückten Helme, Schilde und die Streitwagen, die von den Etruskern eingeführt, später aber nur mehr sportlich verwendet wurden. In 2 Gräbern von Populonia gehörten Wagen und Pferde zu Bestattungen. 1968 wurde in der Nekropole von Castro am Oberlauf der Fiora, die zu einer bedeutenden etruskischen Stadt, vielleicht dem verschollenen Statonia gehörte, bei den Ausgrabungen des belgischen Archäologischen Institutes in Rom ein reich mit Treibarbeit geschmückter Bronze-Streitwagen aus dem 6. Jahrhundert gefunden, und auch an anderen Orten kamen Reste solcher Prunkgefährte ans Licht. Der berühmteste Fund auf diesem Gebiet stammt aus der Gegend von Spoleto und ist im Besitz des Metropolitan-Museums in New York. Die Vorderseite dieses prachtvollen Wagens, der zu den besterhaltenen Metallarbeiten der archaiischen Zeit gehört, zeigt Thetis, die Achilles Schild und Helm überreicht. Auf den Seitenteilen sind ein Streitwagen mit Lenker, von Flügelrossen gezogen, und eine Kampfszene zu sehen. Eine meisterhafte Komposition eint sich mit lebendiger Darstellung und technischer Vollendung. Zu den Kriegsgeräten der Tyrrhener gehörten schließlich noch Trompeten, die angeblich von den Etruskern erfunden wurden.

Hinter Sutri, das durch die Arterie der Via Cassia immerhin noch in den Rhythmus des heutigen Lebens einbezogen erscheint, erstreckt sich, abseits der großen Straßen, das einsame etruskische Land. Seit dem Untergang der Tyrrhener, die es zu einem dicht besiedelten Kulturboden gemacht hatten, versickerte sein Leben mehr und mehr. Die blühenden, wohlbefestigten Orte über den Tuffschluchten zerfielen, die Wildnis deckte sie langsam zu. Die einst sehr fruchtbare Erde verdorrte oder versumpfte durch die Vernachlässigung der Bewässerungsanlagen. Die Menschen verließen allmählich dieses Land; die Toten aber verblieben in ihren Felsgräbern.

Nur ein Teil der einst von den Tyrrhenern gegründeten Orte ist auch heute bewohnt. Die bedeutende etruskische Stadt Sovana, die im Mittelalter noch einmal als Bischofssitz eine Blüte erlebte, hat jetzt kaum dreihundert Einwohner. Unter Tags ist der Ort fast menschenleer. Jedermann ist auf Eseln und Maultieren hinaus auf die oft zehn Kilometer weit entfernten Felder geritten. Der Italiener ist von Natur aus Städter und liebt es, eng zusammengedrängt zu wohnen. Einzelhöfe kennt man hier kaum, obwohl die Arbeit durch die Entfernungen sehr erschwert wird.

Es hat etwas Gespenstisches, um die Mittagszeit durch die breite, leere Hauptstraße von Sovana zu wandern. Der Ort hat mit seinen imposanten Mauern, zwei mittelalterlichen Schloßruinen und schönen, doch langsam zerfallenden romanischen Kirchen noch den Aspekt einer Stadt. Die Rathausfassade ist mit vielen Wappenschildern vornehmer Geschlechter geschmückt. Aber ihre Nachkommen sind längst nicht mehr hier; die Stadt ist tot. Nur abends erwacht sie ein wenig aus ihrer Starre. Dann kehren die Bauern von der Arbeit heim, und ihre schwerbeladenen Reittiere trinken der Reihe nach am Dorfbrunnen. Auch die Weiber kommen dann mit ihren elegant geformten Kupferkrügen, deren Ausguß manchmal in einem zierlichen Entenkopf endet, der an etruskische Bronzearbeiten erinnert. Doch dieses geringe Leben verlischt bald wieder mit der Dunkelheit, und es wird kaum weniger still als in dem breiten Totental, das die Höhe von Sovana umschließt.

Ein üppiger Dschungel hat dort unten die Fassaden der etruskischen Gräber überwuchert und zerfressen. Nur ein dämonisches Meerwesen, eine Sirene, ist noch zwischen Efeugerank zu erkennen, der übrige Reliefschmuck der architektonisch gestalteten Grabeingänge ist weitgehend zerstört, allein ihre dunklen Öffnungen sind geblieben.

Die Atmosphäre von Sovana ist charakteristisch für noch manchen anderen dieser über etruskisch-römischen Ruinen errichteten Orte, die nur mehr ein halb vegetatives Dasein führen. Fast alle sind sie von weitem nicht sichtbar; denn diese etruskische Landschaft scheint von ferne vielfach nur eine Folge leerer, leicht gewellter Flächen. Nichts verrät die gähnenden Risse, das Labyrinth der Totentäler, das sie durchzieht.

Barbarano Romano in der Nähe von Viterbo gleicht auf seiner schwer zugänglichen Klippe einem finsteren Raubvogelhorst. Die chaotisch ineinandergeschachtelten Häuser stammen meist aus dem fünfzehnten Jahrhundert. Mit ihren kubischen Formen und den steilen Außenstiegen scheinen sie Nachkommen des etruskischen Hauses.

Die Menschen von Barbarano Romano und anderen ähnlichen Dörfern Inneretruriens wissen wenig von der Welt draußen. Der dumpfe, erdnahe Kreislauf ihres Daseins hat sich seit undenklicher Zeit kaum geändert. Halbnackte Kinder beobachten die Fremden, die sich manchmal zu ihnen verirren, mit zugleich scheuem und gespanntem Blick; die Männer sind hager und wortkarg. In ihren tiefliegenden Augen wohnt die Resignation jahrtausendelanger Armut. Die Frauen tragen schwarze Gewänder und Kopftücher. Gegen Abend stehen sie in kaum bewegten Gruppen gleich Versammlungen dunkler Vögel auf dem Hauptplatz.

Die Hauptstraße von Barbarano Romano führt quer durch den Ort zum äußersten, senkrecht abfallenden Ende der Felshöhe. Hier stand wohl die etruskische Burg. Der Boden ist noch ganz von unterirdischen Gewölben durchzogen, die damals als Vorratskammern oder Kerker dienten. Jetzt hausen schwärzliche Schweine darin.

Von der Geschichte ihrer Vorfahren wissen die Dorfbewohner wahrscheinlich nicht viel, doch hüten sie mit der Beharrlichkeit archaischer Menschen manches Brauchtum aus heidnischer Zeit. Das Andenken der Verstorbenen wird in diesem Lande, das einst einen grandiosen Totenkult hervorbrachte, auch heute auf mancherlei Art geehrt. In Barbarano wie im nahen Vetralla werden am Allerseelentag große, blumengeschmückte Bilder der Abgeschiedenen feierlich auf deren Gräber getragen. Dann spielt sich vor diesen eine merkwürdige Zeremonie ab: Einige alte Frauen übernehmen das Vermittlungsamt zwischen Diesseits und Jenseits und halten eine Art Zwiegespräch mit den Toten. Sie rufen sie beim Namen und stellen Fragen, die sie selbst dann auch für die Verstorbenen beantworten. Man erkundigt sich nach ihrem Ergehen und nach ihren Wünschen. Man tröstet sie, falls sie im Fegefeuer schmachten, und ziehen auch den lieben Gott wie den Teufel oft auf ergötzliche Weise in diese Dialoge hinein. Die Hinterbliebenen erhalten meist zum Schluß die Versicherung, daß die verstorbenen Familienmitglieder bald der Freuden des Paradieses teilhaftig würden.

Voll Poesie ist ein anderer, auch hier beheimateter Glaube, daß die Toten in der Allerseelennacht in einer Lichterprozession über Land zögen. Kein Grablämpchen darf daher um diese Zeit ohne Öl bleiben. Ohne Licht müßte der arme Tote sonst unbemerkt vor dem Herrn vorbeiziehen.

In dem Barbarano benachbarten Bieda, dem einstigen etruskischen Blera, gehen die Kinder unter neun Jahren am 1. November, um die *carità dei morti,* d. h. Lebensmittelgaben für die Verstorbenen, einzusammeln. Auch dies beruht wohl auf einer Erinnerung an die Sitte der Speiseopfer für die Toten.

Die *devotio* der Etrusker, die uralte magische Verfluchung, ist hier ebenfalls noch im geheimen gebräuchlich. Die Tyrrhener vollzogen sie, indem sie beschriebene Täfelchen, auf denen die verhaßten Personen den Unterweltsgöttern und Dämonen anempfohlen wurden, in die Erde vergruben. Die Bodenforschung hat zahlreiche solche Täfelchen wieder ans Tageslicht gebracht. Heute legen die Nachkommen der Etrusker die Verwünschungen zwar nicht mehr schriftlich nieder; sie werden dafür aber über gewissen Objekten, wie einem Kleiderfetzen, einer Haarlocke der zu verfluchenden Person ausgesprochen. Die dadurch zu Zaubermitteln gewordenen Dinge werden dann in die Erde, noch besser unter die Hausschwelle des Feindes vergraben, damit die dämonischen Kräfte Macht über ihn erlangen.

Zum ältesten bäuerlichen Traditionsgut gehört naturgemäß die Beschwörung der die Feldfrucht gefährdenden Unwetter. Hier läßt sich sicher mancher Brauch letztlich auf die Tyrrhener zurückführen, die so große Experten in der Blitzbeschwörung waren. Vom etruskischen Ritus wissen wir, daß der *fulguriator* jedesmal nach einem Blitzschlag den betreffenden Ort reinigen, die Spuren des Blitzes sammeln und die getroffene Person oder Sache mit diesen unter leisen Gebeten beerdigen mußte. Ein Opfer beschloß die Zeremonie. Das sogenannte »Blitzgrab« blieb ein geweihter Ort. In der Urzeit wurde der zürnende Blitzgott vermutlich auch durch Menschenopfer beschwichtigt. In geschichtlicher Zeit wurden ihm Eselsopfer gebracht, auch stellte man Eselsschädel gegen die Blitzgefahr auf. Dieser Brauch lebt jetzt noch beinahe unverändert im Bereich der Sabinerberge fort. Dort spießen die Bauern Esels- oder Schafsschädel auf kleine Bäume oder Rebstützen, um Blitz- und Hagelschlag von ihren Feldern fernzuhalten. Dieselbe Sitte kommt noch auf Zypern und in der Gegend von Halikarnassos (Bodrum) in Kleinasien vor.

In den Gebieten um den Monte Cimino ist das »Blitzbeschreien« üblich. Beim Herannahen eines Unwetters werden hier von den Weibern mit gellender Stimme magische Sprüche über die Fluren gerufen. So weit die Stimmen reichen, bleiben nach dem Volksglauben die Felder verschont. Der Inhalt der Zaubersprüche ist eine scheinbar sinnlose Wortanhäufung. In einem dreht es sich z. B. um Hähne und Messer. Möglicherweise sind darin irgendwelche Reminiszenzen an etruskische Zauberformeln enthalten, die wir heute nicht mehr unterscheiden können.

Mancherlei Zauberei zur Heilung von Krankheiten und Gebrechen ist ebenfalls noch in diesen Gegenden üblich. Ihre Formeln sind um einen Grad weniger primitiv, als sie es zur Zeit tyrrhenischer Medizinmänner waren, aus deren Repertoire wir einen Spruch zur Heilung eines kranken Fußes kennen. Der Leidende mußte ihn nüchternen Magens siebenundzwanzigmal hintereinander absingen und zum Schluß die Erde berühren und darauf spucken.

Von Barbarano führt ein steiler Weg hinab in das Gewirr der Schluchten, die sich immer wieder in neuen Abzweigungen verästeln. So karg die Hochflächen in diesem Teil Inneretruriens oft wirken, so reich wuchert das Leben in der feuchten Tiefe. Im Frühling sind die Täler leichter zugänglich. Ihre Wildheit ist dann durch die zarten Farben des jungen Laubes, die goldenen Flecken großer Primelnester und an breiteren Stellen auch durch das fette Gelbgrün keimender Gemüseäcker gemildert. Ziegenhirten mit zottigen Fellhosen, die sie als faunische Waldwesen erscheinen lassen, lagern hier und dort in der schattigen Wölbung eines etruskischen Felsgrabes. Bei Regenwetter und auch oft bei Nacht bieten ihnen diese Totenbehausungen Unterkunft. In den hochgelegenen, unzugänglichen Gräbern aber, in die die Leichen vermutlich durch senkrechte Schächte vom oberen Schluchtrand hinabgelassen wurden, nisten Falken und Bussarde, deren traurige Schreie langgezogen von den Felswänden widerhallen. Im Sommer sind die Eingänge der tyrrhenischen Grüfte von undurchdringlichem Gestrüpp verborgen. Der ganze Talgrund wuchert dann in tropischer Üppigkeit. An den schmalen Stellen der Schluchten formen bemooste Riesenbuchen und andere Bäume, deren Kronen der Efeu unlöslich ineinander verstrickt hat, dichte Gewölbe. Wildbäche fließen darunter, bilden kleine Wasserfälle oder erweitern sich zu stillen, chrysolithgrünen Bassins, in denen schattenhaft die Fische huschen. Ungeheure Lattichblätter und dolchförmige, wie lackiert glänzende Farnkräuter, die in dichten Sträußen zwischen und auf den Felsblöcken wachsen, erhöhen noch den Eindruck einer unterweltlichen Dämmerlandschaft. Hoch über der schwül brütenden Wildnis der Talsohle aber flammt der Ginster auf den Vorsprüngen der Felsen, deren Braunrot die sengende Sonne zu rosa und mattgoldenen Tönen bleicht.

Noch immer führen die alten tyrrhenischen tunnelartig in die fast senkrechten Tuffwände geschnittenen Straßen aus dem Grund der Schluchten hinauf zu den leeren Hochflächen, die einmal Städte trugen. Deren große Zahl läßt sich nur noch aus den endlosen Nekropolen dieses Gebietes erraten. Die Totenwohnungen sind vielfach in mehreren Stockwerken übereinander in die steilen Felswände gehöhlt oder durchziehen sie in kilometerlangen Reihen. Viele sind vom Talgrund aus gar nicht erreichbar. Manche scheinen nur Nischen in der Tuffwand oder Tore mit der rituellen T-förmigen Umrahmung; andere aber haben die Landschaft durch ihre imposante Architektur wesentlich verändert. Über dem in den Fels geschachteten Grab sind dann große Würfelbauten aus dem Tuff geschnitten, die oben abgestuft sind wie ein Cippus und stark profilierte Umrahmungen haben. Diese Totenmale mit ihren hohen Scheintüren, in die der echte Eingang, wenn überhaupt, nur klein hineingeschnitten ist (manchmal führt auch ein Stollen darunter in die Gruft), wirken ähnlich feierlich monumental wie die Riesenhügel des ausgehenden siebten Jahrhunderts.

Auf einer der verlassenen, in alter Zeit von den Tyrrhenern bewohnten Höhen nahe von Barbarano, erhebt sich heute unter rauschenden Eichen das halbzerstörte Kirchlein von San Giuliano. Seine schwerfälligen romanischen Tuffsäulen mit den blattähnlich nach zwei Seiten eingerollten Kapitellen könnte ohne weiteres aus einem etruskischen Hypogaeum stammen. In den Talwänden, die der Höhe mit dem Heiligtum von San Giuliano gegenüberliegen, ist der größte etruskische Friedhof dieser ganzen Gegend untergebracht. Er muß Tausende von Gräbern enthalten haben. Ihre hohen, skulptierten Überbauten sind zum Teil verwittert und herabgestürzt. Der riesenhafte Kubus der »tomba della Regina«, dessen Schaufläche zwei imposante Torrahmen schmücken, aber lehnt sich noch unversehrt an den Hang. Sein Oberbau aus mehreren Stufen, die mit Hohlkehlen umrandet sind, gleicht einem Sockel. Es mag wohl sein, daß auf diesem einst ein Cippus stand, einer jener Steine in Pinienzapfen-, Pilz- oder Kopf-Form, die vielfach über den etruskischen Grabmalen thronten. Bei Vulci und Ferentum fanden sich Cippen, die Würfelgräber imitieren und so deren Denkmalcharakter bestätigen. Es wäre sicherlich falsch, in diesen Monumenten eine Nachahmung von Hausformen zu sehen.

Das kleine Heiligtum von San Giuliano ist nicht das einzige, das im Bereich etruskischer Felsnekropolen errichtet wurde. Häufig finden sich mittelalterliche Kapellen gerade an solchen, von dunklen Legenden umwobenen Orten. Sie sollten vielleicht zur Bannung der Geister und Dämonen dienen, die man sich friedlos über den Ruinen der heidnischen Städte irrend dachte. In manchen Sagen aus dieser Gegend kehrt das christliche Erlösungs- und Entsühnungsmotiv im Zusammenhang mit etruskischen Stätten wieder. Besonders San Vivenzio, der Schutzheilige von Bieda, spielt in diesen Überlieferungen eine bedeutende Rolle. Er soll einst einen in der sogenannten »Drachengrotte«, einem tyrrhenischen Totenhaus, wohnenden Lindwurm erlegt haben. Dieses Ungeheuer hätte alljährlich zwei Jungfrauen aus dem Städtchen als Opfer verlangt. Es ist bezeichnend, daß dieses Fabelwesen gerade an einem den Unterweltsgewalten gehörenden Orte lokalisiert war. Hier waren vielleicht noch Erinnerungen an das von Drachen und schrecklichen Dämonen bevölkerte Inferno der Etrusker wirksam.

Die großartigste aller dieser Felsnekropolen um den Monte Cimino befindet sich etwa acht Kilometer von dem Ort Vetralla in einer vollkommenen Einöde. Die Tyrrhener hatten hier ein gewaltiges, von der Natur durch das Zusammentreffen zweier Schluchten gebildetes Amphitheater in einzigartiger Weise architektonisch ausgestaltet. Sein kilometerweites Rund fällt in mehreren Stufen zur Talsohle ab. In die Rückwand der obersten Terrasse sind sogenannte Tempelgräber eingebaut. Sie haben über den Eingängen der tief in den Tuff geschachteten Totenkammern fünf bis sechs Meter hohe Tempelfassaden mit dreieckigen Giebelfeldern und vorgelagerten Säulenreihen, die allerdings heute weitgehend zerstört sind. Der ornamental ausgezackte Dachrand dieser Tempelchen aus dem vierten vorchristlichen Jahrhundert bildet gleichzeitig den Abschluß der Felswand. Diese Monumentalgräber der Nekropole von Norchia, wie sie genannt wird, erinnern frappant an die phrygischen und lykischen Felsgräber in Kleinasien mit ihren sehr ähnlichen Fassaden. Auch hier wird plötzlich wieder das Fremdartige, Asiatische dieses Totenkultes deutlich, der im Grunde der Mentalität der nüchternen Italiker gar nicht entspricht.

In den letzten Jahren wurde die monumentale Nekropole mit ihren rund 150 Gräbern, von denen beinahe die Hälfte mit skulptierten Fassaden versehen waren, restauriert und zugänglich gemacht. Bei der Rodung der wuchernden Vegetation kam noch eine bis dahin unbekannte Gruppe von Fassadengräbern ans Licht. Über einer ihrer Scheintüren fand sich der Torso einer aus dem Fels gemeißelten Charufigur. Auf der Talsohle entdeckte man nach der Entfernung der Bäume und Sträucher auch ein Grab, das ganz aus würfelförmigen Blöcken konstruiert wurde. Architektonisch erscheinen die Würfel- und Fassadengräber der Felsnekropolen stark von den Totenmonumenten von Caere beeinflußt.

Regen und Sonne, Kälte und Hitze ließen den porösen Tuff im Lauf der Jahrtausende sehr stark verwittern. Die Konturen des ursprünglich bemalten Reliefschmuckes der Giebelfelder sind daher fast überall verwischt. Nur undeutlich unterscheidet man noch da und dort tanzende oder kämpfende Gestalten. Große Teile des Felsens lösten sich stellenweise und stürzten auf die tieferen Ter-

Abbildung 9
Etruskischer Frauensarkophag aus Tarquinia (Erste Hälfte III. Jh. v. Chr.)

rassen hinab, die ebenfalls architektonisch ausgestaltete Gräber zeigen. Vor einem Grufteingang kauert der Torso eines Fabeltieres als Wächter. Inschriften fehlen hier, während sie sich in anderen Nekropolen dieses Gebietes mehrfach finden. In der nahen Totenstadt von Castel d'Asso wurden bis zu dreißig Zentimeter hohe Schriftzeichen auf der Front der Felsgräber eingemeißelt.

Als die Zeit die Totenstadt von Norchia noch nicht berührt hatte, muß sie ein grandioses Bild geboten haben. Der Stil ihrer in mehreren Reihen übereinanderliegenden Grabbauten scheint spontan aus der Monumentalik der im Schoß der Erde sich öffnenden Felslandschaft entstanden zu sein. Natur und Mensch haben hier zusammengewirkt, um ein für Europa einmaliges Schauspiel hervorzubringen.

Hoch über dem Schluchtenbogen steht eine Kapelle des heiligen Vivenzio, der hier in einer Grabgrotte hauste. Von hier aus ist der Anblick des riesigen Amphitheaters aus dunklem vulkanischen Gestein, dessen Ränge einst die toten Tyrrhener in einer letzten Versammlung bewohnten, am eindrucksvollsten. Die Stadt Orcla, die ihren Verstorbenen eine solche Nekropole errichtete, war im Verhältnis zu dieser erstaunlich klein. Ihre Ruinen liegen auf einer nahen Felskuppe. Aus etruskischer Zeit kann man nur mehr die Reste einer Straße und zweier Tore erkennen. Nach dem neunten Jahrhundert n. Chr. wurde der Ort gänzlich verlassen.

Nur wenige der allzu sichtbaren Felsgräber dieser Zone wurden nicht geplündert. Doch beschränkten sich die Grabräuber meist auf das Fortschaffen der Beigaben, während man die schweren Särge aus Stein oder Terracotta stehenließ. 1972 aber wurde ein Sarkophagdeckel aus einer Raubgrabung zurückgefunden, den man zur Erleichterung des Transportes in sechs Stücke zersägt hatte!

Heute befinden sich die Sarkophage zum Großteil in Viterbo. Diese alte Papststadt mit ihren zahlreichen schönen Kirchen, Klöstern und Palästen wurde früh zu einem Zentrum etruskischer Forschung. Gelehrte Mönche beschäftigen sich bereits im fünfzehnten Jahrhundert mit Ausgrabungen. Der Mönch Annio, ein Humanist und leidenschaftlicher Archäologe, hinterließ u. a. Pläne und Zeichnungen von etruskischen Mausoleen, die heute meist verschollen sind. Einiges ist noch im Museum von Viterbo zu sehen.

Die Nekropolen um den Monte Cimino wurden frühzeitig ihrer beweglichen Schätze beraubt. Nur viele Sarkophage aus dem vierten bis zweiten vorchristlichen Jahrhundert, der Epoche der Hochblüte der Porträtkunst blieben erhalten. Freilich erreicht die Funerärplastik in diesen, den großen geistigen und wirtschaftlichen Zentren ferngelegenen Orten niemals die Vollendung der in Caere, Tarquinia oder Vulci und Chiusi gefundenen Bildwerke. Trotz der provinziellen Plumpheit ihrer Formen, die durch das Material – grobkörnigen Grautuff – noch unterstrichen wird, finden sich auch hier Deckelfiguren von großer Eindringlichkeit. Die Körper sind nur selten sorgfältig herausgearbeitet, immer interessiert den Künstler in erster Linie das Antlitz als der geheimnisvolle Spiegel des Innenlebens und des Schicksals eines Menschen.

Die Sarkophagkunst der Etrusker, die dann von den Römern weitergeführt wurde, beruht auf orientalischen Vorbildern. Die Figur des Toten auf dem Sargdeckel ist eine durchaus ungriechische Eingebung, die in Europa nur von den Etruskern in dieser Weise entwickelt wurde. Auch als Rom ganz im Bann des Hellenismus stand, gestaltete es zwar den Reliefschmuck der Sarkophage nach hellenistischem Muster; doch in den feierlichen und lebensvollen Bildnissen der auf ihren Marmorsärgen ruhenden Römer bewahrte sich stets die Erinnerung an die etruskischen Vorbilder.

Das Mittelalter setzte diese Tradition in seinen Grabmälern fort. Im toskanischen Bereich mögen die immer wieder da und dort gefundenen tyrrhenischen Sarkophage die mittelalterlichen und später die Renaissancesteinsärge formal sogar direkt beeinflußt haben. Die Ähnlichkeiten zwischen etruskischen Werken aus dem vierten Jahrhundert v. Chr. und solchen der Gotik und der Renaissance sind oft erstaunlich.

Im Dom von Lucca steht das Meisterwerk des Jacopo della Quercia: das Grabmal der Ilaria del Caretto. Die junge Frau schlummert darauf in entrückter Lieblichkeit. Zu Füßen ihrer lang ausgestreckten Gestalt ruht ein Hündchen.

Dieses wunderbare Bildnis zeigt eine überraschende Verwandtschaft der Komposition, des Faltenwurfes und der Haltung mit dem schönen Deckel eines Frauensarkophages, der aus der tomba del Triclinio stammt und sich heute in London befindet. Auf diesem liegt die Verstorbene zusammen mit bacchischen Emblemen auch flach ausgestreckt. An ihre Knie geschmiegt schläft ein Rehlein, das Gegenstück zu dem Windspiel der Ilaria del Caretto.

In der Landschaft des alten Herzlandes der Tyrrhener, in den naiven Bräuchen seiner Bauern, in seiner Kunst blieb etwas vom Wesen des etruskischen Volkes bis in unsere Tage lebendig.

DAS HERZ ETRURIENS

Vor unmeßbaren Jahrtausenden bildete ein gigantischer Vulkan den Kern des späteren Etrurien. Heute dehnt sich in seinem Krater, matt schimmernd wie altes Silber, der Bolsenasee. Er ist so groß, daß der Blick kaum von einem Ufer zum anderen reicht. Bei Sturm gleicht er mit seinen langen, schäumenden Wogen fast dem Meer. Doch meist schlummert der See, sanft wie ein gezähmtes Tier, im dunklen Ring der Lavafelsen, die ihn umschließen. Blaßblaue Fischerboote ziehen dann langsam über die blanke Fläche zum Fang von Hechten und fetten Aalen, die schon immer den Reichtum dieses Gewässers bildeten.

Auf den Höhen ringsum haften kleine Orte wie schwärzliche Bienenwaben. Olivenhaine besticken die Kraterhänge mit grauer Seide, und die Rebenpflanzungen reichen bis hinab zu den schwankenden Bambusfeldern des Ufers.

Eine leise Schwermut liegt über dieser von der Vergangenheit überschatteten Landschaft. Die Zeit hat Traum und Vergessen über ihr altes, kampfzerpflügtes Antlitz gebreitet. Von den großen Eichenwäldern mit ihren ewig rauschenden Wipfeln, die früher den See umgaben, stehen noch einzelne malerische Baumgruppen. Volsinium aber, das vielleicht einmal hoch über dem See thronte, sank nach seiner Zerstörung so tief in die Erde, daß es unauffindbar schien.

Es gab verschiedene Theorien über die Lage von Volsinium. Manches sprach dafür, daß es sich auf dem Fels von Orvieto erhoben hatte; doch suchte man es auch in der Umgebung des Bolsenasees. Die Forschung war sich allein darüber ziemlich einig, daß die Ruinen einer etruskisch-römischen Stadt in der Nähe des Ortes Bolsena die Reste des neuen Volsinium darstellten, in dem sich die überlebenden Bewohner der alten Stadt nach deren Zerstörung durch die Römer ansiedeln mußten.

Grabungen des Französischen Archäologischen Institutes in Rom haben im Jahre 1946 das Rätsel um Volsinium vielleicht gelöst. Man entdeckte auf dem 622 Meter hohen Hügel von Vietena, der sich zwei Kilometer östlich von Bolsena in beherrschender Position über dem See erhebt, die Reste einer über anderthalb Meter starken Zyklopenmauer aus großen, parallel geschichteten Blöcken. Sie stammt aus dem fünften bis vierten Jahrhundert v. Chr. und umschloß in einer Länge von etwa vier Kilometern mehrere Hügel. An einer Stelle legte man ein Stück guterhaltener Doppelmauer frei, die durch Quermäuerchen verstärkt und in den Hohlräumen mit Erde ausgefüllt war. Diese Bautechnik ist griechisch und findet sich mehrfach in Süditalien und Sizilien. Hier hatten die Etrusker von den Griechen gelernt und auch eine merkwürdige Sitte übernommen: Auf zahlreichen Blöcken ihrer Stadtmauer sind Zeichen eingegraben, die man ähnlich nur an den Steinen großgriechischer Wälle beobachtete. Sie scheinen keinem bautechnischen Zweck, sondern eher dem magischen Schutz der Mauer gedient zu haben.

Diese gewaltige Festungsanlage umschloß jedenfalls ein bedeutendes Zentrum, eine imposante Stadt auf mehreren Terrassen, die das sanft leuchtende Juwel des Sees beherrschte. Gähnende Schluchten schützten sie im Norden und Westen, riesige Zisternen sicherten ihre Wasserversorgung. Im Verlauf der Grabungen fand man eines der Reservoirs, das vierzig Meter lang, zwei Meter breit und drei Meter tief ist. Auch die Reste eines Tempels wurden entdeckt, der einzellig und ungewöhnlich breit war. Er zeigt noch Spuren seiner Vernichtung durch Feuer. In römischer Zeit wurde die Oberstadt verlassen und neue Häuser wurden nahe des Sees gebaut. In den Ruinen dieser zweiten Stadt hat man das römische Volsinium erkannt.

Außerhalb der Mauer legte die Spatenforschung der allerletzten Jahre eine Reihe tief in die Felswände eingeschachteter Kammergräber frei. Sie waren alle in alter Zeit geplündert worden; doch konnte man sie auf Grund von Vasenscherben bis in das siebente Jahrhundert v. Chr. hinaufdatieren. Ein schmaler Dromos, ein oben offener Korridor, führt zu jeder dieser Totenwohnungen. Eine von ihnen gleicht mit ihrem dreißig Meter langen, engen Zugang und der sieben Meter hohen Fassade, in der die finstere Öffnung der Grabkammer gähnt, einem dämmrigen Weg in die Unterwelt. Insgesamt drei Nekropolen befinden sich in der Umgebung von Volsinium. Ihre Erforschung ist im Gange.

Ungelöst ist die Frage, wo sich das große Heiligtum, das *Fanum Voltumnae*, befand, in dem die Anführer der etruskischen Stadtstaaten zusammentrafen. Nach antiken Berichten gab es in Volsinium zwei berühmte Kultstätten: den Tempel der Göttin Northia, dort eingeschlagene Nägel zeigten den Etruskern die Jahreszahlen an, und das Heiligtum des Vertumnus oder Vortumnus, der als Hauptgott Etruriens bezeichnet wird. In Rom sei sein Kult durch die Begleiter des Caile Vibenna eingeführt worden. Seine Statue soll im Vicus tuscus gestanden haben. Bis jetzt hat sich keine Darstellung des Vertumnus gefunden, und man hat sogar vorgeschlagen, ihn mit Tinia gleichzusetzen, der gerade im Bereich des Bolsenasees offenbar besondere Verehrung genoß. Eine Reihe von Votivcippen, die dort zutage kamen, zeigen die Inschrift »tinia tinsvil«, was soviel wie »Weihegabe an Tinia« bedeutet.

Für die Lokalisierung des Fanum Voltumnae bei Volsinium spricht vielleicht der römische Bericht von den 2000 Bronzestatuen, die nach dem Fall der Stadt von den Siegern fortgeschleppt wurden. Eine solche Menge von Standbildern ist in einer gewöhnlichen Stadt kaum vorstellbar; in einem großen Sanktuarium aber könnten sehr viele Statuen gestanden haben. Auch das Überleben der Tradition eines großen Volksfestes in diesem Gebiet deutet darauf hin, daß dort einst die Feiern zu Ehren des Vertumnus abgehalten wurden. Noch unter Konstantin dem Großen wurden alljährlich Priester ausgewählt, um im römischen Volsinium den unter Mitwirkung der Bevölkerung von ganz Etrurien abgehaltenen Veranstaltungen zu Ehren des Vertumnus beizuwohnen. Religiöse Feiern, ein großer Markt, Wettkämpfe und Volksbelustigungen gestalteten damals, wie vermutlich bereits zur Zeit der etruskischen Herrschaft, dieses Frühlingsfest zum größten Ereignis des Jahres.

Von der Höhe der Akropolis auf dem Vietnena-Hügel öffnet sich eine großartige Sicht über das hügelige, reiche Land, das glänzende Rund des Bolsenasees und die fernen Berge mit dem wuchtigen Massiv des Monte Amiata. Hier schlug jahrhundertelang das Herz der Nation, hier spielte sich auch der letzte, blutige Akt ihres Unterganges ab. Nie wird hier die Erinnerung an die Etrusker verlöschen, doch lebt sie nicht als wehmütige Mahnung an verschwundene Größe fort wie im Küstenbereich, sondern als lebendiger Bestandteil einer ununterbrochenen Entwicklung.

Das fruchtbare Gebiet um den Bolsenasee war seit der Spätbronzezeit besiedelt. Damals war der See kleiner. Neuere Unterwasserforschung an seinem Ostrand führte zur Entdeckung der Reste eines großen Dorfes aus der frühen Villanova-Periode, in einer Tiefe von 4—5 Metern. Auch lokalisierte man eine merkwürdige Steinanhäufung von 4 m Höhe, 70 m Länge und 50 m Breite, die künstlich wirkt. Am Westufer erstrecken sich die ausgedehnten Nekropolen von Bisenzio aus dem achten bis sechsten Jahrhundert v. Chr., aus deren Pozzo- und Fossagräbern viele köstliche Erzeugnisse der frühetruskischen Periode stammen.

Seit dieser ersten Blüte blieb das Gebiet um den Bolsenasee ein reiches, vielumstrittenes Kulturland, das niemals mehr aus dem Ablauf der Geschichte geschaltet wurde. Nach dem Ende der etruskischen Herrschaft kam eine lange Zeit friedlichen Gedeihens unter römischer Regierung. Erst als auch die Stunde des Imperiums gekommen war, erhob sich von neuem Kriegslärm über seinen Städten, Dörfern und zahllosen Gräbern.

Eines Tages lagerten die Heerscharen der Goten unter den Eichen des Seeufers. Ein Nachen stieß vom Ufer ab und fuhr zu einer der beiden Inseln in seiner Mitte. Das Schicksal des Gotenreiches fuhr mit: die schöne Königin Amalasuntha, Tochter des großen Theoderich. Sie wurde auf Befehl ihres Mitregenten Theodahat im Bolsenasee ertränkt. Zum zweiten Mal wurde das Land von Volsinium damals zum Schauplatz eines Geschehens von großer geschichtlicher Bedeutung: Mit diesem Mord begann der Zusammenbruch des Gotenreiches.

Nach den Goten besetzten die Langobarden das Seegebiet. Später wurde es zum Zankapfel zwischen machthungrigen Päpsten und streitlustigen Adelsgeschlechtern. Es dauerte wohl tausend Jahre und länger, ehe dem alten tyrrhenischen Kernland wieder eine Epoche der Ruhe gegönnt wurde.

Unten am Seeufer liegt der von einer düsteren Burgruine bewachte Ort Bolsena. Das mittelalterliche Bolsena hat die Ruinen des römischen Volsinium beiseite gelassen und sich um die Kirche der heiligen Christine geschart. Sie lebte hier im dritten Jahrhundert als Tochter des römischen Präfekten von Volsinium und büßte ihren Christenglauben mit dem Märtyrertod. Ihr gemarterter Leib wurde im See versenkt. Die Legende erzählt, daß das Haupt der Heiligen alljährlich am 24. Juli, dem Datum ihres Todes, nachts in mystischem Glanz auf dem See schwimme.

Das Gotteshaus der heiligen Christine ist ein interessantes Gebilde aus insgesamt drei Heiligtümern: einem mittelalterlichen, das im elften Jahrhundert über einer noch älteren Kirche errichtet wurde, einem barocken und der sehr altertümlichen Höhlenkirche, die vielleicht einmal eine Mithrasgrotte war. Hier unten liegt die Heilige in einem schweren Sarkophag, auf dem ihre Gestalt aus bemalter Terracotta ruht. Ein della Robbia hat sie, ganz im Stil einer etruskischen Sarkophagfigur, lang ausgestreckt in feierlicher Ruhe dargestellt.

Außer den Gebeinen der Heiligen enthält die unterirdische Kirche noch eine seltsame Reliquie: einen großen Lavablock mit dem Abdruck eines menschlichen Fußes darauf. Die Legende behauptet, daß dies die Spur des Fußes der heiligen Christine sei. Ihr Körper sei mit dem Block zusammen in den See geworfen worden.

In Wirklichkeit aber ist die Heiligkeit dieses Steines weit älter. Er gehört zu den rätselhaften Zeugnissen prähistorischer Religion in Europa, den sogenannten »Schalensteinen«, die sich von Skandinavien und Norddeutschland bis hinab nach Südtirol und Italien finden. Sie zeigen schalenförmige Vertiefungen, kleine Rinnen, manchmal auch Fußabdrücke oder eingravierte Sonnenräder. Ihre Bedeutung ist ungeklärt. Sicher aber dienten sie einem sehr alten Kult, der bis in das Neolithikum zurückreichte. Später, als neue Religionen die einfachen Riten der Urzeit in Vergessenheit sinken ließen, blieb noch eine unklare Erinnerung an die Heiligkeit der Schalensteine im Volk lebendig und brachte diese sogar in die Kirchen. Nicht nur in Bolsena, auch in Rom findet sich ein solcher Stein im Quo-vadis-Kirchlein an der Via Appia. Er trägt eine Fußspur, die dort als legendärer Fußabdruck Christi verehrt wird.

Ein köstlicher, von der Feuchtigkeit der Grotte mit grüner Patina überzogener Marmorbaldachin aus dem neunten Jahrhundert steht auf vier Säulen über dem heidnischen Opferstein. Ein zugleich barbarisches und raffiniertes Wirrsal von Reliefornamenten bedeckt das Dach. Die Tiere und Gestalten der altorientalischen Fabelwelt sind darin im Rankenwerk nordischer Schmuckmotive verstrickt, die von den Langobarden mitgebracht wurden.

Tausend Jahre nach dem Opfertode der heiligen Christine vollzog sich, der Sage nach, in ihrer Kirche das Wunder der blutenden Hostie, zu dessen Andenken Urban IV. das Fronleichnamsfest einsetzte und den Dom von Orvieto erbauen ließ.

Das Volk aus der Umgebung des Bolsenasees lebt in einer eigenartigen Vertrautheit mit den Dingen der etruskischen Vergangenheit, die ihm zu seiner Erde gehören wie Bäume, Hügel, Felsen. Niemand stört sich daran, Tür an Tür mit den Gräbern der Vorfahren zu hausen, die für die Bauern einfach »Grotten« sind. Manche Orte haben ihren Namen von ihnen, und die Dorfbewohner beziehen sie nicht nur, wie überall, als Ställe und Magazine, sondern sogar als Wohnstätten in ihr Leben ein. Das merkwürdigste Beispiel hierfür war *Grotte San Stefano*, ein Ort, der ursprünglich fast nur aus den ehemaligen Gräbern der Etrusker bestand, aus denen die Toten von den Lebenden verdrängt waren. Erst in den letzten Jahrzehnten eines starken wirtschaftlichen Aufschwunges verließen die Einwohner von *Grotte San Stefano* allmählich ihre unterirdischen Wohnstätten. Bis nach dem 2. Weltkrieg gab es jedoch noch Außenseiter, die den sozialen Aufstieg nicht mitgemacht hatten und in den »Grotten« blieben, die auch ihre Voreltern beherbergt hatten. Kamine, die einzige architektonische Neuerung, die von den neuen Inhabern der uralten Totenhäuser angebracht wurde, wuchsen aus dem Rasen über den Gräbern, die man mit Holzpforten verschloß. Manche Bauern hatten ihre Behausung durch einen kleinen Vorbau ergänzt, im allgemeinen blieben aber die Grabanlagen unverändert. Der eine oder andere Balken wurde durch den Hauptraum geführt, um daran die Knoblauchkränze, die Korallenschnüre der getrockneten Tomaten und die goldenen Maiskolben des Wintervorrates aufzuhängen. Das Atrium der einstigen Hypogäen wurde zum Wohnraum. An den rauchgeschwärzten Tuffwänden hing auch bei den Ärmsten schweres kupfernes Kochgeschirr, das Erbe vieler Generationen. In den kleinen Kammern mit den beiden steinernen Lagern für die etruskischen Ehepaare standen die Betten der bäuerlichen Gatten. Eine Frau schenkte an diesem Ort der Toten zehn Kindern das Leben.

Alle diese letzten Bewohner der etruskischen Nekropole hatten ihre eigenen Schicksale. Die Mutter der zehn Kinder fand hier Zuflucht, als sie von ihren Eltern verstoßen wurde, weil ihr Erwählter arm war. Ihr Nachbar, ein krummer Alter, aber war auf der sozialen Stufenleiter emporgestiegen. Er hatte die triefäugige Besitzerin eines geräumigen Grabes geheiratet. Ihre fehlenden Reize wurden durch ansehnliche Mengen von Räucherschinken und Weinfässern, die in den rückwärtigen Kammern lagerten, ersetzt.

Das reinlichste und freundlichste aller dieser unterirdischen Häuser gehörte einem alten Mann. Als wir ihn besuchten, war er beschäftigt, aus Kartoffelteig gleichmäßige *Gnocchi,* ein italienisches Nationalgericht, zu formen. Sein scharf geschnittenes gesenktes Profil unter dem verwitterten Hut, den er nach Bauernsitte auch im Hause trug, erinnerte an manche steinernen Profile etruskischer Sarkophagfiguren. Er fuhr fort, mit stillem Lächeln die Speise zu bereiten, während wir seine einfache Einrichtung besahen, deren Sauberkeit auf eine sorgsame Hausfrau schließen ließ. Nachher erfuhren wir von anderen, daß die Gattin des Alten wahnsinnig geworden war und ihm zwei geisteskranke Söhne geboren hatte, für die der Vater allein sorgte. Da erschien uns dann der lächelnde Frieden des Alten unbegreiflich und erschütternd und der ruhige Blick seiner tiefliegenden hellen Augen der eines Weisen, den kein Leid mehr berühren kann.

Nicht weit von Grotte San Stefano mit seinem sonderbaren unterirdischen Leben liegt der oberirdischste aller Orte um den Bolsenasee: Montefiascone, dessen Domkuppel als silberner Mond über der Landschaft steht. Die Häuser des Städtchens klettern kühn, als wollten sie die Höhe stürmen, den steilen Außenhang des einstigen Vulkans hinauf. Auf der äußersten Spitze des Felsens ragt die Ruine der Burgfeste von Montefiascone, die die weite Wasserfläche mit ihrem kräftigen Turm beherrscht. Die Gassen gleichen schattigen Engpässen. Sonntags sind sie so voll von feiernden Menschen, von Frauen in grellroten Blusen und Kopftüchern, schwarzgekleideten Männern und geputzten Kindern, daß ein Durchkommen kaum möglich scheint. Inmitten der sparsam zusammengedrängten Häuser aber wächst der Dom breit ausladend wie eine üppige Pflanze empor. Auf einem quadratischen Unterbau erhebt sich eine riesengroße achteckige Kuppel, unter deren Helm die Kirche als ein einziger Raum zusammengefaßt ist. Der überwölbte altetruskische Rundbau, der für die Architektur Europas, ja der Welt von solcher Bedeutung werden sollte, erlebte in dieser Konstruktion eine zauberhafte Apotheose. Der Veroneser Meister Sammicheli schuf den Bau im sechzehnten Jahrhundert.

Der Blick hinauf in die mit der Organik eines Blumenkelches emporwachsende Domkuppel erweckt unwillkürlich die Erinnerung an die großen Tholosgräber der etruskischen Frühzeit. In Vetulonia, in Volterra und an anderen Orten findet sich dieser Typ, dessen Zentralraum von einer unechten Kuppel aus allmählich vorkragenden Steinringen überwölbt wird. Es war kein Zufall, daß die Römer später im Gegensatz zu den Griechen, die den Architrav entwickelten, den Rundbau vervollkommneten. Sie steigerten die von den Etruskern übernommenen Grabformen ins Monumentale. Aus dem tyrrhenischen Erdhügel über einem runden Steinsockel, der die Kammern enthält, wurden die großartigen Mausoleen der römischen Herrscher. Sie bewahrten immer noch die alte Gestalt der Halbkugel über einer zylindrischen Basis, nur die Proportionen wandelten sich. Die niedrige, roh behauene Steintrommel der tyrrhenischen *tumuli* wurde zum hohen Mauerkreis mit prunkvoller Marmorverkleidung; der zypressenbepflanzte Hügel, der ihn krönte, wurde im Verhältnis kleiner. Beim römischen Pantheon wurde der Hügel zur Kuppel. In diesem majestätischen Tempel mit seiner griechischen Fassade und dem mächtigen Rund des Hauptbaues einen sich das etruskisch-italische und das griechische Element in vollendeter Harmonie zu etwas Neuem, das die römische Kunst bedeutet.

Später verwendeten die Römer die kuppelüberwölbte Rundform auch gerne für ihre Thermen. Aus diesen Bädern und den Mausoleen, die in allen größeren Städten des römischen Weltreiches errichtet wurden, entstanden dann im Orient die Moscheen. Das frühe Christentum verwandelte sie vielfach in Gotteshäuser.

Ihre schönste Auferstehung aber feierte die alte, heilige Rundform in der Renaissance, als der etruskische Boden gesättigt von uralten Kunsttraditionen, schöpferische Menschen in beispielloser Fülle hervorbrachte. In Florenz entstand der Kuppelbau im Meisterwerk des Brunelleschi, dem Dom von Santa Maria del Fiore, zu neuem Leben. Michelangelo verwirklichte die letzte und höchste Form des alten, erdgeborenen Rundbaues in der Kuppel von Sankt Peter. Mehr als zweitausend Jahre liegen zwischen ihrer atemberaubenden Vollkommenheit und der roh gefügten Wölbung etruskischer Grabkammern, und doch wirkt in allen diesen Bauten die gleiche Sehnsucht, das Unendliche in die endliche Form zu bannen.

Immer wieder begegnen wir in der Kirchenkunst Mittel- und Norditaliens uralten etruskischen Unterwelts- und Dämonenvorstellungen. Ihr Fortleben im christlichen Höllenglauben des Mittelalters ist nicht so unglaubhaft, wie dies vielleicht auf den ersten Blick scheinen könnte. Wie endgültig auch der geschichtliche Untergang der Etrusker war, ihre religiösen Überlieferungen erhielten sich trotzdem noch lange im Volk lebendig. Die Praktiken aus der »etruskischen Disziplin« überdauerten selbst das römische Heidentum und erschwerten vielfach die Christianisierung der Massen. Noch Theodosius hielt es für notwendig, alle jene, die einen Haruspex zu Rate zögen, mit dem Verbrennungstode zu bedrohen. Später allerdings gestattete er wieder öffentliche Opfer in den Tempeln, bei denen Haruspices zugezogen werden durften. Konstantin der Große befragte die Haruspices nach den gebotenen Sühneriten, falls ein Blitz den Kaiserpalast treffen sollte. Und als Alarich die Ewige Stadt bedrohte (410), bot ein Haruspex dem Papst an, die Gefahr durch Herabziehung von Blitzen auf den Feind zu bannen. Dies zeigt, wie ernst die etruskische Lehre selbst im fünften nachchristlichen Jahrhundert genommen wurde. Bis zum siebten Jahrhundert, in dem sie durch ein feierliches Dekret endgültig verboten wurde, war die etruskische Disziplin noch bekannt, obwohl Honorius und Stilicho die Bücher der Nymphe Vegoe zusammen mit den Sibyllinischen hatten verbrennen lassen.

Es kann also nicht wundernehmen, daß sich die Symbolsprache der mittelalterlichen Mystiker zahlreicher Sinnbilder und Gestalten aus dem etruskischen Jenseits bediente.

Vergil, dem altetruskischen Mantua und damit einem Lebenskreis entstammend, in dem tyrrhenische Tradition noch fortwirkte, schildert das Reich der Unteren im sechsten Buch der Äneis mit einer Überzeugung und bilderreichen Ausführlichkeit, die zeigt, daß ihm der Hades eine weit konkretere Vorstellung war als den Griechen. Die christliche Auffassung von Hölle und Himmel wurde von dieser Ideenwelt sicher entscheidender beeinflußt als von den spärlichen Angaben der Bibel über die jenseitigen Reiche. In den Gesängen Dantes und den etwa im zehnten Jahrhundert beginnenden Darstellungen der Höllenqualen und des Jüngsten Gerichtes feierte die etruskische Unterwelt ihre Wiederauferstehung.

Die Angst vor der Hölle und ihren Schrecken prägt sich bestimmt nicht zufällig gerade in der mittelalterlichen Toskana stärker aus als irgendwo sonst in Italien. Die Hauptfigur dieser finsteren Visionen, der Satan, wird seit dem zehnten Jahrhundert in Malerei und Plastik dargestellt. Er gleicht von Anfang an zum Verwechseln den hakennasigen und eberzähnigen etruskischen Dämonen, die wir von zahlreichen Reliefs, Masken und Fresken kennen.

Die romanische Kunst ist allenthalben von den ererbten Kultsymbolen der antiken Völker, vor allem aber von den altorientalischen, erfüllt. Sie hat sie im christlichen Sinne umgedeutet, ohne sie formal wesentlich zu verwandeln. Szylla und Löwe und die übrigen tyrrhenischen Fabelwesen, die Schlangen, Greife, Delphine, Flügelpferde und Drachen, leben in der religiösen Plastik des Mittelalters weiter. Die Chimära findet sich im Bodenmosaik des Domes von Aosta ebenso wie an der Kanzel von San Ambrogio in Mailand. Ein halbkugelförmiges, mittelalterliches Taufbecken aus Atri, über dessen Rand vier löwenähnliche Fabeltiere blicken, gleicht wiederum den Bronzekesseln der orientalisierenden Epoche in Etrurien ganz erstaunlich.

Heute ist die mystische Sprache der Sinnbilder der frühen Kirchenkunst für uns nur mehr zu einem kleinen Teil verständlich. Das Chaos unheimlicher und monströser Geschöpfe, das die Säulenkapitelle, Gesimse, Kanzeln und Pforten der Gotteshäuser belebt, die verborgene Gesetzlichkeit der Pflanzenornamente, die in der architektonischen Gestaltung und den Maßen der Basiliken enthaltene Zahlenmystik, diese ganze noch vielfach in uralten Kultvorstellungen wurzelnde, von inbrünstiger Gläubigkeit erfüllte Welt bleibt uns letzten Endes verschlossen.

In Tuscania, einer ehemals bedeutenden etruskischen Stadt, die halbwegs zwischen Tarquinia und Viterbo liegt, haben sich zwei Kirchen erhalten, in deren Ausschmückung das Fortleben heidnischer Tradition besonders klar zutage tritt.

Die Stadt, ein vieltürmiger Ort, umgeben von zinnengekrönten Mauern, erhebt sich als echt tyrrhenische Gründung auf einer Tuffhöhe inmitten eines breiten Felstales. Die senkrechten Wände der Schlucht decken sie so gut, daß sie erst sichtbar wird, wenn man beinahe vor ihren Toren steht. Noch vor 20 Jahren galt Tuscania als eine späte Gründung der Etrusker aus dem vierten bis dritten Jahrhundert v. Chr. Inzwischen haben viele wichtige Funde gezeigt, daß sie an Alter und Bedeutung kaum hinter den großen Küstenmetropolen zurückstand und bereits im siebten Jahrhundert eine fertige Stadt war, deren Einfluß sich bis weit ins Hinterland erstreckte. Das heutige Tuscania ist viel kleiner als das etruskische. Nach der Antike erlebte die Stadt eine Epoche des Niederganges, zwischen dem achten und dem dreizehnten Jahrhundert aber eine neue Blüte. In dieser Periode entstanden die starken Befestigungen und mehrere außergewöhnliche Gotteshäuser. Im Laufe des 15. Jahrhunderts wurde Tuscania jedoch zweimal geplündert und gebrandschatzt und erholte sich nie mehr von diesen Katastrophen. Im Februar 1971 wurde es durch ein schweres Erdbeben verwüstet, das große Schäden anrichtete, die zum Teil nicht mehr gutzumachen sind.

Schwere mittelalterliche Tore führen noch in das Innere dieser Stadt aus braunem Tuffstein. Auf der Mauer, die das Krankenhaus umgibt, und auf der Brüstung des Hauptplatzes halten die bemoosten, verwitterten Bildnisse toter Etrusker auf steinernen Sarkophagdeckeln seltsame Wacht. In den sechziger Jahren kamen noch zahlreiche Sarkophage aus Felsgräbern zutage, einige mit wichtigen Schriftzeugnissen, andere mit ausdrucksvollen Deckelfiguren und feingearbeiteten Reliefs an den Seitenwänden.

Ein Drache mit geringeltem Leib ist das Wappentier von Tuscania. Die »*Pystrix*«, ein geflügeltes Fabeltier, halb Drache, halb Fisch, das sich auf etruskischen Urnenreliefs und Steinsärgen den Toten auf ihrem Weg in die Unterwelt drohend entgegenstellt, war vielleicht ihr Vorbild. Diese Drachenfigur findet sich auch in anderen Orten Etruriens, z. B. auf einem Relief in Pitigliano.

Die beiden berühmten Basiliken von Tuscania: San Pietro und Santa Maria Maggiore stehen außerhalb der heutigen Stadt auf einem gegenüberliegenden Hügel. San Pietro erhebt sich auf der einstigen Akropolis der Etruskerstadt, die bereits vor der Villanova-Periode bewohnt war. Grabungen von 1971 brachten dort Tonware ans Licht, die aus dem zehnten bis neunten Jahrhundert v. Chr. stammt. San Pietro wurde über der Ruine eines römischen Tempels erbaut, das Kirchlein der Madonna dell'Olivo aber, das etwas außerhalb von Tuscania am Rande des Plateaus steht, thront über dem »Grab der Königin«, einer unterirdischen Anlage, im Volksmund das »Labyrinth« genannt, mit einem zentralen Saal mit Mittelpfeiler, von dem 26 Gänge ausgehen.

Ein langgestreckter, grasbewachsener Platz breitet sich vor der Fassade von San Pietro aus. Rechts begrenzt ihn die Ruine des alten Bischofspalastes, in der das lokale Museum untergebracht war, dessen Räume durch das Erdbeben schwer gelitten haben. Die Kirche wurde aus denselben Tuffsteinwürfeln, die Zeit und Wetter schartig und porös machten, erbaut, wie ganz Tuscania. Doch vor diesem bäuerlich derben Hintergrund hebt sich die leuchtendweiße Marmordekoration der Stirnseite in edler Kostbarkeit hervor. Über dem von dünnen Säulchen flankierten Portal und einer dekorativen Loggia entfaltet sich hoch oben die zarte, bunt eingelegte Marmorblume der Fensterrosette. Auch sie mußte nach dem Erdbeben stark restauriert werden. Die vier Evangeliensymbole umgeben sie und zu beiden Seiten öffnen sich zwei schmale Biforen, die von Reliefs umrahmt sind.

Um das linke Fenster sind Büsten von Engeln und Heiligen angeordnet, gekrönt vom Bildnis des Gotteslammes und von antikisch schwellendem Laubwerk gerahmt. Unter dieser himmlischen Versammlung aber ist eine zweifellos aus einem archaischen, etruskischen Grabe stammende Reliefplatte in die Mauer eingelassen, auf der ein tyrrhenischer Sakraltänzer in feierlicher Gebärde die Arme hebt. Mag sein, daß er beim Ausheben der Grundmauern der Kirche gefunden wurde. Jedenfalls

Abbildung 10
Ausschnitt aus der Fassade von San Pietro in Tuscania mit der Darstellung des Satans als dreigesichtiger Dämon

hielt man es wohl für richtig, das heidnische Bildwerk zur Verhütung unheilvoller Zauberwirkung an die geweihte Kirchenmauer zu heften.

Der Gegenspieler des etruskischen Tänzers auf der rechten Fassadenhälfte ist der Teufel selbst. Ein Höllenfürst, der alle Züge einer chthonischen Gottheit aus der Vorzeit trägt. Sein bärtiges Antlitz ist dreifach wie das Antlitz des Geryon im »Grab der Unterwelt«. Gleich den Dämonen des etruskischen Inferno trägt er eine Schlange an seiner Brust. Über der dreifachen Stirn des Ungeheuers stehen die Haare zu spitzen Flämmchen gebüschelt.

Eine mehrtausendjährige, vermutlich aus Zentralasien stammende Gottesvorstellung, die auch in Kleinasien und Babylonien zu Hause war, lebt hier fort. In Europa taucht der dreistirnige Gott bei den Kelten auf, und den Tyrrhenern war er, wie das »Grab der Unterwelt« zeigt, in seiner chthonischen Gestalt bekannt. Auch Dante schildert den »Herrn des Reiches der Schmerzen« als einen Koloß mit dreifachem Antlitz:

»An seinem Haupte der Gesichter drei
Eins vorne: rot wie Blut wars anzuschauen:
Die beiden zwieseit nahebei
Ob jeder Schulter eins, und wo die Flechte
Des Kammes steht, berührten sich die zwei.«

(Übersetzer Friedrich Frh. v. Falkenhausen, Insel Verlag, Frankfurt am Main)

Nicht nur in Tuscania, sondern auch in anderen Orten, so auf einem Relief in der römischen Basilika von San Paolo fuori le mura, auf den Gemälden des Campo Santo in Pisa, ja sogar in der Auffassung des Fra Angelico erschien der Satan als *vultus trifrons.* In einer merkwürdigen, doch in den Religionen aller Völker keineswegs seltenen Sinnumkehrung wurde im späteren Mittelalter auch die Dreifaltigkeit öfters als *vultus trifrons* dargestellt. Die Kirchenautoritäten erhoben mehrfach Einspruch dagegen, indem sie auf den ausgesprochen dämonischen Charakter der dreigesichtigen Gottheit hinwiesen. Anfang des siebzehnten Jahrhunderts verbot Papst Urban VIII. jede derartige Auffassung der Dreifaltigkeit, die besonders in Südtirol verbreitet war. Damit verschwand sie jedoch noch lange nicht. In der Gegend von Brixen verehrten die Bauern bis in unsere Zeit Bildnisse der dreigesichtigen Gottheit, denen sie besondere Kräfte zuschrieben. Die Kurie von Brixen befahl daher die Ablieferung aller derartigen Kultobjekte.

Aus den beiden seitlichen Schlünden des dreigesichtigen Höllenfürsten auf der Fassade von San Pietro in Tuscania wächst phantastisches Schlinggewächs mit monströsen Blüten empor. Kleine menschenköpfige Dämonen mit Vogelleibern sind darin verflochten. Sie tragen spitze Kopfbedeckungen, die an die phrygische Mütze der Antike, ein Unterweltsymbol, auch »Hadeskappe« genannt, erinnern. Das ganze Geranke steigt längs des Fenster zu einem zweiten dreistirnigen Dämonenhaupt hinauf, das auf dem oberen Rand der Bifora thront. Dieser Satanskopf trägt eine Krone aus spitzen Blättern. Rechts und links der unteren Darstellung erheben sich zwei Mohnknospen. Auch sie sind dem Sinnbilderkreis des heidnischen Totenreiches entnommen.

Das Innere der Basilika von San Pietro, auf deren Fassade sich die Jahrtausende in rätselvoller Weise begegnen, ist von klaren und wuchtigen Proportionen. Eine byzantinisch strenge, doch von hinreißender Aufwärtsbewegung erfüllte Himmelfahrt Christi schmückte die Apsis, die heute durch das Erdbeben mitsamt dem Fresko, das um 1100 entstand, eingestürzt ist. In den Seitenschiffen sind skulptierte Grabplatten in den Boden eingelassen, deren liegende Gestalten von den Tritten vieler Generationen flachgeschliffen wurden. Der älteste Teil der Kirche ist das Presbyterium. Hier finden sich auch sehr altertümliche marmorne Chorbänke, deren Lehnen von infernalischen Schlangentieren gebildet werden. Im Gebälk des Daches nisten Tauben und füllen die Stille mit ihrem melodisch klagenden Gurren.

Die Krypta von San Pietro gleicht einem dämmrigen Haine. Zahlreiche schlanke Säulen — manche stammen von dem römischen Tempel, dessen Grundmauern hier unten noch teilweise sichtbar sind — tragen die in viele kleine Kreuzgewölbe aufgeteilte Decke.

Die Schwester des Heiligtums von San Pietro, die Basilika von Santa Maria Maggiore, liegt etwas tiefer auf dem gleichen Hügel. Ihre Fassade mit den drei reichverzierten Portalen, der dekorativen Loggia und der großen, etwas plumpen Fensterrosette über dem Haupteingang löste sich durch das Beben von der Mauer. Während die obere Kirche im Innern infolge einer etwas pedantischen Restaurierung eher nüchtern wirkt, ist Santa Maria Maggiore mit den zahlreichen, ziemlich gut erhaltenen Fresken farbig und lebendig. Selbst die Säulen sind mit feierlichen Heiligengestalten bemalt, und die von kunstvollem Marmorflechtwerk überzogene Kanzel schimmert in durchsichtigem Weiß. Auch hier gibt es mancherlei etruskische Erinnerungen in der Dekoration der Basilika. Die fischschwänzige etruskische Szylla kehrt in Gesellschaft anderer dämonischer Wesen als Gesimsverzierung wieder. Auf der Rückwand des Mittelschiffes befindet sich eine der unheimlichsten Darstellungen des Weltgerichtes der an solchen Bildern wahrlich nicht armen Toskana. Der Höllenrachen ist hier in buchstäblicher Auffassung als ein mit fürchterlichen Zähnen bewehrter Drachenschlund gemalt. Über ihm thront der von Schlangen umwundene Höllenfürst, der die Leiber der Verdammten verschlingt. Das gleichsam von einem vernichtenden Sturmwind zu ihm herabgewehte Chaos der wehklagenden Seelen umwirbelt ihn in makabrem Reigen. Auch dieses Fresko aus dem vierzehnten Jahrhundert hat sehr gelitten.

Die Schrecken des tyrrhenischen Hades feiern hier in noch viel grellerer Form ihre Auferstehung. Die schwermütige Todeswollust der Etrusker hat sich zum sadistischen Fanatismus einer alles Irdisch-Sinnliche verdammenden Askese gesteigert. An den beiden Basiliken von Tuscania offenbaren sich nicht nur die fortwirkende Kraft ererbter Vorstellungen, sondern auch ihre geistige Verwandlung durch das Christentum.

Abbildung 11
Etruskische Dämonenmaske (Dom-Museum, Orvieto)

DIE STADT OHNE NAMEN

Der Fels von Orvieto ruht gleich einer schweren Krone über dem stillen Antlitz der Landschaft. Seine fast senkrechten Tuffwände haben die Farbe stumpfen, roten Goldes und die Domfassade, die schmal und mosaikfunkelnd aus der braunen Häusermasse der Stadt emporsteigt, scheint ihr Stirnjuwel. Ein solcher Ort wirkt von Natur aus als heilig und für Außergewöhnliches bestimmt. Kaum ein anderer wäre würdiger gewesen, das Nationalheiligtum der Etrusker zu tragen und Wallfahrtsstätte eines ganzen Volkes zu sein.

Ungeachtet der Entdeckung der mauerumgürteten Stadtruinen oberhalb des Bolsenasees neigt man heute auch wieder mehr zu einer Identifizierung von Orvieto mit Volsinium. Diese große, strategisch und wirtschaftlich ungleich günstiger gelegene Metropole mit ihren zahlreichen Heiligtümern entsprach der Vorstellung eines religiösen und politischen Zentrums jedenfalls weit mehr als die Stadt auf dem Vietnena-Hügel. Von ihrer Geschichte im achten und siebten Jahrhundert wissen wir sehr wenig. Im sechsten Jahrhundert aber spielte sie ohne Zweifel eine bedeutende Rolle. Kulturell wurde sie von Tarquinia, Vulci und Chiusi beeinflußt, in den Grabmonumenten aber wurde ein eigener Stil entwickelt.

Zahlreiche Fragmente von Tempeldekorationen aus bemalter Terracotta kamen im Stadtbereich zutage. Aber nur von dem sogenannten Belvedere-Tempel wissen wir durch eine Votivinschrift, daß er Tinia geweiht war. Mit den drei Zellen für die Kultbilder, der offenen doppelreihigen Säulenhalle, der breiten Freitreppe und dem hohen, beinahe quadratischen Podium entsprach er ziemlich genau dem vom römischen Architekten Vitruvius beschriebenen Typus eines etruskischen Heiligtums.

Der Wohlstand der Stadt, die Orvieto vorausging, mag auf dem Flußhandel und auf der blühenden Landwirtschaft der fruchtbaren umliegenden Gebiete beruht haben, in denen vor allem Wein und Öl angebaut wurden. In antiken Berichten wird die Gegend um Volsinium als Zentrum der Olivenproduktion erwähnt. Die Tyrrhener waren nicht nur hervorragende Seefahrer, Händler und Handwerker, sondern auch ausgezeichnete Bauern. Die hohe Qualität ihrer Getreideerzeugung wird mehrfach gerühmt. Im oberen Arno- und im Chianatal wurde eine besonders feine Weizensorte ,*»tuscum semen«* genannt, angebaut. Sie ergab ein schneeweißes Mehl, aus dem die Römer ihr Nationalgericht *»puls«* bereiteten. Im Arnotal wurde viel Roggen und Hirse angebaut. Nach Plinius wurde das beste Brot Italiens aus einer Mischung weißen Weizenmehls aus Pisa und roten Weizenmehls aus Kampanien hergestellt. Drei Traubensorten aus verschiedenen Regionen Etruriens waren hochgeschätzt. Wahrscheinlich unterschied sich die etruskische Toskana mit ihren wohlbestellten Feldern und reichen Öl- und Weingärten nicht wesentlich von der heutigen.

Vom Geschick der Etruskerstadt auf dem Fels von Orvieto wissen wir kaum etwas, doch fanden sich Anzeichen einer gewaltsamen Zerstörung aus einer Zeit, die etwa dem Fall von Volsinium entsprach. Aus der Spätantike gibt es Berichte von einem Schicksalskampf, der sich zu ihren Füßen zwischen einem römischen Heer und den unaufhaltsam hereinbrechenden germanischen Völkern abspielte. Orvieto wurde damals zu einem der wichtigsten Stützpunkte der Goten, die dort von Belisar belagert wurden. Später setzte sich der Langobardenfürst Agilulf auf seiner Höhe fest und schließlich griff die Kirche nach dem umstrittenen Besitz. Auch im späteren Mittelalter tobten blutige Kämpfe zwischen Päpsten und Adel, Guelfen und Ghibellinen, um die Stadt.

Gegen Ende des dreizehnten Jahrhunderts weihte Papst Urban IV. auf dem höchsten Punkt des Felsmassivs den Grundstein zum Dom von Orvieto, der auf der gleichen Stelle erbaut wurde, die einmal einen etruskischen Tempel trug.

Das mächtige Gotteshaus steht heute in feierlicher Isolierung über dem Tal. Kein Haus wagte sich an seine Seiten. Dreihundert Jahre lang wurde an dem Dom gebaut. Aus der strengen romanischen Form, in der er von dem Sienesen Maitani begonnen wurde, steigt die gotische Fassade gleich einer dreigeteilten Flamme zum Himmel. Eine Fülle von Bildern, Formen und Farben schmückt die edel gegliederte Front, ohne die maßvolle Wucht der Linien zu zerstören. Nur die Mosaiken aus der zweiten Hälfte des 19. Jahrhunderts bringen einen fremden, zu lauten Ton in diese Symphonie. In ihrem Inneren bewahrt die Kirche, trotz aller baulichen Veränderungen späterer Perioden, die großzügige Einfachheit der romanischen Basilika. Das leise Ansteigen des Bodens zur Apsis hin bei einer gleichlaufenden Senkung der Kapitelle der monumentalen Säulenreihen, die das Mittelschiff flankieren, verstärkt den Eindruck ungewöhnlicher Tiefe des Langbaus. Feingeäderte Onixscheiben und bemalte Glasfenster lösen das eindringende Licht in zarten Nebel auf, der die Apsis verschleiert und entrückt.

Generationen von Künstlern arbeiteten an der Ausschmükkung des Domes. Fast alle entstammten sie dem Boden Etruriens, der seinen Kindern die Liebe zur Schönheit und die schöpferische Phantasie immer von neuem schenkte. Auch in den schreckenerregenden Höllendarstellungen auf den Reliefs der Fassade lebt etruskisches Erbe fort. Der Teufel gleicht dort aufs Haar einem der Unterweltdämonen der Spätzeit, dessen Terracotta-Maske genau an diesem Ort gefunden wurde.

In der Schilderung des Jüngsten Gerichtes durch Luca Signorelli in einer Seitenkapelle der Kirche aber, bricht durch die düsteren Visionen der Höllenqualen machtvoll die alte heidnische Anbetung des Lebens. Nach einem Jahrtausend der Verneinung feiert die Vergötterung der Schönheit des menschlichen Körpers hier eine entscheidende Wiedergeburt. Der Sturz der Verdammten, den der Meister, der nur von Michelangelo, seinem Schüler, übertroffen werden sollte, mit gewaltigem Pinsel an die Wände malte, gleicht dem stolzen Untergang von Göttern, die einem Mächtigeren weichen. Der Strom ihrer lebenstrotzenden Leiber, deren schwindelnden Sturz das Inferno mit seinen Dämonen auffängt, ist wieder von jener strahlenden Nacktheit, mit der die Alten die ewige Gewalt des Lebens verherrlichten. Und die rosenbekränzten, hüllenlosen Seligen des Luca Signorelli schwingen sich nicht der verklärten Auflösung alles Irdischen entgegen, sondern eher den Wonnen elysischer Festgelage im Stil der Bankettszenen in den tyrrhenischen Gräbern.

Vor den Wundern des Domes ist die Erinnerung an die schwerfälligen Tempel mit ihrem bunten Terracottaschmuck und ihren dynamischen Göttergestalten längst verblaßt. Von der namenlosen Stadt, die man auch mit Salpinum identifizieren wollte, das von Livius als Bundesgenosse von Volsinium erwähnt wird, blieb einzig ein Labyrinth von Stollen im Boden von Orvieto. Der Fuß des Felsens aber ist von Nekropolen umgeben und in den Hängen der umliegenden Hügel ruhen die Grabhäuser vornehmer etruskischer Geschlechter. Steile Straßen führen zu den Friedhöfen hinab. Die ältesten Gräber entstanden in der zweiten Hälfte des siebten Jahrhunderts. Funde aus der Villanovazeit kamen nur vereinzelt ans Licht. Die Nekropole von *»Crocefisso del Tufo«* im Nordwesten von Orvieto, die im sechsten Jahrhundert angelegt wurde, als man auch in Caere die Nekropole wie eine Stadt zu gestalten begann und Würfelgräber einführte, ist ganz einheitlich. Drei parallele Straßen werden von gleichartigen kubischen Grabbauten gesäumt. Neue Ausgrabungen haben gezeigt, daß diese von einem Rahmen aus mehreren Wülsten bekrönt waren, der den Rand einer Plattform bildete. Wie in Caere führten Außenstiegen auf diese Terrasse, die wahrscheinlich für Totenzeremonien bestimmt war. Jedes Grab besitzt einen Vorraum und eine Kammer, in der meistens nur für zwei Bestattungen Platz war. Spitz zulaufende Kragwölbungen aus sorgfältig zugerichteten Blöcken decken die Zellen. Oberhalb der Eingänge dieser Totenhäuser sind die Namen ihrer Bewohner noch deutlich lesbar eingemeißelt. Vor und auf diesen Malen stehen viele zapfen- oder trommelförmige Cippen.

Aus dieser Nekropole kommen auch ungewöhnliche steinerne Kopfcippen, einer von kolossalen Maßen, der jedoch stark beschädigt ist und ein anderer, ein Kriegerkopf von 40 cm Höhe, vom Ende des sechsten Jahrhunderts. Er trägt einen korinthischen Helm und ist in seiner feierlichen Ruhe und Geschlossenheit eines der eindrucksvollsten Beispiele frühetruskischer Skulptur. Auch diese Köpfe standen vermutlich als Verewigungen der Verstorbenen auf den Gräbern.

Im Südosten von Orvieto liegt die Canicella-Nekropole, die vom späten sechsten bis zum vierten Jahrhundert ebenfalls in der Form einer kleinen Stadt mit geraden Straßen erbaut wurde. Die Zellen ihrer Gräber wurden mit einer Art Tonnengewölbe aus zwei konkaven Monolithen gedeckt. Zu diesem Friedhof gehörte ein Sanktuarium auf einer

10 m langen Plattform aus Tuffsteinen, das wahrscheinlich der unzerstörbaren Kraft des Lebens in Gestalt einer Fruchtbarkeitsgottheit geweiht war. Ihr Name »*Thva*« bedeutete soviel wie »*Genetrix*«, sie war sicher eine Epiphanie der Großen Mutter, deren Kult bei den Etruskern seit alter Zeit heimisch war. Bei einem runden Trachyt-Altar kamen Bruchstücke einer nackten weiblichen Statue aus parischem Marmor mit der typischen Handhaltung der orientalischen Fruchtbarkeitsgöttinnen ans Licht. Die Skulptur von etwa 75 cm Länge entstand gegen Ende des sechsten Jahrhunderts und stand vielleicht in einem Tempelchen, von dem Fragmente seines Terracottaschmuckes aus verschiedenen Perioden gefunden wurden. Zwei kleine Wasserbecken gehörten ebenfalls zu dem Heiligtum, das etwa um die Zeit der Eroberung von Volsinium durch die Römer durch einen Brand getroffen wurde. Votivgaben bewiesen jedoch, daß der Kult danach noch bis ins erste Jahrhundert v. Chr. weiterging.

Eine Anzahl von Kammergräbern wurden im Hang des Poggio dei Settecamini entdeckt, der sich im Süden von Orvieto erhebt. Die alte Römerstraße führt längs eines mittelalterlichen Aquäduktes, der in großen Schwüngen aufwärts steigt, zu ihnen hinauf. In einem Eichenhain an diesem Weg legte ein blitzgefällter Baum ein Kammergrab mit einem fast unversehrten, reliefgeschmückten und bemalten Terracottasarg frei. Dieser Sarkophag von Torre San Severo, der im Museum von Orvieto bewahrt wird, ist auf allen vier Seiten mit grell in rot, blau und gelb kolorierten Szenen aus griechischen Mythen verziert, die aber auf etruskische Art dargestellt sind. Finstere, schlangenumzüngelte Dämonen wohnen der Opferung der Polyxena bei, fackeltragende, geflügelte Furien harren der Seelen der von Achilles dem Patroklus geopferten Trojaner. Die blutrünstigen und makabren Darstellungen erinnern an die Fresken der tomba François von Vulci. Tatsächlich wurde dieser Terracottasarg, der in Orvieto völlig allein steht, vielleicht im dritten Jahrhundert von dort eingeführt. Tarquinia kommt als Herkunftsort weniger in Frage. Der dort gefundene, berühmte Amazonensarkophag ist nur bemalt, von weit delikateren Farben und höherer Qualität. Außerdem ist er bedeutend älter.

Unweit von Torre San Severo befindet sich die tomba Golini I, das Grab der etruskischen Familie Lekate. Sein langer, schmaler Zugangskorridor öffnet sich in der fetten, rötlichen Erde eines steilen Ackers. Als der Entdecker dieser Totenkammer vor mehr als hundert Jahren hier eindrang, fand er sie noch mit vielen Wandbildern geschmückt. Inzwischen sind diese fast vergangen; der Rest wurde abgelöst und ins Museum gebracht. Alte Zeichnungen geben glücklicherweise eine Vorstellung von den ursprünglichen Fresken, die vor allem das Festmahl im Hades darstellten, bei dem das Götterpaar der Unterwelt den Vorsitz führt. Der Tote fährt, von einem geflügelten Dämon geleitet, auf einem Wagen, den zwei Pferde ziehen, ins Jenseits. Am besten erhalten sind die lebendigen Szenen der Zubereitung des Mahles mit Musikbegleitung. Die Darstellung der Speisekammer, in der ein halber Ochse und ausgeweidete Jagdtiere hängen, ist von köstlichem Realismus und zeigt, wie konkret sich die Etrusker noch im vierten Jahrhundert das Leben im Jenseits dachten.

In der nahegelegenen tomba Golini II sind die Fresken fast gänzlich zerstört. Man unterscheidet nur noch zu beiden Seiten des Einganges zwei ungewöhnlich schöne Pferdepaare, die von einem Jüngling und einem Haruspex geführt werden. In der Grazie ihrer vorwärtsstürmenden Leiber und den kleinen, edlen Köpfen der Tiere zeigt sich das hohe Können des etruskischen Malers, der diese Bilder schuf.

Unter den Wurzeln der mächtigen Eichen und Kastanienbäume des Poggio dei Settecamini mögen noch manche Grabkammern verborgen sein, deren Entdeckung vielleicht einmal auch den verlorenen Namen der großen Etruskerstadt auf dem goldenen Fels von Orvieto enthüllen wird.

Die etruskische Forschung krankte lange daran, daß vor allem in den Städten der Toten gegraben wurde. Die Verlockung der Schätze in den Gräbern, die relativ leicht zugänglich waren, führte zur Vernachlässigung der Untersuchung von Orten, die einmal von den lebenden Tyrrhenern bewohnt wurden, von der man zwar wichtige wissenschaftliche Ergebnisse aber bedeutend weniger kostbare Funde erwarten konnte.

Seit etwa 20 Jahren haben die Ausgrabungen im Bereich alter Etruskerstädte zugenommen. Während sich aber die Archäologen an Orten wie Vulci oder Rusellae erst in langwierigen, kostspieligen Grabungen durch die römische Vergangenheit dieser Städte arbeiten müssen, um typisch Etruskisches zu finden, glückte der Schwedischen Archäologischen Mission unter dem Protektorat des Königs Gustav VI. von Schweden, der persönlich an den Ausgrabungen mitwirkte, 1966 die aufsehenerregende Entdeckung einer frühen, rein etruskischen Stadt mit ihrer Akropolis, einem Tempel, dessen Terracottaschmuck der älteste von Etrurien, vielleicht selbst von ganz Italien ist, mit Wohnhäusern und Felsgräbern in ihrem Umkreis. Diese Stadt unbekannten Namens lag in der Nähe des römischen Ferentum südlich des Bolsenasees in der Acqua Rossa-Region. Ihre Gründung erfolgte noch im achten Jahrhundert, ihre Hochblüte dauerte etwa vom letzten Viertel des siebten Jahrhunderts v. Chr. bis zur Mitte des sechsten Jahrhunderts. Nach einer Periode der Dekadenz hörte sie gegen 500 v. Chr. auf zu bestehen. Sie lag an der großen Route, die von Caere nach Nordetrurien führte, am Kreuzpunkt der Straßen zwischen Tarquinia, Caere, Veji und dem Faliskergebiet und verdankte dieser günstigen Position ohne Zweifel ihren Aufstieg als Handelszentrum. Ihr Niedergang hing wahrscheinlich mit dem mächtigen Aufschwung von Orvieto zusammen. Erst im dritten Jahrhundert, als Rom die Kontrolle über das obere Tibertal erstrebte, entstand in der Nähe der einstigen Etruskerstadt *Ferentum* als Stützpunkt der römischen Macht.

Eine einzige nordetruskische Stadt bei Marzabotto im Süden von Bologna wurde seit ihrer Entdeckung im Jahre 1831 mit

Abbildung 12
Ascheurne in Form eines etruskischen Palastes (IV.–III. Jh. v. Chr.)

Unterbrechungen erforscht. 1950 wurden neue Grabungskampagnen begonnen und in den letzten Jahren geht die Bodenforschung in diesem Bereich wieder jährlich weiter und hat viele interessante Ergebnisse gebracht.

Eine etruskische Stadt war keine zufällig und gesetzlos entstehende Anhäufung menschlicher Behausungen; sie war ein aus der göttlichen Ordnung erwachsender Organismus, eine winzige Zelle des Weltganzen, dem sie feierlich eingegliedert wurde. Im Ritus der Stadtgründung drückt sich dies in eindrucksvoller Weise aus:

»An einem durch günstige Vorzeichen bestimmten Tag«, so lauten die Berichte Catos und Varros, »spannt der in eine

Toga gehüllte Gründer einen weißen Stier und eine weiße Kuh, den Stier rechts und die Kuh links, an einen Pflug. Sein Zahn muß aus reinem Kupfer sein (ein Hinweis auf das hohe, vielleicht bis in die Kupferzeit reichende Alter des Brauches!). Nun zieht er, die Kuh an der Innenseite führend, im Viereck eine Furche und hält den Pflug dabei schräg, so daß die Schollen nach innen aufgeworfen werden. Diese gehäufte Erde bedeutet die zukünftige Stadtmauer, die Furche den Graben. An den für die Tore bestimmten Stellen wird der Pflug in die Höhe gehoben, denn diese sind profan, während die Mauer heilig ist, ebenso wie der von der Furche begrenzte Raum, das ›Stadttemplum‹.«

Es wurde schon gesagt, daß im Mittelpunkt jeder Stadt der *mundus*, ein tiefer, von einem Stein, dem *lapis manalis*, verschlossener Brunnen angelegt wurde, der die Verbindung zur Unterwelt darstellte. Eine Stadt galt nach dem Gesetz erst als gegründet, wenn man der Göttertrias Tinia, Uni und Minerva drei Tempel, Tore und Straßen geweiht hatte. Die Heiligtümer der Turan-Venus, des Vulcan und des Mars mußten außerhalb der Mauern errichtet werden, um Ausschweifung, Brand und Streit von ihr fernzuhalten. Über dieses Ritual haben wir allerdings nur Berichte aus später Zeit.

Es hat sich gezeigt, daß die Etrusker dort, wo sie nicht durch schon vorhandene italische Siedlungen behindert wurden, und wo der Boden es erlaubte, ihre Städte streng geometrisch anlegten. Marzabotto ist ein Beispiel dafür, daß man selbst auf schwierigem Terrain einen rechteckigen Stadtplan anstrebte. Diese Stadt, der nördlichste Vorposten rein etruskischer Kultur, war für damalige Verhältnisse ziemlich groß. Ihr Umfang betrug mindestens drei Kilometer. Sie verdankte ihre Entstehung und ihren Aufschwung wohl der günstigen Lage an der wichtigen Straße durch das Renotal, die einerseits zu dem großen Umschlagplatz des Nord-Südhandels, Felsina (Bologna), andererseits nach Südtoskana führte. Bei den jüngsten Grabungen stellte sich heraus, daß dieser Ort bereits in der frühen Kupferzeit und auch in der letzten Villanova-Periode bewohnt war. Die tyrrhenischen Baumeister scheinen aber ohne Rücksicht auf bereits Vorhandenes und die Bodenformation mit großer Konsequenz nach einem genau festgelegten, rationellen Konzept vorgegangen zu sein. Sie hielten sich dabei an die durch die Griechen verbreiteten altorientalischen Vorbilder, die sie ihren religiösen und praktischen Bedürfnissen anpaßten. Die Stadt wurde durch eine exakt nordsüdlich verlaufende Hauptstraße geteilt, die ihrerseits durch drei ostwestlich orientierte Straßen unterbrochen wird. Seitenstraßen laufen parallel. Durch diese, ebenfalls nord-südlich verlaufenden Straßen wurde das Terrain in längliche Rechtecke aufgeteilt, die für große Wohnblöcke bestimmt waren. Die nördliche der großen Ost-West-Arterien verband die Stadt wahrscheinlich mit ihrer Akropolis, die als Anlage genauso wie diese orientiert war. Der sakrale und der profane Bereich von Marzabotto erscheinen auf diese Art von Anbeginn aufeinander bezogen. Dieser Determinismus ist typisch etruskisch. Die religiösen Regeln waren wichtiger als verwaltungsmäßige und politische Gesichtspunkte.

Längs der breiten Nord-Südstraßen fanden sich Wohnbauten, die zugleich Werkstätten enthielten, die vornehmlich der Metallindustrie dienten. Diese und der Handel mögen die Grundlagen des Wohlstandes der Etruskerstadt gebildet haben.
Die neuesten Ausgrabungen im Bereich dieser Wohn- und Fabriksgebäude brachten vielfach lange Zugänge zutage, die zu einem rechteckigen Innenhof führten, um den sich die Wohn- und Arbeitsräume gruppierten. Er enthielt stets eine Zisterne und in einigen Fällen auch Wasserrinnen, die den Handwerkern vermutlich für die Arbeitsvorgänge notwendig waren. Im Licht dieser Funde, die zeigen, daß sich die Industrien nicht an der Peripherie, sondern im Zentrum des Ortes befanden, gewinnen die breiten Gehsteige eine neue Bedeutung. Möglicherweise waren sie für Verkaufsstände bestimmt, in denen die in den dahinterliegenden Werkstätten produzierten Waren ausgelegt wurden. Man könnte sich die Hauptarterie von Marzabotto daher von überdachten Buden flankiert vorstellen, wie einen orientalischen Bazar.

Die Straßen waren gepflastert. Gedeckte Kanäle, in die mit Ziegeln ausgemauerte Abflußrinnen aus den Häusern mündeten, begleiteten sie. Alle Abwässer wurden durch diese Leitun-

Abbildung 13
Etruskischer Altar (VI. Jh. v. Chr., Marzabotto)

gen zu einer großen Kloake geführt, die sich in den unterhalb der Stadt fließenden Reno entleerte.

Am Hang der Akropolis befindet sich immer noch eine der ältesten hydraulischen Anlagen Italiens mit Zuleitungskanälen, einer Kläranlage in Gestalt eines Brunnenbeckens mit Abflüssen, die sein Überlaufen verhindern, und Kanälen, die das Wasser verteilen.

Sicher haben die Römer von den Etruskern, die bereits im sechsten Jahrhundert in Marzabotto über eine derart moderne Wasserversorgung verfügten, viel auf diesem Gebiet gelernt.

Bewunderungswürdig waren die von den Tyrrhenern angelegten Emissare. Ein 1800 Meter langer, ein bis zwei Meter hoher und meterbreiter Durchstich dient bis in unsere Tage der Regulierung des Wasserspiegels des Albanersees bei Rom, und auch die bekannte Senkung des Nemisees, durch die die Hebung der darin versenkten, antiken Schiffe ermöglicht wurde, erfolgte durch ein etruskisches Emissar.

Nach den frühen Ausgrabungen im Bereich von Marzabotto glaubte man in den freigelegten Hausfundamenten die Grundrisse des Atriumhauses zu erkennen und wollte die Bauart der römischen domus von etruskischen Vorbildern ableiten. Heute scheint diese Interpretation zweifelhaft, obwohl die Römer selbst vom »atrium tuscanicum« sprachen, wenn sie den Innenhof ihrer Wohnungen, um den die übrigen Räume gruppiert waren, erwähnten. Atrium dürfte auch ein etruskisches Wort sein, das sich z. B. in Namen wie Velletri wiederfindet.

Über die Technik des Mauerbaues bei Wohngebäuden gab die Spatenforschung in Marzabotto wichtige Aufschlüsse. Wie überall bestanden die Fundamente aus lehmgebundenen Feldsteinen; für die Mauern aber benutzte man große, halbgebakkene Lehmziegel und verstärkte die Konstruktion an den am meisten belasteten Stellen durch recht massive Travertinquadern oder Naturblöcke. Das Giebeldach wurde ohne Zweifel von einer Holzkonstruktion getragen und war mit Ziegeln gedeckt. Im Süden waren Terrassendächer häufig.

Die Ausgrabungen von Acquarossa haben gezeigt, daß die Wohnhäuser aus 2- bis 3 Räumen und einem rechteckigen Atrium bestanden, und daß für die Innendekoration auch bemalte Terracottaplatten verwendet wurden. Zuvor vermuteten die Archäologen, daß diese nur in Grab- und Kultbauten angebracht wurden. Die einfachen etruskischen Häuser hatten oft Außentreppen, die vornehmen wurden gelegentlich mit Loggien versehen oder mit Säulenhallen und Wandelgängen umgeben. Diodor berichtet, daß die Tyrrhener diese für das Gedränge der aufwartenden »Klienten« erfunden hätten. Ascheurnen in Hausform haben uns verschiedene Abarten etruskischer Wohnbauten überliefert. Von der primitiven runden oder rechteckigen Hütte bis zum eleganten, mit einem monumentalen Torbogen und Säulen geschmückten Herrenhaus aus behauenen, oft ornamental angeordneten Quadern gibt es da sehr viele Variationen. In den Palästen der Florentiner Renaissance wurden manchmal etruskische Bauformen wieder lebendig und zeigten, wie tiefeingewurzelt die Traditionen aus der Frühzeit italischer Architektur in der Toskana waren. Es gibt eine steinerne Hausurne aus Chiusi, die geradezu an den Palazzo Strozzi erinnert.

Die dekorativen Loggien um die Apsiden und an Türmen und Fassaden, die sich in der romanischen Architektur in Italien entwickelten, setzten einen tyrrhenischen Baustil fort, den wir nicht nur an Hausmodellen, sondern auch an einem der beiden etruskischen Tore von Perugia, der Porta Marzia, studieren können. Das schräge, stark vorspringende Dach, das an den tyrrhenischen Hausmodellen auffällt, ist immer noch bei toskanischen Landsitzen üblich. Die tuskische Säule schließlich, die vor allem die Tempel schmückte und sich in der ganzen Antike neben der Fülle griechischer Formen behaupten konnte, erfährt in der Renaissance und im Barock ihre Auferstehung. Die Piazza San Pietro in Rom wird von tuskischen Säulen umschlossen. Bernini wählte für seine Kolonnaden keine griechischen, sondern die ehrwürdigen tuskischen Säulen. In ihrer Einfachheit und Strenge schienen sie ihm die würdigste Umrahmung für den herrlichen Platz.

So deutlich unsere Vorstellung von dem Aussehen und der Anlage des etruskischen Wohnhauses ist, so umstritten sind immer noch die genauen Maße des etruskischen Tempels. Wir kennen von ihm nur Grundmauern und Bruchstücke seines Terracottaschmuckes sowie das eine oder andere primitive Tonmodell. Außerdem hinterließ uns Vitruvius, ein römischer Baumeister, der zu Augustus' Zeiten lebte, die Beschreibung eines tyrrhenischen Tempels, d. h. der Rekonstruktion eines Heiligtums, das angeblich im Jahre 494 v. Chr. unter Aulus Postumius zu Ehren der Ceres, des Liber und der Libera in etruskischem Stil in Rom erbaut worden war. Der Bericht des Vitruvius übermittelt trotz mancher Unklarheiten doch im ganzen das Bild eines ausgeprägten Breitbaues von gedrungenem und massigem Aussehen.

Die Seiten der viereckigen steinernen Basis eines etruskischen Tempels standen nach ihm im Verhältnis 5 : 6 zueinander. Die rückwärtige Hälfte der verfügbaren Fläche sei von einer, meist aus Ziegeln gemauerten, dreifachen *cella* für die Götterbilder eingenommen worden, der eine offene Säulenhalle vorgelagert war. Die Höhe der hölzernen Säulen sollte ein Drittel der Tempelbreite ausmachen. Ein weit vorspringendes Giebeldach deckte den ganzen Bau.

Die Ergebnisse der verschiedenen Ausgrabungen von Tempelresten ergaben, daß Vitruvius' Beschreibung durchaus nicht für alle etruskischen Tempel zutraf. Der Tempel A von Pyrgi (um 470 v. Chr.) war in der Tat dreizellig, das gleiche gilt für einen großen Tempel im Zentrum von Vulci und den neuentdeckten Minervatempel bei Santa Marinella, der im letzten Drittel des sechsten Jahrhunderts gegründet, zu Beginn des vierten zerstört, danach aber wiederaufgebaut wurde. Er gehörte vermutlich zu Punicum, einem der Häfen von Caere. Der kapitolinische Tempel in Rom, der unter Tarquinius Superbus

Abbildung 14
Dachschmuck aus farbiger Terracotta von einem Tempel
(Beginn V. Jh. v. Chr.)

erbaut worden sei, war wohl dreizellig aber, mit je einer Säulenreihe an den Längsseiten, vielleicht durch die griechische Tempelarchitektur beeinflußt. Neben diesen Bautypen bestanden auch einzellige Sanktuarien mit vorgezogenen Wänden (Anten), für die es Beispiele aus Fiesole, Bolsena und anderen Orten gibt. Der Minervatempel von Veji war höchstwahrscheinlich auch einzellig und, wie die anderen, nur einer Gottheit, geweiht. Die Verehrung einer Götter-Dreiheit war daher nicht die Regel und wird von manchen Gelehrten heute eher für römisch als für etruskisch gehalten. 1966 begannen amerikanische Archäologen vom Bryn Mawr College in Pennsylvania mit Ausgrabungen bei Murlo (Siena) und legten in den vier folgenden Jahren Reste kultischer Anlagen, die zwischen 570 und 550 v. Chr. datiert werden, frei, vor allem hochbedeutsame Teile eines Terracottafrieses aus 54 Platten von je 54 cm Länge und 24 cm Höhe, auf denen Bankettszenen, Pferderennen, eine Prozession und eine (vermutliche) Götterversammlung in bemaltem Relief zu sehen sind. Die letzte hat man als Götterdreiheit interpretiert, die damit bereits für das frühe sechste Jahrhundert dokumentiert wäre. Diese Auslegung ist jedoch umstritten. Die Achse der etruskischen Sanktuarien verläuft meist ungefähr nord-südlich, doch gibt es zahlreiche Abweichungen, die vielleicht mit dem himmlischen Wohnort der verschiedenen Gottheiten zusammenhingen. Das Lebermodell von Piacenza zeigt, daß den tyrrhenischen Göttern genau begrenzte Bezirke des Himmels zugewiesen waren, und man könnte sich wohl vorstellen, daß auch ihre irdischen Wohnstätten nach diesen ausgerichtet waren. Vielleicht wird es daher eines Tages möglich sein, die Gottheiten, denen die einzelnen Tempel geweiht waren, an der Orientierung ihrer Heiligtümer zu erkennen.

Das Haften der Etrusker an archaischen Vorstellungen und Traditionen, das so tief mit ihrem Wesen verknüpft erscheint, ließ sie bis zum Schluß im Tempelbau an der alten Konstruktionstechnik mit ihrer Verwendung von Holz, Ziegeln und Terracottaverkleidungen und Schmuck festhalten, die von den Griechen bereits 500 Jahre früher zugunsten der Steinarchitektur aufgegeben worden war. Es ist kennzeichnend, daß der ganz vereinzelt stehende Kultbau etruskischer Herkunft, der sich unter der Kirche von San Pietro in Segni am Rand der Lepinerberge findet, urtümliche Zyklopenmauern hatte. Seine Eingänge: ein spitzbogiger aus je drei vorkragenden Megalithen und ein zweiter mit einer zentnerschweren Platte als Türsturz, wirken mykenisch. Anstatt sich an der griechischen Tempelarchitektur zu inspirieren, die damals bereits in Peastum zu sehen war, hatte man die Bauformen der vorgeschichtlichen Mittelmeerwelt, die sonst nur in den Gräbern verwendet wurden, hier noch in einem oberirdischen Heiligtum verewigt.

Die Innendekoration und der Außenschmuck der tyrrhenischen Tempel bewahrten stets einen altertümlichen Zug und mögen in ihrer grellen Farbigkeit eher barbarisch gewirkt haben. Die Cella war höchstwahrscheinlich mit Fresken oder bemalten Terracottaplatten geschmückt. Bildwerk aus bemalter Terracotta oder vergoldeter Bronze schmückte die Giebel. Die Dachränder trugen ausgezackte Terracottarahmen, auf denen Lotos- und Palmettenmotive abwechselten. Die Seiten des Tempels waren mit bunten Friesen in Relief verziert, auf denen Fabeltiere oder auch ganze Szenen mit Reiterzügen, kämpfenden Kriegern, Silenen und Nymphen usw. zu sehen waren. Auch die Giebelfelder der Tempel waren mit lebhaft bewegten, bunten Szenen ausgefüllt. Besonders typisch waren die zahlreichen Antefixe: kleinere und größere Stirnziegel in der Gestalt stilisierter Köpfe von Silenen, Mänaden, Medusen, Genien und Dämonen. Diese grell in Rot, Schwarz, Blau, Weiß und Braunviolett bemalte Mythenwelt bevölkerte die Tempel rundum in einer wilden, oft wohl mehr grotesken als schönen Orgie von Formen und Farben, starrenden Augen, fletschenden Grimassen, heftig bewegten Leibern. Vielleicht diente dieses bacchantische, manchmal auch leicht obszöne Durcheinander ohne sichtbare Beziehung zu den in den Tempeln verehrten Gottheiten dem magischen Schutz der Heiligtümer. Vielleicht entsprang es auch nur dem ungezügelten Dekorationsbedürfnis und der üppigen Phantasie der Etrusker.

Im vierten Jahrhundert entwickelte sich die Dekoration der etruskischen Tempel unter griechischem Einfluß zu größerer Eleganz. Der Hang zum Furchterregenden und Grotesken trat zurück. Die Dämonen zeigten oft eine düstere Schönheit, die weiblichen Genien blickten freundlicher. Die Giebelfelder wurden mit großangelegten Szenen in Hochrelief gefüllt, von denen man Bruchstücke in meisterhafter Ausführung gefunden hat. Die Pflanzenornamente wurden zarter und zugleich variierter und organischer. Alle Formen verfeinerten sich in der Spätzeit. Auch das Dach sprang weniger weit vor, und die Säulen wurden schlanker. Nach Vorbildern aus dem griechischen Orient bekamen sie Blätterkapitelle, aus denen Köpfe hervorsahen. Vermutlich gab es in der Schlußepoche der etruskischen Sakralarchitektur auch Rundtempel. Mit dem Untergang der Etrusker endete der Brauch, die Heiligtümer mit Terracottaschmuck zu verzieren.

Von der Pracht der etruskischen Tempelgeräte spricht die herrliche runde Bronzelampe aus der zweiten Hälfte des fünften Jahrhunderts v. Chr., die man in Cortona aus der Erde holte, und die im dortigen Museum aufbewahrt wird. Sie mißt 58 Zentimeter im Durchmesser und trug sechzehn ölgespeiste Flammen. Ihre wundervoll gearbeitete Unterseite gleicht einer phantastischen Blume. Das Zentrum wird von einem starrenden Gorgonenantlitz gebildet, das von konzentrisch angeordneten archaischen Motiven umgeben ist. Die Schalen der einzelnen Lämpchen haben abwechselnd die Gestalt eines musizierenden Silens und einer Harpyie. D'Annunzio hat diese Ampel in seinen »Laudi« besungen. Er hat mit Recht ihre dunkle, erdhafte Symbolik empfunden, die sich in den Urmotiven von Zeugung und Vernichtung ausdrückt, die sie zeigt.

Die auf uns überkommenen Angaben über die Bauart etruskischer Heiligtümer sind ungenau und verwirrend; von den Gründungszeremonien der Tempel aber besitzen wir anschauliche Schilderungen. Der Augur mit dem Krummstab, dem lituus, bestimmte zunächst die Grenzen der Fläche, auf der das Sanktuarium stehen sollte. Danach befragte er die Götter um ihre Zustimmung. Wenn diese sich durch Zeichen: Blitz, Vogelflug usw. kundgetan hatten, war der Ort damit zum *fanum* geworden. Auf einem solchen »fanum« konnte nur ein Altar oder auch ein Tempel errichtet werden. Im letzten Fall stellte sich der Augur mit nach Süden gerichtetem Antlitz in die Mitte des Platzes und teilte diesen in vier, den Himmelsrichtungen entsprechende Teile. Im nördlichen Abschnitt standen später die Götterbilder nach Süden blickend. Zu Beginn der Bauarbeit wurden die Eingeweide der bei diesem Anlaß geopferten Tiere in die Fundamente eingemauert, und der erste Stein wurde auf sie gesetzt.

Die genau festgelegten Regeln der Tempelgründung, die

sinnvolle Anlage der etruskischen Städte, ihr hohes zivilisatorisches Niveau, die Wohnweise der Tyrrhener, dies alles spricht von einer fortgeschrittenen Lebenskultur, und einer festgefügten Ordnung des öffentlichen und privaten Lebens.

DAS ÖFFENTLICHE UND PRIVATE LEBEN DER ETRUSKER

Die unmittelbare Verankerung im Religiösen, die alle Belange des etruskischen Lebens kennzeichnete, führte zu strenger Ahndung aller Verstöße gegen die Gesetze. Jedes Vergehen stellte zugleich eine Beleidigung der Götter dar. Besonders klar drückt sich dies in der unverhältnismäßig schweren Sühne für Grenzverletzungen durch Landesverweisung des Schuldigen und selbst seiner Nachkommen aus. Die Regeln der Landvermessung und -verteilung gehörten zu der in den Ritualbüchern enthaltenen geheiligten Lehre, ihre Nichtbefolgung zog den Zorn der Götter herab. Auch Eigentumsdelikte wurden hart gebüßt. Von urtümlicher Grausamkeit war die Bestrafung des Vatermordes. Der Verbrecher wurde zusammen mit einem wütigen Hund, einer Viper und einem Affen in einem Sack ins Wasser geworfen. In der Äneis wird noch eine andere schreckliche Strafe erwähnt, in deren Vollzug der Verurteilte, Gesicht an Gesicht mit einem Leichnam zusammengefesselt, eines langsamen, entsetzlichen Todes sterben mußte. Gewöhnliche Mörder wurden deportiert. Hermaphroditen in einer Kiste ins Meer geworfen. Alle neun Tage hielt der Lukumon feierliche Rechtsprechung. Geringere Missetaten wurden dabei mit öffentlicher Auspeitschung bestraft. Diese strenge Handhabung der Justiz spricht eine unmißverständliche Sprache von den Moralbegriffen des etruskischen Volkes. Seine Gesetzgebung, seine Werke und seine religiösen Vorstellungen sind zuverlässigere Beweise für seine sittlichen Anschauungen als der pikante Klatsch, den Griechen und Römer gerne über es verbreiteten. Plautus hat in einem seiner letzten Stücke behauptet, daß sich die etruskischen Mädchen ihre Mitgift durch Prostitution zu verdienen pflegten; doch ist es wahrscheinlich, daß er diese mit den Lyderinnen gleichsetzte, von denen Herodot dies berichtet. Da die Etrusker infolge ihrer Herkunft in der Antike meist mit den Lydern identifiziert wurden, ist hier eine Verwechslung naheliegend.

Für die bäuerlich streng und patriarchalisch lebenden Römer der Frühzeit war die sinnen- und schönheitsfreudige Lebenskultur der Etrusker unverständlich und die für ihre Begriffe unerhört freie Stellung der Frauen gleichbedeutend mit Sittenlosigkeit. Die Römer der Kaiserzeit stellten allerdings alles, was zuvor von den Ausschweifungen der Tyrrhener behauptet worden war, weit in den Schatten.

Auch die Griechen billigten nur den Hetären eine ähnliche Freiheit des Lebenswandels zu, wie sie die etruskischen Frauen genossen. Diese teilten aber mit ihren Männern nicht nur die Festfreude, sondern auch die Verantwortung und Sorge für Haus, Landbesitz und Geschäfte. Die jungen Mädchen stählten ihren Körper mit gymnastischen Spielen, und den Ehefrauen war es erlaubt, mit ihren Gatten den Wettkämpfen der nackten Athleten beizuwohnen. In Griechenland wäre dies undenkbar gewesen, und so wußten denn auch Theopompos wie Timaios zu berichten, daß die etruskischen Frauen wahllos jedem gehörten. Die Vaterschaft ihrer Kinder ließe sich daher nicht feststellen, folglich würden diese alle gemeinsam erzogen.

Zur Zeit dieser Behauptung waren die Griechen schon sehr lange der alten, von den Erd- und Muttergottheiten bestimmten Mittelmeerwelt entwachsen, in der die Frau, die Gebärerin, als geheiligte Lebensträgerin an erster Stelle stand. Die homerische Religion hatte die »Große Mutter« verdrängt und an ihre Stelle Athena, die nicht vom Weibe Geborene, gesetzt. Die göttliche Kraft des Geistes hatte die Gewalten der Natur verdrängt.

Über der tyrrhenischen Frau aber liegt noch ein letzter Schimmer des Glanzes, der die Frauen Kretas umgab, die uns in kostbarer, raffinierter Kleidung, als Priesterinnen, als große Damen in höfischem Prunk, als Jägerinnen und sogar als tollkühne Stierkämpferinnen in der kretischen Kunst entgegentreten.

Stolzes Selbstbewußtsein und ein hochgestimmtes Daseinsgefühl spricht auch aus den Bildnissen der Tyrrhenerin. Als juwelenbehängte, würdige Matrone ruht sie auf ihrem Sarkophag, als gleichberechtigte Partnerin teilt sie mit ihrem Gatten das Lager beim Festmahl. Die jungen Mädchen aber sehen wir in überschäumender Lebensfreude im bacchantisch gelösten Tanz oder beim feierlichen Sakralreigen. Homophile Paare wie sie auf den Malereien in griechischen Gräbern von Pästum vorkommen, werden auf den Bankettszenen der Gräber von Tarquinia niemals dargestellt.

Der hohe Rang der tyrrhenischen Frau innerhalb der Familienhierarchie drückt sich in der Erwähnung der mütterlichen neben der väterlichen Abkunft in den Grabinschriften aus. Es kommt sogar vor, daß nur die erste angegeben wird. Auch in den etruskischen Sagen spielt die mütterliche Abstammung die Hauptrolle. Trotzdem wäre es unrichtig, von einer Herrschaft des Mutterrechtes bei den Tyrrhenern zu sprechen; zumindest in der geschichtlich erfaßten Epoche kann keine Rede davon sein.

Die Schönheit der Etruskerin wurde selbst von den Griechen gepriesen. Auf Wandgemälden und in den Bildwerken tritt uns der Liebreiz dieser Frauen entgegen; in der Frühzeit erscheinen sie als kräftige, sinnliche Schönheiten. Später verfeinert und vergeistigt sich das Antlitz der tyrrhenischen Frau und erhält den edlen, etwas müden Reiz einer alten Rasse.

Bereits in den ältesten Bildwerken wird die Etruskerin schön gekleidet und sorgfältig frisiert dargestellt. Das archaische Frauengewand war lang, eng anliegend und um die Mitte gegürtet. Ein bis zu den Knien reichender Überwurf, den man auch in Falten ordnete, bedeckte es. Die Haare wurden gern zu Zöpfen geflochten. Zwei hingen zu seiten des Gesichtes herab, die Hauptmasse des Haares wurde aber hinten zusammengefaßt. Die runde oder auch spitz zulaufende Haube, der *tutulus*, scheint von alters her von den Etruskerinnen getragen worden zu sein. Diese Haube erinnert übrigens an eine bei den Hethiterinnen gebräuliche Kopfbedeckung. Auch die zierlichen Schnabelschuhe der etruskischen Frauen und Männer haben ihre Vorbilder bei den Hethitern. Nach der archaischen Epoche wurden *tutulus* wie Schnabelschuhe von der griechischen Mode verdrängt.

Die tyrrhenischen Männer kleideten sich in kurze Wämser und die malerisch über die Schultern geworfene *tebenna*, die Vorläuferin der römischen Toga. Man trug sie über dem nackten Oberkörper oder auch einem leinenen Untergewand. Die Pracht der reichdrapierten, mit köstlichen Stickereien, goldenen Knöpfen, Borten und Fransen verzierten Überwürfe der Männer und Frauen, die Zartheit der buntdurchwirkten Schleierstoffe der weiblichen Unterkleider entzücken uns auf den Fresken der Gräber. Berühmt waren die etruskischen Sandalen mit kupferbeschlagener Sohle und silbernem und goldenem Riemenzeug.

Die Tyrrhenerin verstand es auch, ihre Reize auf raffinierte Weise zu pflegen und zu rahmen. Von der Sorge um ihr Antlitz und ihren Körper zeugt die Vielfalt der Toilettengegenstände. Die kleinen Fläschchen aus Elfenbein und Alabaster oder golddurchzogenem Glas, die zur Aufbewahrung kosmetischer Mittel und Parfüms dienten, die verschiedenen Instrumente zur Pflege der Nägel, zum Auftragen und Entfernen der Schminke, die wohlriechenden Öle, dies alles stellt ein wohlassortiertes Schönheitsarsenal dar.

Die Kultur der Etruskerin beschränkte sich aber nicht nur auf die eigene Person; sie liebte es auch, sich mit geschmackvollen Gegenständen zu umgeben. Es ist kein Zufall, daß die erlesensten Werke der Kleinkunst ihr zum Dienste geschaffen wurden. Zu diesen gehörten an erster Stelle die polierten runden Handspiegel aus Bronze, deren Rückseite graviert oder in Relief gearbeitet wurde. Selbst die Griechen bewunderten die Etrusker hier als Meister. Einzelne Spiegel, die mythologische oder auch Kult- und Bankettszenen zeigen, sind von wunderbarer Harmonie und Feinheit der Zeichnung. Die Herstellung dieser Spiegel begann um die Neige des sechsten Jahrhunderts und erreichte um das dritte ihren größten Umfang. Palestrina und Vulci scheinen die Zentren der Spiegelindustrie gewesen zu sein.

Ihren Schmuck verwahrten die vornehmen Etruskerinnen, ebenso wie ihre Toilettengegenstände, in bronzenen zylindrischen oder elliptischen Büchsen, ähnlich den zu kultischen Zwecken geschaffenen »Zisten« der Griechen. Diese Büchsen waren mit eingravierten Bildern bedeckt; außerdem trugen sie auf ihren Deckeln bezaubernden figürlichen Schmuck. Das Etruskische Museum im Vatikan besitzt eine berühmte Zista, auf der eine Amazonenschlacht graviert ist. Die wildbewegten, grausamen Szenen auf der Außenfläche der Zista stehen in raffiniertem Kontrast zu dem Deckelgriff. Ein jugendlich zartes

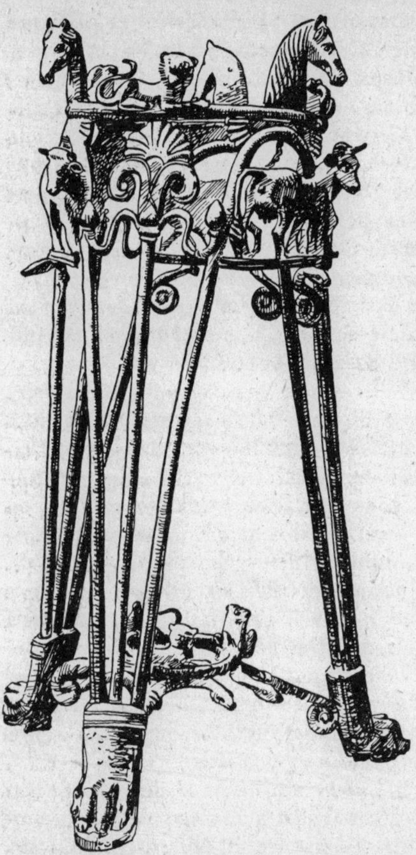

Abbildung 15
Bronzener Dreifuß aus Vulci (Mitte des VI. Jh. v. Chr.)

Pärchen wiegt sich da träumerisch verspielt auf einem Schwanenpaar, dessen sich berührende Schwanzfedern den Henkel bilden. Seepferdchen, geflügelte Genien oder zwei ineinander verflochtene Ringkämpfer bilden bei anderen Cisten die kunstvollen Griffe. So lobte der Athener Kritias um die Wende zum vierten Jahrhundert v. Chr. mit Recht alles erzene Gerät, das das etruskische Haus schmücke, als das beste seiner Art.

Zu der Ausstattung eines aristokratischen Heimes gehörten auch die großen bronzenen Dreifüße, die schon um die Mitte des sechsten Jahrhunderts in Vulci in hoher Vollendung erzeugt wurden, und vor allem die in unendlicher Vielfalt gestalteten Kandelaber jeder Größe. Ihre blumenartigen Oberteile werden mit Vorliebe von nackten Gestalten in kühnen Stellungen, gleichsam als akrobatisches Bravourstück, auf dem Kopf balanciert. Die Freude der Tyrrhener an der stark bewegten Form brachte auf diesem Gebiet die reizendsten und lebendigsten Schöpfungen hervor. Im siebten und sechsten vorchristlichen Jahrhundert, der Epoche der Macht und des großen Reichtums, waren die Tafelgeräte der Fürsten teilweise aus Silber und Gold, wie die Funde aus den Gräbern von Palestrina und dem »Grab Regolini-Galassi« zeigen. Vor den mit getriebenen Figuren bedeckten Silberschüsseln oder dem berühmten Goldbecher aus dem »Grab Bernardini« wird man lebhaft an die Schilderung solch kostbaren Geschirres in der Odyssee erinnert. Besonders der Goldpokal mit seiner wunderbar einfachen Form, die nur durch je zwei Sphinxfigürchen auf den beiden Henkeln belebt wird, ist von vollendeter Eleganz.

Nicht nur die Prunkstücke, auch alle Gegenstände des täglichen Gebrauches waren mit so viel Handfertigkeit, Phantasie und Stilgefühl gearbeitet, daß sie stets noch im Bereich des Künstlerischen blieben. Wie anmutig wurde bei den Tyrrhenern selbst ein kleines Bronzesieb für die Küche! Sein Griff endet in einem stilisierten Pferdeköpfchen, die Sieblöcher zeichnen durch ihre Anordnung ein Gorgonenhaupt.

Von der Schönheit des Goldschmuckes aus der archaischen Phase wurde schon gesprochen. Es ist interessant, daß sich ähnliche Schmuckformen nur in Kleinasien im hethitischen Kulturkreis, besonders aber in Lydien gefunden haben. Auch die Vorliebe der Etruskerinnen für große, überladene Stücke hat etwas Orientalisches. Die einzelnen Anhänger haben manchmal erstaunliche Dimensionen. Das Louvre-Museum ist im Besitz eines erlesenen Juwels, das einen goldenen Acheloоskopf darstellt. Das Gesicht wurde in Treibarbeit geschaffen, die Haare in Filigranspiralen stilisiert, soweit sie nicht durch Granulation angedeutet sind; der Bart wird durch eine unglaublich feine

Granulierung wiedergegeben. Die verschieden dichte Bekörnung der einzelnen Partien des Kopfes bringt sehr eigenartige, schillernde Effekte hervor. Kein moderner Goldschmied könnte die raffinierte Technik dieses kleinen Meisterwerkes übertreffen, das einst an einer geflochtenen Kette aus Golddraht vom Halse einer etruskischen Schönen hing. In später Zeit kamen Granulation und Filigran bei den Tyrrhenern zugunsten der Treib- und Stanztechnik aus der Mode, Ohrgehänge, Nadeln, Ketten und Ringe wurden auch etwas weniger pompös. Aus dem fünften Jahrhundert gibt es zarten Halsschmuck aus geflochtenem Golddraht mit vielen kleinen Anhängern in der Form von Köpfchen, Lotosblüten, Palmetten usw. Farbige Glasperlen, besonders dunkelviolette, und bunter Emailfluß erhöhten die Wirkung der Geschmeide. In der Verfallszeit wurde der Schmuck wieder überladen und auffallend wie früher im siebten Jahrhundert, doch von weit gröberer Ausführung. Auf Aschekisten und Sarkophagen sehen wir die Frauen oft mehrere Reihen von Ketten mit übergroßen Medaillen tragen, auf denen mythologische Szenen zu sehen waren. Auch die *bulla*, die Goldkugel oder Kapsel, die die Knaben als Amulett um den Hals trugen, nahm riesige Dimensionen an.

Zur Kunst der Goldschmiede gehörte die Anfertigung von goldenen Zahnumhüllungen und Brücken, die die etruskischen Dentisten bereits vielfach verwendeten.

Merkwürdigerweise entsprechen nur die tyrrhenischen Geldmünzen nicht dem hohen Stand der sonstigen Metallbearbeitung. Sie tauchen erstaunlich spät – erst im fünften Jahrhundert v. Chr. – auf und sind dann ziemlich grob ausgeführt. Trotz ihres ausgedehnten und vielfältigen Handels bedienten sich die Etrusker sehr lange nur der *aes rude*, kleiner Bronzebarren, die später dann als *aes signatum* gezeichnet wurden, als Zahlungsmittel.

Auf einem einzigen Gebiet der angewandten Kunst brachten die Tyrrhener im allgemeinen nur Mittelmäßiges hervor: in der bemalten Keramik. Mit Ausnahme der schönen, schwarzfigurigen »Pontischen Vasen« des sechsten Jahrhunderts und der »Caeretaner Hydrien«, die aus den Ateliers einiger weniger Meister stammten, die vielleicht Griechen waren oder doch in engster Anlehnung an hellenische Vorbilder arbeiteten, und rotfiguriger Vasen des fünften Jahrhunderts aus Vulci, scheinen die etruskischen Gefäße meist nur schwache Nachahmungen der griechischen. Doch erfüllt die Szenen aus hellenischen Mythen, die Jagd- und Kultbilder, die auf den Tongefäßen zu sehen sind, der gleiche lebhafte, oft wilde Rhythmus, der für die Grabfresken charakteristisch ist. Dies und die krause Fülle der Ornamente sind die besonderen Merkmale des etruskischen Vasenstils. Aus der Spätzeit gibt es seltsame, häßliche Mischkrüge und Amphoren in der Form von Menschen- oder Dämonenköpfen und Nachahmungen von Gefäßen aus Edelmetall in Gestalt von vergoldeten und versilberten Terracottavasen von zweifelhaftem Geschmack. Der italienische Barock hat noch einmal ähnliche Dinge hervorgebracht.

Aus all den persönlichen Besitztümern der Etrusker, den Gebrauchs- und Kunstgegenständen, die zu ihrer Lebenskultur gehörten, ergänzt sich das Bild ihres Alltages zu den Vorstellungen von ihren Festfreuden, die wir aus den Grabfresken gewinnen. Wir lernen allerdings stets nur das Dasein einer reichen aristokratischen Oberschicht kennen; denn nur diese konnte sich den Luxus prunkvoller Grabbauten und kostbarer Totenbeigaben leisten. Aber gerade in dieser Klasse treten uns wohl die eigentlichen Etrusker entgegen. Als Einwanderer dürften sie rassisch nur eine Minderheit gebildet haben, die die italische Bevölkerung beherrschte und sich nur langsam mit ihr vermischte.

Wenn die Volkselemente auch allmählich verschmolzen, so scheint die Sprache der Etrusker doch die einheimischen Idiome nie ernstlich verdrängt zu haben. Die Latinisierung Etruriens hätte sonst unter den Römern kaum so rasch und vollständig stattfinden können, und vor allem wäre die etruskische Sprache länger erhalten geblieben. Sie mag immer mehr die Sprache der Gebildeten und Amtssprache gewesen sein. Die Enträtselung dieses früh verschollenen Idioms ist trotz der Fortschritte der Sprachforschung, die heute vor allem mit der kombinatorischen Methode arbeitet, noch weit von einer zuverlässigen Lösung. Durch den Vergleich der vorhandenen Inschriften oder auch die Gegenüberstellung der etruskischen mit lateinischen, inhaltlich verwandten Texten, sucht man den Sinn der einzelnen Wörter zu deuten und hat mit dieser mühevollen Arbeit unleugbare Erfolge erzielt. Weit mehr als hundert Wörter sind bereits entziffert, darunter besonders die Bezeichnungen für Verwandtschaftsgrade, Beamtentitel und Verben, die mit der Dedikation von Weihegaben zusammenhängen. Antike Grammatiken und Glossare haben uns zudem einige Ausdrücke überliefert, und man ist heute auch so weit, Einzahl und Mehrzahl, männliche und weibliche Wörter, ihre Deklination usw. zu unterscheiden. Die Schwierigkeiten der Interpretation werden noch durch die oft unklare Worttrennung vermehrt. In manchen Texten wurden die Buchstaben ohne jede Interpunktion aneinandergesetzt, andere wieder zeigen Punkte zwischen den Wörtern. Schließlich verfügt man auch nur über einen begrenzten Wortschatz. Die meisten der etwa 10 000 bisher aufgefundenen Inschriften gehörten zu Gräbern, Sarkophagen oder Votivgaben und wiederholen stets die gleichen Formeln. In den Widmungen kehrt die Wendung »mini mulvanike« (hat mich geweiht) immer wieder.

Der längste Text, den wir besitzen, steht auf einer Leinenbinde, die um eine ägyptische Mumie gewickelt war. Diese Mumie wurde nach Agram verkauft, und erst später bemerkte man, daß ihre Umhüllung Schriftzeichen aufwies, einen etruskischen Text von 1500 Worten, der heute mit Sicherheit als religiöser Text mit Opfervorschriften für verschiedene Gottheiten interpretiert werden kann. Dasselbe gilt auch für eine Totentafel aus Capua, von deren 61 Zeilen allerdings nur 29 lesbar sind. Eine Bleiplatte mit einer spiralförmig angeordneten Inschrift und ein Elfenbeintäfelchen mit einem frühetruskischen Alphabet wurden in Marsigliana d'Albegna gefunden. In den letzten Jahren kam eine Reihe längerer Schriftdokumente ans Licht, darunter ein doppelt beschriebenes Bleitäfelchen in zwei Teilen aus Santa Marinella und 14 Worte auf dem Mittelpfeiler eines neuentdeckten Grabes in der Banditaccia-Nekropole von Caere, dessen reiche Totenausstattung offenbar kurz vorher von »tombaroli« geplündert worden war. Die Entzifferung der etruskischen Sprache hat durch das neue Material wesentliche Fortschritte zu verzeichnen, der verständliche Wortschatz hat sich erweitert und die vielumstrittenen Zahlworte auf zwei Würfeln aus Tuscania können nun mit ziemlicher Sicherheit richtig übersetzt werden: Thu = 1; zal = 2; ci = 3; sa = 4; mach = 5; huth = 6.

Die Tyrrhener übernahmen die Schrift vielleicht bereits vor dem 7. Jahrhundert. Es bleibt offen, ob sie diese über die Griechen in Kyme oder direkt aus Kleinasien erhielten. Das Alphabeth, dessen älteste Exemplare aus dem 7. Jahrhundert stammen, gehört zu den westgriechischen, enthält aber Buchstaben, die auf archaisch-griechischen Inschriften nicht erscheinen, und von den Hellenen neu eingeführte Zeichen, insgesamt 26 Buchstaben, von denen b, d und o nicht benutzt wurden. Manche Gelehrte vermuten aus verschiedenen Eigenheiten der etruskischen Schrift, daß dieser ursprünglich eine Silbenschrift vorausgegangen war in der Art der griechischen Linear-B-Schrift. O wurde von den Tyrrhenern durch U ersetzt und f durch vh, später benutzte man ein eigenes Zeichen, das einer 8 ähnelt, für den F-Laut. Es ist bedeutsam, daß dieses Zeichen auch von den Lydern gebraucht wurde.

Die Aussprache der etruskischen Worte ließ sich mittels etruskisierter Namen griechischer Gottheiten rekonstruieren, die auf Bronzespiegeln oder Grabmalereien vorkommen. Das archaische Etruskisch klang fremdartig, doch angenehm. Die Widmungsinschrift auf einer Vase: »aska mi eleivana, mini mulvanike mamarce velchanas« (»Ich bin ein Ölgefäß, von Mamarce Velchanas gestiftet«), ist melodisch wie die Zeile eines Gedichtes. Dasselbe gilt für Namen wie Tulumne, Papathna, Seianti, Apaiatru, Luvisui. Das Neoetruskisch, das sich im fünften Jahrhundert in den Schriftdokumenten bemerkbar macht, klang wesentlich anders, härter, zischender. Die Konsonanten scheint man aspiriert zu haben. Ein letzter Rest dieser Aussprache lebt wahrscheinlich im eigenartigen aspirierten c der Toskaner. Eine Zeile aus dem Text der Agramer Mumienbinde ». . . ecn zeri lecin in c zec fler thezince sacnistres cilths spurestres ena ethrse tinsi tiurium avils chis . . .« gibt eine deutliche Vorstellung vom veränderten Klangcharakter der Sprache nach der archaischen Epoche.

Seit der Mönch Annio von Viterbo gegen Ende des fünfzehnten Jahrhunderts mit dem Kopieren tyrrhenischer Schriftdenkmäler begann, hat die Ergründung der etruskischen Sprache Philologen und Archäologen der verschiedensten Nationen beschäftigt. Sämtliche antike und moderne Sprachen wurden in den letzten 400 Jahren mit ihr verglichen; sogar das Chinesische. Der französische Sprachforscher Z. Maitani glaubt heute das Etruskische mit Hilfe des Albanischen als illyrischen Dialekt erkannt und teilweise entziffert zu haben.

Die Voraussetzung, von der Z. Maitani ausgeht: der indoeuropäische Charakter des Etruskischen, ist aber sehr fragwürdig. Die Sprache der Tyrrhener weist sowohl in ihrem Wortschatz wie in ihrer grammatikalischen Struktur wenig Gemeinsames mit den indoeuropäischen Idiomen auf. Allenfalls zeigt der morphologische Aufbau noch gewisse Verwandtschaften. Naturgemäß erfolgte auch während des langdauernden Zusammenlebens der Etrusker und Italiker eine Verschmelzung der beiderseitigen Eigennamen, und beide Sprachen übernahmen Ausdrücke voneinander; trotzdem blieb das Etruskische ein Fremdkörper inmitten der indoeuropäischen Dialekte. Seneca spielt in einer satyrischen Anekdote über Kaiser Claudius bereits auf seine Unverständlichkeit an. Zu seiner Zeit war die Kenntnis der tyrrhenischen Sprache offenbar nur mehr ein Privileg der Gelehrten und vermutlich jener Priester, die etruskische Riten wie die Leberschau oder die Blitzdeutung und Beschwörung weiterführten.

Nach wie vor wird es richtiger sein, das Etruskische eher als eine altmediterrane, denn als eine indoeuropäische Sprache anzusehen. Im übrigen stellt sie nicht den einzigen Rest einer solchen auf italienischem Boden dar. Auch im nördlichen Picenum an der Adriaküste hielten sich bis ins vierte vorchristliche Jahrhundert Teile einer archäologisch in ihren Bestattungen erfaßbaren Urbevölkerung, die trotz des Eindringens illyrischer und anderer indoeuropäischer Stämme ihre eigene Sprache bewahrt hatte. Diese geheimnisvollen Picener hinterließen uns auf den berühmten Grabstelen von Novilara Schriftzeugnisse, die gleich den etruskischen in griechischen Buchstaben abgefaßt, lesbar aber unverständlich sind. Das Altpicenische läßt sich ebenfalls keiner anderen Sprachgruppe zuordnen; mit dem

Etruskischen hat es außer den fast ganz fehlenden Medien nichts gemein; die Aspiraten sind äußerst selten, die Spiranten sind, zum Unterschied von den italienischen Dialekten, nicht häufig, die Syntax ist weder indoeuropäisch noch etruskisch.

Wenn man eines Tages imstande sein wird, die etruskischen Schriftdenkmäler zu entziffern, wird dies zwar von höchstem historischem, aber kaum von großem literarischen Interesse sein. Bedeutende dichterische Leistungen scheinen die Etrusker, trotz ihrer sonstigen künstlerischen Begabung, nicht hervorgebracht zu haben. Doch zeigten sie, ebenso wie später die Römer, starkes Interesse für Chronikliteratur. In Tarquinia kam vor einigen Jahren bei Grabungen ein lateinischer Text aus dem ersten Jahrhundert zutage, die schwungvolle Würdigung eines etruskischen Magistraten, die vielleicht eine Vorstellung vom Stil der verschollenen »tuscae historiae« gibt. Fest steht auch das Talent der Tyrrhener für klare, präzise Formulierungen, das ihre religiöse Literatur in mancher Hinsicht als Vorbild der römischen Rechtsbücher erscheinen läßt. Sicherlich besaßen die Etrusker eine religiöse Lyrik. Wir wissen, daß Chöre junger Mädchen bei Kultfeiern Hymnen vortrugen. Vermutlich gab es auch Heldengesänge, die die Waffentänze begleiteten. Im faliskischen Gebiet sang man erotische Hochzeitslieder. Die gesamte Lyrik ging verloren; so bleibt es ungewiß, ob die etruskische Metrik auf dem Klang oder der Silbenzahl beruhte. Wahrscheinlich war sie dem saturnischen Versmaß der Lateiner verwandt.

Die dramatische Dichtung scheint in Etrurien erst recht spät und unter dem Einfluß des griechischen Theaters eingeführt worden zu sein. Varro zitiert einen Volnius als Tragödiendichter. Mimen aber tauchen schon früh bei religiösen Feiern auf, z. B. der maskierte Phersu bei den Leichenspielen. Livius und Plutarch erwähnen, daß Rom die Kunst der Pantomime aus Etrurien übernommen habe. 363 v. Chr. wurden in der Tiberstadt anläßlich einer »Götterbewirtung«, durch die man die Pest zu bannen hoffte, zum ersten Male Bühnenspiele aufgeführt. Sie waren sicher religiösen Charakters, und man bestellte sich zu diesem Anlaß etruskische Schauspieler, »hister«, und Flötenbläser, »subulo«. Bei diesen Vorführungen wird es sich mehr um mimischen Tanz, als um Schauspielkunst im eigentlichen Sinne gehandelt haben. In einem antiken Bericht heißt es ausdrücklich, daß die getanzte Pantomime durch einen etruskischen »hister« nach Rom gekommen sei. Es bleibt offen, ob »hister« die allgemeine Bezeichnung für einen Mimen war, oder nur der Name des ersten etruskischen Schauspielers, der in Rom auftrat. Jedenfalls entstand aus dieser Benennung der lateinische Ausdruck histrione für einen Schauspieler. In älterer Zeit trat der Mime maskiert auf und improvisierte mit Musikbegleitung durch Tanz und Gebärdenspiel Szenen. Mit der Zeit kamen dazu ebenfalls improvisierte Dialoge.

In der Musik spielten Flöten, die einfache wie die Doppel- und später die Querflöte, eine große Rolle. Wir begegnen ihnen in zahllosen Darstellungen. Die Etrusker waren ein sehr musikliebendes Volk; keine Zeremonie, kein Fest fanden ohne Musik statt. Sogar die Kämpfe der Athleten, die Bereitung des Mahls und selbst die Bestrafung der Sklaven erfolgten mit musikalischer Untermalung. Eine antike Legende erzählt, daß die Tyrrhener wilde Tiere mit dem süßen Klang ihrer Flöten derart zu bezaubern wußten, daß diese sich freiwillig in die Netze der Jäger begaben. Brachten die Tyrrhener ihre Kunst aus Kleinasien mit, wo das Flötenspiel von alters her sehr beliebt war? Es ist wohl möglich, daß sie sich der klagenden lydischen und der orgiastischen phrygischen Tonart bedienten. Neben der Flöte wurden Kithara und Leier gespielt. Die Mädchen begleiteten ihren Tanz mit Kastagnettengeklapper.

Trotz der vielen Darstellungen etruskischer Festlichkeiten, die sich allerdings fast ausschließlich auf den Totenkult beziehen, wissen wir wenig von den Zeremonien und Feiern, die den Lebenden galten.

Keine Überlieferung berichtet etwa, wie die Geburt eines Kindes gefeiert wurde. Nur über den Ritus der Adoption gibt ein Bronzespiegel Auskunft, der die Adoption des Herkules durch Juno darstellt. Der Heros trinkt darauf an der Brust der Göttin. Das Relief einer Aschenkiste aus Chiusi schildert eine Feier, die man als Hochzeitszeremonie gedeutet hat. Ein Paar schreitet Hand in Hand unter einem Baldachin, der seine Köpfe verdeckt. Einzig über die Begräbnissitten haben die Totenmale hinreichend Auskunft gegeben. Ihr sakraler Ernst und die Abschiedstrauer waren, wenigstens in der archaischen Zeit, durch die tröstliche Vorstellung vom Fortleben der Toten in der liebevoll bereiteten Grabwohnung gemildert.

Wenn die Kunst der Ärzte, die bei den Tyrrhenern recht entwickelt, aber naturgemäß stark mit Magie durchsetzt war, versagt hatte und der Kranke trotz aller Zaubermittel, Beschwörungen und Opfer verschieden war, wurden seine Augen von der ihm am nächsten stehenden Frau zugedrückt. Danach wurde die Leiche wohl in irgendeiner Form präpariert, kostbar gekleidet und parfümiert und mit den Füßen zum Ausgang aufgebahrt. Das Atrium schmückte man mit grünen Zweigen und Kränzen. Dann folgte die Beweinung.

Das Begräbnis wurde in der archaischen Zeit nachts bei Fakkelschein abgehalten, später auch am Tage. Ein feierlicher Zug geleitete die Toten zu ihrem letzten Haus. Voran schritten Musikanten, dann folgten die Klageweiber und alle Verwandten und Freunde. Sklaven und Sklavinnen trugen die Beigaben und das Grabmobiliar. Man gab den Verstorbenen außer Betten oft auch Thronsessel, Baldachine, Speisetischchen und Speisewägelchen mit. Männliche Tote nahmen ihren Streitwagen, Schilde und Waffen mit ins Jenseits. Die Vornehmen wurden in der Frühzeit vielleicht auch auf den bereits erwähnten vierrädrigen Wagen zum Grabe geleitet. Sollte die Leiche verbrannt werden, so wurde neben dem Grabe ein Holzstoß aufgeschichtet, auf den man den Toten und seine liebsten Besitztümer unter Umständen auch Wagen und Pferde, legte. Dann entzündeten die Verwandten und Freunde abgewendeten Antlitzes den Scheiterhaufen. Wenn das düstere Schauspiel der Verbrennung zu Ende war, löschte man die letzte Glut mit Wasser und Wein und grüßte wehmütig noch einmal den Toten. Die Angehörigen sammelten dann die Asche in eine Urne und stellten sie ins Grab.

Hatte der Verstorbene den Ritus der Beisetzung gewählt, so wurde er auf sein mitgebrachtes Bett auf das steinerne Lager im Grab oder in einen Sarkophag gelegt. Er wurde in ein Leichentuch gehüllt und trug oft ein goldenes Diadem aus Lorbeer- oder Efeublättern. In Gräbern mit geräumigem Atrium wurde das Leichenmahl in diesem abgehalten. Man betrachtete den Verschiedenen dabei als anwesend. Viele archaische Darstellungen zeigen ihn heiter im Kreise seiner Lieben tafelnd. Auch bei den Leichenspielen, die sich an das Totenmahl schlossen, dachte man sich den Toten als den Ehrengast, wie dies z. B. das »Grab des Affen« in Chiusi zeigt.

Die innige Verbundenheit der tyrrhenischen Familiengemeinschaft, die noch über den Tod hinausreichte, ihr heiteres und intimes häusliches Leben, überstrahlt alle Zeugnisse etruskischer Kultur mit dem warmen Glanz ihrer Menschlichkeit. Aller Luxus in der Lebenshaltung der Tyrrhener verdrängt doch niemals den Eindruck einer großen Spontaneität, ja sogar einer gewissen liebenswerten Naivität und bäuerlichen Derbheit ihrer Mentalität.

Der Beginn des wirtschaftlichen Aufstieges der Etrusker im achten Jahrhundert v. Chr. hängt sicherlich mit den reichen Erzvorkommen der Südtoskana zusammen. Zunächst wurden vor allem Kupfer, Silber und Blei abgebaut, später begann die Eisengewinnung in großem Stil.

Für moderne Begriffe waren die etruskischen Bergbautechniken noch recht primitiv und unrationell. Der Abbau des erzhaltigen Gesteins beschränkte sich nur auf die oberen Lager. Wo die Spitzhacke die Arbeit nicht bewältigte, wurde Feuer gelegt, das glühende Gestein wurde dann durch kalte Wassergüsse gesprengt. Der Schmelzvorgang spielte sich in kleinen, sehr einfachen Öfen ab, die keine genügende Auswertung der Erze ermöglichten. Die etruskische Bergwerkindustrie hatte aber erstaunliche Ausmaße; dies beweisen die heute noch über weite Regionen verstreuten Hochöfen und viele sachverständig angelegte Stollen in den Höhen des toskanischen Küstenbereichs.

Vor etwa 2700 Jahren war die etruskische Stadt Vatl oder Vatluna, das spätere römische Vetulonia, eines der führenden Industrie- und Wirtschaftszentren dieses Gebietes. Ihre Reste liegen heute in der Luftlinie 15 km vom Meer entfernt auf einer der Höhen des waldigen, stark gegliederten Vorgebirges oberhalb von Grosseto. Im Altertum reichte die Bucht, in die der Fluß Ombrone mündete, tiefer ins Land und unterhalb von Vatluna und dem nur 15 km von diesem entfernten Rusellae, dessen etruskischer Name verschollen ist, lag der Prilische See, der inzwischen versumpft ist. Wahrscheinlich war dieser durch einen Kanal mit dem Meer verbunden und bot daher einen hervorragend geschützten Ankerplatz für die tyrrhenischen Schiffe. Vatluna mag also eine Hafenstadt gewesen sein, obwohl es von den antiken Schriftstellern nicht als solche erwähnt wird. Münzen aus dem dritten Jahrhundert v. Chr. zeigen jedenfalls einen Dreizack und zwei Delphine als die Wahrzeichen von Vetulonia, und auf einem römischen Relief wird die Stadt durch einen Mann mit einem Steuerruder symbolisiert. Dies alles deutet auf Seefahrt und Handel. Die Schiffsverbindungen von Vatluna reichten aber wahrscheinlich weniger nach Osten als nach Süden. Die Einfuhr griechischer Vasen war unbedeutend; dafür gibt es manchen Hinweis auf Beziehungen zu Sardinien.

Die Besiedlung der Höhe von Vatluna reicht bis in das neunte oder sogar zehnte Jahrhundert v. Chr. zurück, d. h. bis in die Anfänge der Villanova-Periode. Damals entstanden ein oder zwei Dörfer auf den drei Hügeln, über die sich später die Etruskerstadt ausbreitete. Auf der steilen Höhe des Poggio alla Guardia, auf die heute eine Zypressenallee führt, entdeckte man in den achtziger Jahren den ältesten Friedhof mit etwa 1000 Ascheurnen in Schacht- oder Pozzo-Gräbern, die eine Platte, manchmal auch ein schildförmiger Stein deckte. Die groben kugeligen oder doppelkonischen Gefäße waren teils mit flachen, teils mit helmförmigen Schalen verschlossen. Auch recht große Hüttenurnen wurden gefunden; Beigaben jedoch kaum.

Um die Mitte des achten Jahrhunderts verdrängte eine üppigere Ausstattung die Ärmlichkeit der frühen Periode. Um diese Zeit erschienen auch Fossa-Gräber, in denen unverbrannte, gestreckte Leichen mit nach Osten gewandtem Haupte ruhten. Viele von diesen waren nur rechteckige Erdgruben mit einer Decke aus übereinandergeschobenen, kleineren Platten; manche aber wurden mit Steinen ausgekleidet oder sogar in eine kreisförmige, umhegte Pflasterung eingelassen. Eine wachsende Zahl von Bronzegegenständen, Gold, Silber und Bernstein, ägyptische Skarabäen, Schmuck aus Schmelzglasperlen und kleine Idole orientalischer Herkunft, wie z. B. ein Figürchen des phönizischen Gottes Bes, verraten zunehmenden Wohlstand und auswärtige Beziehungen.

Hinter dieser Entwicklung stand höchstwahrscheinlich die Entdeckung der Erzvorkommen von Massa Marittima. Ihre Ausbeutung mag Vatluna rasch zu einer der reichsten Küstenstädte Etruriens gemacht haben. Nicht nur die kostbaren und vielfältigen Totenbeigaben des späteren achten, des siebten und des sechsten Jahrhunderts illustrieren dies, sondern auch die Ausgestaltung der Gräber zu imposanten, auffallenden Anlagen. Zunächst wurden die Brand- und Fossa-Gräber nur mit aufrecht in den Boden gesteckten Platten umgeben, die in gewissen Abständen standen. Auf diese Weise bildeten sie schüttere Steinkreise, wie sie vielfach auch die Grabhügel der altmediterranen und westeuropäischen Megalithkulturen umgaben. Diese »circoli interrotti« umschlossen meist mehrere Bestattungen und waren bis zu 12 Meter weit.

Gegen Ende des achten Jahrhunderts v. Chr. kamen Hügelgräber auf. Heute sind von ihnen meist nur die Einfassungen aus auffallend hellen, dichtgefügten Platten geblieben, die manchmal Steinringe von 30 bis 50 Meter Durchmesser bilden. Die Aufschüttungen sind durch die Feldarbeit vergangen; wahrscheinlich waren sie nicht sehr hoch. Der Prunk der Totenausstattungen, die sich in »fosse« und in gesonderten Depots innerhalb der »weißen circoli« fand, kann sich mit jenem der fürstlichen Gräber von Caere und Palestrina messen.

Charakteristisch für Vatluna ist die große Menge Bernsteinschmuck, die in den Gräbern des siebten Jahrhunderts zutage kam. Die prachtvollen Ketten mit ihren feingeschnitzten figürlichen Anhängern orientalischen Stils, deren lichtes Gelb das Alter zur Farbe braungoldenen Heidehonigs nachgedunkelt hat, die Amulette und Fibeln wurden höchstwahrscheinlich in lokalen Werkstätten aus importiertem Rohmaterial angefertigt.

Der plötzliche Aufschwung des einheimischen Kunstgewerbes deutet auf fremde Lehrmeister, die die raffinierten Techniken der Goldschmiedekunst und der Bernstein- und Elfenbeinschnitzerei beherrschten. Die strenge Eleganz und schöne Arbeit der Goldsachen aus den Circoligräbern von Vetulonia überzeugen oft mehr, als die manchmal aufdringliche Überladenheit und Übergröße der Schmucksachen aus den südlicher gelegenen Küstenstädten. Die Granulierung ist von unerreichter Feinheit. Mit beinahe pulverisiertem Gold, fein wie Blütenstaub, sind die Silhouetten schlanker Panther und Fabeltiere auf einen glatten Grund gesetzt. Oft wurden auch viele schmale Goldbänder mit wellig gebogenem Golddraht aneinandergefügt, so daß z. B. ein Armreif aus schimmernden Spitzenwerk entstand. Die Goldschmiede von Vatluna bevorzugten diskrete, mehr zeichnerische Effekte und vermieden es, die reine Linie der Kleinodien durch die Anbringung vollplastischer Figürchen zu verdecken.

Die Bronzegeräte sind ebenfalls schlichter und ruhiger, als

jene der südlicheren Metropolen, nicht von einem Heer phantastischer Wesen überklettert und auch nicht mit Treibarbeit verziert. Obwohl man gelegentlich Bronzekessel orientalischer Art einführte, wurden die einheimischen Stücke diesen keineswegs angepaßt. Sie blieben glatte, halbkugelige Kessel, die nur mit einigen Nagelköpfen verziert sind und eigenartige, verzweigte Stangenfüße haben, die unten kleine Reiter tragen, deren vereinfachte, überschlanke Formen an die stark stilisierten Bronzefigürchen erinnern, die um diese Zeit in Sardinien Mode waren. Auch die baumähnlichen Ständer aus Eisen oder Bronze, die in den Circoligräbern von Vetulonia gefunden wurden und mit ihren paarweise angebrachten Querstangen wohl zum Aufhängen kleinerer Gefäße dienten, sind manchmal mit Figürchen bekrönt, die an die altsardische Bronzekunst denken lassen. Die rustikale Statuette einer nackten Wasserträgerin auf einem der Baumständer hat z. B. ein Pendant unter den Votivfigürchen der Insel.

Unbezweifelbar aber ist die Verbindung zu Sardinien bei den bronzenen Schiffchen, die in verschiedenen Circoli gefunden wurden. Aus der »tomba del Duce« stammt eine solche Barke, deren Bug in einen Hirschkopf ausläuft. Ihre Ränder sind mit Statuetten von Haus- und Jagdtieren besetzt, und in ihrem Vorderteil steht eine kleine Doppelsäule mit einem nicht mehr genau erkennbaren Aufsatz. Votivschiffchen dieser Art aus Bronze und Terracotta kamen vielfach auf Sardinien zutage. Sie wurden wahrscheinlich als Weihegaben in den Heiligtümern aufgehängt. Das Boot aus der »tomba del Duce« war sicher ebenfalls ein Ritualgerät und nicht etwa die Darstellung eines Viehtransportes, wie man auch vermutet hat. Die Doppelsäule, die auf Sardinien als Kultmal und in kleinen Nachbildungen, mit Stierhörnern und einer Taube bekrönt, vorkommt, wurde auch in Vetulonia ausgegraben. Innerhalb der Miniaturbarke weist sie vielleicht auf deren sakrale Funktion, die mit der Reise des Toten ins Jenseits zusammenhängen könnte. Das geheimnisvolle Boot war mit dem Bug nach Nordwesten gerichtet, im rechten Winkel zu einem bronzenen, silberbeschlagenen und in orientalisierendem Stil verzierten Kasten aufgestellt. Dieser zeigt die Form eines Giebelhauses auf kleinen

Füßen und enthielt die verbrannten Reste eines etwa 50jährigen Mannes. Ein leinenes Tuch, das wahrscheinlich mit Spezereien getränkt worden war, umhüllte die verkohlten Knochen. Es war mit zwei silbernen Fibeln zusammengeheftet worden. Diese Bestattung, die an Homers Beschreibung der Beisetzung von Hektors Asche in einem goldenen Kästlein denken läßt, war die einzige, die innerhalb des weiten Steinkreises der »Tomba del Duce« zutage kam. Die tiefe Mittelgrube innerhalb des »Circolo«, die vielleicht die wichtigste Bestattung barg, war ausgeplündert worden. Die Grabräuber hatten jedoch zwei reiche Niederlegungen übersehen. Die eine bestand aus vielen Eisenwaffen, Bronzegefäßen und Kesseln, einem innen vergoldeten, mit Tiermotiven geschmückten Silberbecher, einer Silberkanne und Keramik. Unter der Terracottaware gab es auch eine vergoldete Schale, um deren Fuß eine etruskische Inschrift von 46 Buchstaben läuft. Das zweite Depot enthielt die Reste eines Wagens und Pferdegeschirr, die in einem fast drei Meter tiefen Schacht mit einer Seitennische lagen. Es war nicht mehr festzustellen, ob die Pferde dieses Gefährtes dem Toten geopfert wurden.

Die Schale aus der »Tomba del Duce« und noch andere frühe Schriftfunde zeigen, daß sich der Aufschwung von Vatluna ohne Zweifel unter etruskischem Vorzeichen vollzog. Vielleicht gab es auch sardinische Einflüsse, die über reine Handelsbeziehungen hinausgingen.

Von der Höhe des heutigen Vetulonia aus, die nach Süden und Westen schroff abfällt, gleitet der Blick über die von der duftenden Wildnis der macchia überzogenen Hänge zum tief unten leuchtenden Meer und hinüber nach Elba, das sich als bläuliche Kulisse vor den Horizont schiebt. An klaren Tagen wird selbst der Umriß von Korsika sichtbar, dessen Südspitze nur 12 km von Sardinien entfernt liegt. Der Weg von Sardinien nach Vatluna war nicht weit, und niemals brauchten die Schiffer das Land aus den Augen zu verlieren. Die große kupferreiche Insel erlebte im zweiten und bis zur Hälfte des ersten vorchristlichen Jahrtausends mit der Nuraghenkultur einen ungewöhnlichen Aufstieg, den Tausende von zyklopischen Burgen, Felsnekropolen und große Steingräber, sowie eine ausdrucksvolle Bronzekunst bezeugen. Als von ägäischen Kolonisatoren schon früh geschulte Bergbauexperten, könnten die Sarden an der Entdeckung der Erzvorkommen auf Elba und im toskanischen Küstengebirge beteiligt gewesen sein. Vatluna, Rusellae, Pupluna und die übrigen Siedlungen dieser Region lagen jedenfalls im Aktionsbereich der sardischen Seefahrer, und der seltsame Passus bei Festus, der von sardischen Königen der Etrusker spricht, mag vielleicht auf tatsächlichen Ereignissen der Frühzeit beruhen.

Nach Sardinien, dessen Nuraghenarchitektur ganz auf die altmediterrane Bienenkorbkuppel und überhaupt auf Konstruktionen aus vorkragenden Steinreihen ausgerichtet war, mögen vielleicht auch die Kuppelgräber deuten, die gegen Ende des siebten Jahrhunderts in Vatluna entstanden – in Populonia war diese Bauart wohl noch älter – und sich von dort bis in die Gegend von Florenz verbreiteten.

Die »tomba della Pietrera« ist der mächtigste Grabbau dieser Art, der bis heute in der Gegend von Vetulonia ans Licht kam. Nahe der alten Via etrusca gelegen, ist dieses Totenmonument trotz aller erlittenen Zerstörungen – sein Name zeigt, daß es als Steinbruch diente – noch eine erstaunliche Struktur. Ursprünglich war der gewaltige Hügel über dem Mausoleum von einer mannshohen Trockenmauer eingefaßt, die heute fast verschwunden ist. Von der Via etrusca aus führt ein langer, anfangs ungedeckter Korridor, an zwei beidseitig liegenden Nebenkammern mit spitzgewölbter Decke vorbei, zum Eingang in den quadratischen Hauptraum von 5 Meter Seitenlänge. Ein fast meterbreiter, ebenfalls quadratischer Mittelpfeiler von drei Meter Höhe, der sich nach oben zu etwas verjüngt, wächst zur Kuppel aus vorkragenden Steinringen empor.

Die Welt der frühen Megalithkulturen mit ihrem alles überschattenden Totenkult wird in diesem nach uraltem Gesetz geformten Bau aus kupfrig glühendem Sassofortino noch einmal lebendig. Wie in den Jahrtausende älteren Tholoi Iberiens scheint der Pfeiler auch hier mehr Symbol als eine strukturelle Notwendigkeit. Der Pfeiler und der konische Stein, seit dem Beginn der Zivilisation im Vorderen Orient Sinnbilder außermenschlicher Kräfte, der Gottheit oder der Toten, hatten auch bei den Etruskern noch ihre sakrale Funktion bewahrt. Dies wird besonders vor der Pietrera klar, in deren Hügel außer den großen Kammern Fossa-Gräber mit wertvollen Gaben gesenkt wurden, über denen konische Steine standen.

Das falsche Gewölbe über dem Zentralraum des großen Totenhauses, das aus recht weichem, von weither geholtem Sassofortino bestand, brach, wie dies die Ausgrabung nachwies, bald nach seiner Errichtung zusammen. Es wurde aber kurz darauf durch einen darübergesetzten, gleichartigen Bau aus härterem Kalkstein ersetzt. Hierdurch entstand jener auffallend hohe und steile Hügel der das Pietreragrab weithin sichtbar macht.

Dieses Monument ist nicht nur als Bauwerk ungewöhnlich. Trotz seiner Beschädigung und Beraubung fanden sich darin in beiden Stockwerken Bruchstücke der ältesten etruskischen Großplastik, die wir bis jetzt kennen. Lebensgroße Bildnisse von Männern und Frauen mit stelenartig flach gebildeten Leibern und rundplastischen Köpfen scheinen in den beiden Kuppelsälen längs der Wände gestanden zu haben als unvergängliche Hüllen, in denen sich die Toten materialisieren konnten.

Diese Skulpturen haben keine Vorbilder, sie sind Schöpfungen der Etrusker, in denen die Erinnerung an die vorgeschichtlichen Menhirstatuen fortlebt und zugleich der Glaube an die Wichtigkeit und Heiligkeit des Hauptes sichtbar wird, der auch in den Kanopen und bis zum Schluß in der tyrrhenischen Funerärkunst wirksam war.

Der Kopf einer Frau aus der »Pietrera« berührt trotz seiner Verstümmelung als ein Kunstwerk von feierlicher Intensität. Die feine Bildung des strenglinigen Antlitzes mit den langen, tiefliegenden Augen, die zarte Stilisierung des Haares, haben den gleichen herben Reiz wie der Goldschmuck aus Vetulonia. Ein langes und ein kürzeres Lockenpaar, deren Enden zu ornamentalen Voluten gedreht sind, fallen weich um die nackten Brüste, zwischen denen die Frau die Hände in einer rituellen Geste gekreuzt hat. Die ausdrucksvolle Gebärde und die ernste Würde des Hauptes erinnern ein wenig an die altsardischen Bronzen des Utastiles, obwohl die Skulpturen von Vatluna viel raffinierter wirken, als diese. An den Bruchstücken der männlichen Figuren aus den Kuppelräumen sieht man, daß diese mit eng anliegenden Hosen und seitlich herabhängenden Armen dargestellt waren.

Außer den eigenartigen Statuen der Pietrera kamen in den Nekropolen von Vetulonia noch Kopfcippen von roher Ausführung zutage und die älteste bisher aufgefundene Stele, die aus dem siebten Jahrhundert stammt. Sie stand wahrscheinlich auf dem Tumulus über der ausgeplünderten Mittelgrube im nach ihr benannten »Grab des Kriegers«, in die sie dann hinabgesunken war. Die über einen Meter hohe und fünfzig Zentimeter breite Sandsteinplatte zeigt das Profilbildnis eines nach links schreitenden Kriegers mit korinthischem Helm, Rundschild und einer Doppelaxt in der erhobenen Rechten in sparsamen und sichergeführten Linien eingraviert. Ein Schriftband, von dessen Text bis jetzt nur der Name des Dargestellten: Avle Feluske, entziffert werden konnte, bildet eine ornamentale Bordüre. Dieses Totenmal zeigt, daß die Errichtung von Grabstelen zu den ältesten Traditionen der Etrusker gehörte. Man mag sich dabei auch an die bekannte Stele von Lemnos erinnern, die jener von Vetulonia zeitlich und formal nahesteht und eine etruskoide Inschrift trägt.

Ungelöste Fragen bergen nicht nur der Aufstieg von Vatluna und die Komponenten, die dabei eine Rolle spielten und nicht zuletzt die merkwürdige Überlieferung, daß gerade diese relativ weit von Rom entfernte Stadt der Urbs die Abzeichen des Triumphators übermittelt haben sollte; rätselhaft bleibt bis jetzt auch das plötzliche Ende der reichen, kultivierten Metropole im sechsten Jahrhundert. Etwa 300 Jahre lang, bis zum Anbruch der römischen Herrschaft, scheint sie kaum mehr bewohnt gewesen zu sein. Danach erlebte sie als Vetulonia eine neue Blüte, die wiederum auf der Metallindustrie beruhte. Man könnte sich vorstellen, daß die nahe Stadt Rusellae, die ebenfalls den lacus prilius als Hafen benutzte, von Anbeginn mit Vatluna rivalisierte und dieses schließlich überfiel und zerstörte. Die Grabungen, die seit einiger Zeit in Rusellae begonnen haben, werden zeigen, ob dieser Ort gleich alt wie Vatluna war oder vielleicht eine jüngere Gründung, die sich später gegen die Mutterstadt wandte.

Pupluna, dem einmal eine wichtige Rolle in der Entfaltung der etruskischen Wirtschaftsmacht zukam, ist seit mehr als anderthalb Jahrtausenden völlig verschwunden. Die fast kreisrunde Bucht, in der vielleicht vor etwa 3000 Jahren die ersten Tyrrhenerschiffe einliefen, und die später das Industrie- und Handelsviertel mit seinen Hafenanlagen, Werften und Magazinen einschloß, birgt jetzt nicht einmal ein Fischerdorf. Die Belagerung und Zerstörung Puplunas durch Sulla im Jahre 80 v. Chr. war ein Schlag, von dem sich das alte Bergbauzentrum nicht mehr erholte. Nur wenige Bauernhäuser unterbrechen jetzt die Einsamkeit der verlassenen Küste. Anstelle der einstigen etruskischen Akropolis steht heute ein Schloß auf der Höhe hinter dem Hafen.

Die melancholische Schönheit der südtoskanischen Maremmenlandschaft liegt über der Bucht von Pupluna. Wild verwachsene, stark duftende Macchia drängt die Hügelkette hinauf. In der Zeit der Etrusker wuchsen hier so gewaltige Rebstöcke, berichtet Varro, daß aus ihrem Holz eine Statue des Tinia geschnitzt werden konnte.

Von allen tyrrhenischen Städten der toskanischen Küstenregionen lag nur Pupluna unmittelbar am Meer. Keine andere wurde so stark in die Diskussion um den Zeitpunkt des ersten Erscheinens der Etrusker in Italien hineingezogen. Man hat ihren Namen mit dem etruskischen Bacchus-Fufluns in Verbindung gebracht. Münzen aus dem dritten Jahrhundert v. Chr. tragen die Aufschrift »Fufluna«. Aber sie zeigen auf der Rückseite nicht den Kopf des Weingottes, sondern jenen des Vulcanus, des Patrons der Schmiede. Die Griechen erwähnen die Stadt im vierten und dritten Jahrhundert als Popluna. Bis jetzt erbrachte die Spatenforschung keinen Beweis für einen Bacchuskult. So dürfte ihr Name eher von dem Wort »pupla« abstammen, das im Lateinischen zu »populus« wurde und ursprünglich »Volksgruppe« bedeutete. Es ist allerdings unsicher, ob »pupla« etruskischer oder altligurischer Herkunft ist. Die Silbe »na« bezeichnete auf etruskisch den Bewohner eines Ortes, die Abkunft. Der Aufschwung des Hafens begann gegen Ende des achten Jahrhunderts, wahrscheinlich durch die Ausbeutung der reichen Kupfervorkommen von Campiglia.

Vorläufig undurchschaubare, aber sicher sehr alte Beziehungen gab es zwischen Pupluna und der benachbarten Inselwelt. Servius berichtet, daß Populonia von den Korsen oder den Volterranern gegründet worden sei. Das Letzte ist nach den bisherigen Ergebnissen der archäologischen Forschung unwahrscheinlich. Pupluna war nicht nur älter, sondern im siebten und sechsten Jahrhundert v. Chr. auch reicher und bedeutender als Volterra. Die Grabtypen und Totenbeigaben der Nekropolen beider Orte sind zudem recht verschieden voneinander. Wenn Volterra einmal die Herrschaft über die Hafenmetropole errang, so kann dies wohl nur in der Spätzeit gewesen sein, als die Volterraner ihr Territorium nach Norden und nach Süden wesentlich vergrößerten und sich die in der archaischen Periode fehlenden Verbindungen zur See schufen.

Für korsische und sardische Einflüsse im ältesten Populonia gibt es hingegen einige Anzeichen. Ihre Bedeutung läßt sich aber heute noch kaum ermessen. Die frühesten Gräber von Pupluna zeigen jedenfalls alle Merkmale der Villanovakultur.

Die Anfänge der alten Hafenstadt bestanden in ein oder zwei kleinen Dörfern auf der Höhe über der Bucht, die heute Porto Baratti heißt. Die Toten wurden von Anbeginn unten, unweit des Strandes bestattet; teils zu Füßen des Hügels, teils weiter nördlich in der Küstenebene und auf dem Poggio delle Granate.

Seit dem Beginn des vierten Jahrhunderts v. Chr. wurde Pupluna zu einem Zentrum der Eisenverarbeitung. Antike Berichte überliefern, daß man Eisen aus den Gruben von Elba um diese Zeit wegen Holzmangels nicht mehr auf der Insel selbst verhütten konnte und es daher nach Pupluna bringen mußte. In dieser Epoche entwickelte sich dort denn auch im Hafenbereich ein ausgedehntes Industrieviertel mit zahlreichen Werkstätten und Schmelzöfen, dem die archaischen Friedhöfe allmählich zum Opfer fielen. Die Gräber wurden von den wachsenden Schlackenschichten zunehmend überdeckt. Viele stürzten ein und wurden von Grabräubern geplündert; die glühende Schlacke verbrannte und schmolz die Beigaben. Manche aber wurden auch durch die Halden bewahrt, die sie begruben und damit vor der Zerstörung durch die Feldarbeit späterer Generationen retteten.

Die Wiederentdeckung der Nekropole war nicht das Verdienst der Archäologen, sondern die Folge eines Industrieunternehmens. 1920 begann eine italienische Firma mit dem Abbau der uralten Schlackenhalden, deren Eisengehalt infolge der primitiven Schmelzverfahren der Frühzeit noch so hoch ist, daß ihre Ausbeutung mit modernen Methoden lohnt.

Die üblichen Brunnen- und etwas späteren Fossa- und Kammergräber kommen auch hier vor. Die Eigenart von Pupluna aber zeigt sich in der vielfachen Verwendung von Kraggewölben in der Grabarchitektur. Diese finden sich über kleinen elliptischen oder rundlichen Kammern, die von manchen Forschern als Vorstufen der großen Kuppelgräber des siebten und sechsten Jahrhunderts angesehen werden – und von anderen als deren degenerierte Nachkommen –, und über den weiten Räumen der großen runden Mausoleen von San Cerbone.

Die von sorgfältig geschichteten Trockenmauern umschlossenen Grabhügel von San Cerbone aus dem siebten und der ersten Hälfte des sechsten Jahrhunderts stehen heute wieder frei nahe dem weißen Sandstrand der stillen Bucht, die einmal vom Klang der Schmiedehämmer und vom Rauch der Schmelzöfen und Essen erfüllt war. Diese Totenmale gleichen seltsam den kunstvoll konstruierten, runden Steinhütten mit Bienenkorbkuppel, die von den Hirten Sardiniens, genau wie in vorgeschichtlichen Zeiten, errichtet werden. Den Abschluß der ringförmig aufgebauten Außenmauern bilden aufgelegte, stark vorstehende Kalksteinplatten, die zugleich als Dekoration und als Traufe wirkten. Flache Hügel decken diese Bauwerke. Die Ableitung des Regenwassers wurde durch schräg abfallende, gepflasterte Umgänge besorgt. Das Innere der Grabmale – das größte hat einen Durchmesser von 28 Metern – enthält meist quadratische Kammern, die aus rechteckigen Steinen aufgebaut sind. Über diesen wölbten sich aus Zwickeln aufsteigende, ziemlich hohe Bienenkorbkuppeln aus Kalksteinplatten. Zu seiten eines Mittelkorridors, der von dem niedrigen Grabeingang ins Innere führt, stehen vielfach noch die Skelette steinerner Totenlager aus hochgestellten Platten, deren vordere Enden gedrechselte Bettfüße nachahmen. Im »tumulo dei letti funebri« waren, nach der Zahl und Anordnung der Betten, vermutlich sechs Paare bestattet worden.

Die altmittelmeerische Tradition der Haus- und Grabarchitektur lebt in den archaisch wirkenden Konstruktionen der Nekropole von Pupluna fort. Seit dem dritten Jahrtausend etwa wurde die unechte Kuppel aus vorkragenden Steinrängen im ostmediterranen Raum bei Sepulchralbauten verwendet. Ihre Apotheose erlebte sie nach der Mitte des zweiten Jahrtausends in den kolossalen Tholosgräbern der mykenischen Fürsten, und ihre Verwendung bis ins 6. Jh. v. Chr. in Griechenland wurde durch den Fund kleiner Kuppelgräber unter Hügelchen auf dem Hochland bei Sparta nachgewiesen. Im übrigen spielt das Kraggewölbe in der Populonia bedeutend näher gelegenen prähistorischen Nuraghenkultur Sardiniens eine beherrschende Rolle, und schließlich scheint es in der spätbronzezeitlichen Torrekultur Korsikas runde Bauten mit solcher Überdachung gegeben zu haben, die vermutlich dem Totenkult dienten.

Die eigenartige Konstruktion der Gräber von Populonia könnte auf Beziehungen zu den beiden großen Inseln weisen, auf denen sich diese frühen Architekturformen so lange hielten. Auf solche Zusammenhänge weisen auch die in Pupluna, wie in Vetulonia, vereinzelt aufgefundenen Votivschiffchen sardischer Art als Totenbeigaben und vielleicht merkwürdige Kopfstelen, deren Bruchstücke in der archaischen Nekropole zutage kamen. Sie ragten etwa einen Meter aus dem Boden und tragen auf einem schmächtigen Unterteil, der einem armlosen, menschlichen Oberleib gleicht, über kurzem Hals eine große, runde Scheibe. Eine U-förmig eingeschnittene Rinne in deren Mitte erweckt die Vorstellung eines rudimentären Menschengesichtes. Die Verwandtschaft dieser Stelen mit den bronzezeitlichen Menhirstatuen, die in den letzten Jahren in ungeahnter Fülle auf Korsika zutage kamen, ist unleugbar. Das Gesichtsschema allerdings entspricht mehr den Menhirstatuen aus dem zweiten Jahrtausend, die in Fivizzano bei La Spezia gefunden wurden.

Die überwölbten Kammern von San Cerbone haben keine

Mittelpfeiler wie jene der »Pietrera« von Vetulonia, obwohl ihre Kuppeln manchmal weite Räume überdeckten. In der »Pietrera« und auch in dem berühmten etruskischen Kuppelgrab von Casal Marittima, einem Ort zwischen Volterra und Populonia, das im Garten des Archäologischen Museums von Florenz rekonstruiert wurde, wirken die mächtigen, vierkantigen Mittelpfeiler wie symbolische Stützen des Gewölbes, das in der feierlichen Geschlossenheit der zueinanderstrebenden Steinkreise mehr die Verkörperung einer kosmischen Idee, als ein reiner Zweckbau scheint. Unwillkürlich denkt man im mystischen Zwielicht dieser Dome an das »templum sub terris«, das »unterirdische Abbild des Weltalls«, das Varro als eine etruskische Sakralanlage erwähnt.

Die Hafenbucht von Pupluna, in der die Verstorbenen nach altehrwürdiger Sitte in Tholoi zur Ruhe gebettet wurden, mag vielleicht der Ausgangspunkt jener eigenartigen, letzten Renaissance des Kraggewölbes in der Funerärarchitektur gewesen sein, die sich unter den Etruskern vollzog. Aus dem Küstenbereich wanderte die archaische Grabform dann weit ins Landesinnere. Die prächtigen Kuppelgräber, die in Castellina in Chianti und im Chianatal entdeckt wurden, mögen ebenso wie die »tomba della mula« bei Quinto Fiorentino die Familiengrüfte reicher Großgrundbesitzer gewesen sein.

In letzter Zeit kam zu diesen seit langem bekannten Grabmonumenten noch die Entdeckung einer Gruppe forschungsbegeisterter Studenten: das eindrucksvolle Kuppelgrab von Quinto Fiorentino, das unweit der »Tomba della mula« freigelegt wurde. Es liegt unter einem mächtigen, baumbestandenen Hügel. Ein langer Dromos mit spitzbogiger Überdachung aus vorkragenden Blöcken führt an zwei ebenso eingedeckten Seitenzellen vorbei zur 6 m weiten Hauptkammer. Auch hier strebt ein massiver Mittelpfeiler zur Höhe des unechten Gewölbes, das sich 7,50 m über dem Raum schließt. Der unteriridische Totenpalast war bereits in alter Zeit beraubt worden. Man fand nur mehr Fragmente von Elfenbeinschnitzereien, Straußeneierschalen, Goldschmuck, Bronzegeräten und frühen Buccheri. Der orientalisierende Stil der Beigaben weist auf das siebente Jahrhundert v. Chr. als Entstehungszeit des Mausoleums. Auf den

Kammerwänden sind Reste von Inschriften zu sehen und die eingeritzte Darstellung eines Entchens, eines Pferdes und eine eigenartige Zeichnung, die wie ein Plan wirkt. Fünf Kilometer von Florenz entfernt enthüllt sich in diesem gewaltig gefügten Totenhaus die etruskische Welt noch einmal in archaischer Größe und exotischem Glanz.

Um die Mitte des sechsten Jahrhunderts aber lösten sich die Etrusker von Pupluna aus dem Bannkreis der Urzeit und gingen zu modernen Bauformen über, in denen sich der Einfluß griechischer Architektur spiegeln mag. Die altertümlichen Kuppelgräber kamen aus der Mode. Man begann, den Verstorbenen kleine, rechteckige Tempelchen mit Giebeldach aus Kalksteinblöcken zu errichten. Diese »Aedicula-Gräber« enthielten gelegentlich auch Holzteile und Dekorationen aus Terracotta.

1957 wurde in San Cerbone wieder ein solches Bauwerk aus den Eisenschlacken geschält, dessen Decke unversehrt ist. Dieses unverhofft gut erhaltene Aedicula-Grab vermittelt eine lebendige Vorstellung vom Aussehen solcher Monumente. Es ist 2,85 m hoch, 3,85 m lang und 3,20 m breit. Die unterste und die oberste Reihe der gleichmäßig großen Wandsteine sind etwas vorgerückt und bilden so ein Podium und einen Sims. Der Eingang öffnet sich in der Westfront. Er war mit einer Platte verschlossen. Plünderer hatten diese eingeschlagen und auch die steinernen Lager im Inneren des Grabtempelchens zertrümmert. Eine flache Decke aus sorgfältig verzahnten Platten deckt die Kammer; darüber liegen eine Steinpackung und das Giebeldach aus Steinziegeln. Es scheint, daß der hübsche Bau an den vier Ecken mit Akroterien geschmückt war. Man fand jedenfalls Teile skulpierter Blöcke und Löcher im oberen Mauerrand, in die vermutlich Aufsätze eingesteckt waren.

Das Aedicula-Grab wurde von der zweiten Hälfte des sechsten bis gegen Ende des vierten Jahrhunderts v. Chr. benutzt. Um diese Zeit war es dann von der wachsenden Schlackenhalde verschlungen worden. Zuvor hatte man es erbrochen und fast aller seiner Schätze beraubt. Die Gebeine der Verstorbenen allerdings, waren von den Grabschändern wieder in ihre Sarkophage zurückgelegt worden, und dabei hatte man einige Goldfibeln und Bernsteinanhänger übersehen. Außer diesen zeigten

Überbleibsel von Bronzegeräten, Glasperlen und die Scherben schöner attischer Vasen, welchen Reichtum an verschiedenartigen Beigaben das Mausoleum einst enthalten hatte.

Die Ausstattung der Nekropolen von Pupluna, die von der Epoche der Kuppelgräber bis in die Römerzeit den unveränderten Wohlstand der Bevölkerung beweist, zeigt, daß diese Hafenstadt durch ihre Metallindustrie vom wirtschaftlichen Niedergang, den die meisten Küstenmetropolen seit dem fünften Jahrhundert v. Chr. erlebten, verschont blieb. Eine bedeutende Produktion an Bronzegeräten und später die Eisenverarbeitung bildeten die Basis ihrer Prosperität.

Trotz dieser günstigen wirtschaftlichen Lage wurde Pupluna niemals zu einem Zentrum künstlerischen Schaffens. Aus seinen Werkstätten ging stets nur Gebrauchsware hervor, die allerdings von ausgezeichneter Qualität war. Bis jetzt kam nicht eine einzige Skulptur aus Stein oder Terracotta in der Nekropole ans Licht, und auch auf dem Gebiet der Töpferei brachte Populonia nichts Eigenständiges hervor. Seine Bewohner konnten sich aber eine bedeutende Einfuhr von Luxuswaren aus anderen Ländern leisten. Besonders der Handel mit Attika war lebhaft; dies bezeugt die Menge schwarz- und rotfiguriger Vasen, die in den Gräbern zutage kam. Die alte Kupfer- und Eisenstadt prägte auch als erste unter den etruskischen Metropolen Münzgeld.

Der recht deutlichen Vorstellung, die wir von dem geschäftigen Dasein der Industriestadt in der zweiten Hälfte des ersten Jahrtausends v. Chr. bis zu ihrer Romanisierung und späteren Zerstörung durch Sulla besitzen, stehen die Probleme ihrer Ursprünge, der Rolle der Tyrrhener bei ihrer Entstehung und des Zeitpunktes ihrer Ankunft an diesem Orte gegenüber. Seit dem achten Jahrhundert deklariert sich Pupluna in den Funden aus seinen Nekropolen immer deutlicher als etruskische Stadt, obwohl die Grabbeigaben zunächst noch den Charakter der Villanova-Kultur bewahrten, der sich nur allmählich durch die Häufung orientalischer Elemente veränderte.

Der Tiroler Prähistoriker, Professor Schachermeyr, hat bereits vor Jahrzehnten angesichts der altertümlichen Gräber und mancher Funde aus dem archaischen Friedhof für eine sehr frühe Ankunft des ersten Schubes etruskischer Kolonisatoren plädiert. Er stützte sich dabei auf bestimmte Dolch-Typen aus den Gräbern, die auf Sizilien im zwölften Jahrhundert v. Chr. erschienen, und auf Scheibenfibeln, die heute allerdings stark herunterdatiert werden. Neuerdings neigen auch andere Forscher wieder dazu, den Beginn der etruskischen Infiltration in der Toskana nicht später als um 1000 v. Chr. anzusetzen. Herodot läßt die Tyrrhener im dreizehnten Jahrhundert in Etrurien einwandern, und auch in der Aeneis wird ähnliches gesagt. Nach der etruskischen Säkularrechnung schließlich, in deren Auslegung die Meinungen der Gelehrten allerdings um 150 Jahre auseinandergehen, käme ebenfalls ungefähr das zehnte Jahrhundert als Beginn der etruskischen Ära in Frage.

Diese These hat etwas Bestechendes, denn es wirkt unwahrscheinlich, daß die weitreichende Herrschaft der Etrusker in Italien auf einer einzigen Einwanderungswelle beruhte. Wenn man bedenkt, daß die griechischen Kolonisatoren in Sizilien zwei Jahrhunderte brauchten, um die Inselküsten, mit Ausnahme der westlichen, zu besetzen, müßte man annehmen, daß der in der zweiten Hälfte des achten Jahrhunderts bereits deutlich werdenden Stabilisierung der etruskischen Vorherrschaft über die Italiker eine lange Periode der Verankerung der Etrusker auf italischem Boden vorausgegangen war.

Alle diese Fragen aber bleiben vorläufig offen. Gerade vor den Kuppelgräbern von Populonia, die als Relikte einer altmediterranen Welt noch einmal aus den Schlackenhalden getaucht sind, erscheint das Problem der etruskischen Ursprünge verwickelter, als an anderen Orten.

VOLTERRA, DIE »STADT DES SCHWEIGENS«

Hoch über dem Maremmenland steht Volterra, das alte tyrrhenische Vélathri. Einmal war diese Stadt die stärkste Bastion des Etruskertums gegen den Westen.

Zur Zeit der Tyrrhener war der Horizont von Vélathri von rauchenden Vulkanen umsäumt. Heute sind ihre Krater längst erkaltet, doch brodelt die ganze Gegend noch von unterirdischer Glut. An zahlreichen Orten brechen Schwefelquellen und heiße Dämpfe hervor. Bei Larderello schießen aus dem von chemischen Substanzen weißgesengten Boden riesige Dampfsäulen, die *soffioni,* unter heulendem Zischen zum Himmel. Etwas Verbranntes haftet der Erde rings um Volterra an, als habe sie das in ihrem Inneren schwelende Feuer langsam zu Asche verzehrt. Weite Flächen kahlen, weißlichen Lehmgrundes schieben sich überall zwischen die Felder und Ölhaine der Flußtäler der Cécina und der Era, die das Massiv von Volterra umschließen. Die Flanken der Felskruppen heben sich vielfach senkrecht in toter, grauvioletter Nacktheit aus dem Tal. Über ihnen thront die »Stadt des Schweigens«, wie D'Annunzio Volterra nannte. Von ferne scheint sie aus Asche und Lava gebildet, eine erloschene Stätte ohne Leben.

Aus einem unbedeutenden italischen Dorf entwickelte sich Vélathri im sechsten und fünften Jahrhundert v. Chr. erst zur Stadt. Es hat nicht den Anschein, als hätten die reichen Kupferlager des Cécina-Tales dabei eine Rolle gespielt. Der Aufschwung von Vélathri beruhte vielmehr auf der Fruchtbarkeit der umliegenden Gebiete. Bis zum vierten Jahrhundert war die Stadt in erster Linie ein Zentrum der Landwirtschaft ohne Zugang zum Meer und ausländische Handelsbeziehungen. Die Dynamik dieser Binnenstadt entfaltete sich jedoch in nördlicher und östlicher Richtung. Ihre Machtsphäre scheint weit in die Täler der Nebenflüsse des Arno und hinauf bis nach Prato und Florenz gereicht zu haben. Fiesole könnte eine Gründung der Etrusker von Vélathri sein, vielleicht auch Arezzo und Cortona. Perugia stand stark unter dem kulturellen Einfluß von Volterra, und selbst in Bologna kamen zwei Grabstelen aus dem späten fünften Jahrhundert zutage, auf denen der Name »Kaikna« eingraviert ist, der jenem der Familie Caecina entspricht, die noch in der Römerzeit eine hervorragende Rolle in Volterra spielte.

Wahrscheinlich wurde die Ausbeutung der Bodenschätze des Cécina-Tales erst im vierten Jahrhundert in großem Stil in Angriff genommen. Zu jener Zeit mag sich Vélathri dann auch einen Zugang zum Meer geschaffen haben, vielleicht einen Landeplatz an der Cécina-Mündung und jenen Hafen an der Küste, der noch zur Römerzeit als Vada Volaterrana erwähnt wird. Die Unterwerfung von Pupluna mag ebenfalls in diese Epoche gefallen sein.

Zur Zeit seiner Hochblüte im vierten und dritten Jahrhundert v. Chr. war Vélathri weit größer, als das heutige Volterra. Eine Zyklopenmauer von neun Kilometer Länge und drei bis fünf Meter Breite wurde gegen Ende des fünften Jahrhunderts um die Stadt gezogen, deren Befestigung wahrscheinlich als Schutz gegen die räuberischen Ligurer notwendig war. Jahrhunderte später versuchte Sulla während einer zweijährigen Belagerung von Volterra vergeblich, die gewaltigen Mauern zu erstürmen und konnte die Stadt schließlich nur durch Aushungerung zur Übergabe zwingen.

Bis zum achtzehnten Jahrhundert waren nicht nur der äußere, sondern auch der innere Mauerring um die Akropolis von Vélathri noch weitgehend erhalten. Im ausgehenden Mittelalter war auf den Fundamenten der alten Oberstadt eine mächtige Festung errichtet worden, der Mastio. Seine schwere Masse beherrscht die jahrhundertealten Häuser und Paläste, die die engen Gassen ringsum säumen. Gewaltige Bastionen und zylindrische Türme umgeben zwei Gebäudekomplexe, die durch einen langgestreckten Hof miteinander verbunden sind. Diese blockhaft kompakte, riesige Zitadelle diente von alters her als Gefängnis. Mancher aus blutigen historischen Ereignissen bekannte Verschwörer beendete sein Leben in den berüchtigten runden Zellen des Mastio, des Hauptturmes der Festung. Vor mehr als einem Jahrhundert wurde das alte Staatsgefängnis dann in ein Zuchthaus verwandelt. Diese Bestimmung erfüllt es immer noch.

Die düstere Schwester des Mastio mit seinen von der Menschheit ausgestoßenen Bewohnern ist der große, nackte Bau des Irrenhauses von Volterra, der mehrere hundert Geisteskranke umschließt.

Es ist, als läge der Schatten aller Qualen der seit vielen Generationen in diesen beiden Kerkern Gefangenen beklemmend über der Stadt und ihren stillen Menschen. Selbst der prachtvolle Hauptplatz von Volterra, den hohe, sehr alte Palazzi aus *panchina,* dem grauen, einheimischen Tuffstein, einfassen, hat etwas von der Atmosphäre eines Gefängnishofes. Der siebenhundertjährige »Palazzo dei priori« dominiert mit seiner schmalen, zinnengesäumten Fassade und dem schlanken Stamm des Glockenturmes streng, fast drohend, den Platz. Unwillkürlich verstummt jeder helle Laut auf der engen Piazza, die nicht zum Verweilen einlädt wie sonst die buntbewegten, malerischen Plätze italienischer Orte.

Da und dort im Bereich der Festung sind noch vereinzelte, oft in mittelalterliche Bauten eingeschlossene Quadern des inneren Mauerringes sichtbar, der einmal die etruskische Stadtburg schützte. Der äußere Wall von Vélathri aber umfaßt, weithin erkennbar und von der Zeit noch lange nicht niedergebrochen, die Hochfläche. Die einstige Macht und Bedeutung der etruskischen Metropole bedarf keines besseren Zeugen als dieser erstaunlichen Anlage, die das größte Befestigungswerk von ganz Etrurien darstellt. An manchen Stellen ist die zyklopische Mauer noch bis zu fünfzehn Meter hoch. Ihre großen, schartigen Blöcke scheinen beinahe nachlässig übereinandergeschichtet – nur an einigen Stellen halten Bronzekrampen sie zusammen –, und doch trotzt sie der Zeit, unerschütterlich wie ein Fels.

Früher öffneten sich zehn Tore in das Stadtinnere. Zwei von ihnen blieben erhalten. Während die »Porta Diana« aber nur noch eine Bresche ist, die von zwei massigen Pfeilern eingefaßt wird, bewahrt die »Porta all'arco« (Bogentor) ihre ursprüngliche Konstruktion. Der wuchtige Torbau aus sorgfältig behauenen, meterlangen Tuffquadern wurde zur Zeit der Tyrrhener vermutlich von zwei Türmen eingerahmt. Er erreicht eine Tiefe von mehr als acht Metern. Im Mittelalter wurde er äußerlich durch Mauerwerk aus kleinen Steinen ergänzt. Die eigentliche Torwölbung mit ihren beiden breiten Bögen aus gelblichem Travertin über dem Ein- und Ausgang ist noch rein etruskisch. An der Außenseite der »Porta all'arco« sind drei riesige, wachsam gereckte Köpfe aus schwarzem Tuff zu sehen. Der mittlere bildet den Schlußstein des Torbogens, die beiden anderen sind an seinen Ansätzen eingefügt. Die Jahrtausende haben die Gesichter der Köpfe weggewischt, doch läßt sich noch erkennen, daß über den Stirnen Kränze lagen. Sicher waren dies die Bildnisse dreier Schutzgottheiten, die den Stadteingang beschirmen sollten.

Die »Porta all'arco« ist das älteste aller noch erhaltenen etruskischen Tore. Die »Porta Marzia« und die »Porta Augusta« von Perugia sind weit jüngeren Datums, daher auch eleganter gebaut und architektonisch reicher ausgeschmückt. Doch besitzen sie nicht in gleichem Maße das Fluidum des sehr Alten des götterbewachten Tores von Volterra. Wer mit dumpf widerhallenden Schritten durch seine niedere Wölbung die Stadt betritt, spürt sich wie vom Hauch längst vergangenen Lebens angerührt. Unwillkürlich streift die Hand über die Steine der Toreinfassung, die von zahllosen Berührungen glatt poliert wurden und sich seltsam organisch anfühlen. Dann geht man zögernd aus der Dämmerung des Torbaues hinaus in die Gassen von Volterra, zurück in die Gegenwart.

Das Etruskertor gehört zu jenem Abschnitt der alten Mauer, der im Mittelalter, als die zusammengeschmolzene Stadt eine neue Einfassung erhielt, in diese eingebaut wurde. Große Teile der tyrrhenischen Mauer, die eine Fläche von 125 Hektar umschloß, ragen jetzt außerhalb von Volterra inmitten einsamer, nur von nebelgrauen Ölbäumen und Zypressen belebter Wiesenflächen empor. Sie gleichen Klippen, die die Flut der Zeit vergessen hatte, als sie das alte Velathri verschlang.

Aber nicht nur die Stadt der Lebenden versank hier; auch ein großer Teil der Nekropole wurde von dem Berg von Volterra vernichtet. In seinem Inneren arbeitet und regt es sich Tag und Nacht; es gleitet und rieselt ohne Unterlaß, und immer wieder öffnen sich gefährliche Risse in der Hochfläche, brechen breite Lehmlawinen hinab zu Tal. Vor mehr als zweihundert Jahren löste sich in einer Nacht ein gigantisches Stück der unterhöhlten Kuppe und stürzte unter apokalyptischem Donnern und Brausen in den Abgrund. Mit den hinabwirbelnden Lehm- und Felsmassen verschwanden eine mittelalterliche Abtei, die am Rande des Plateaus gestanden hatte, und wahrscheinlich auch die Gebeine, die Asche und die Schätze vieler toter Etrusker der archaischen Zeit. Aus verschiedenen Funden zeigte sich, daß an dieser Stelle eine frühe Nekropole lag.

Die Wunde, die unterirdische Gewalten dem Berg schlugen, schloß sich nie mehr. Der Ort des Absturzes heißt »le balze«. Im Abendlicht sind die *balze* von unwirklicher, dämonischer Schönheit. Blaue Nebel steigen dann aus den Falten der Hügel rings um die königliche Höhe von Vélathri. Über den scharfen Konturen des fernen Monte Amiata steht ein wassergrüner Himmel. Ein phosphoreszierender Schimmer wie von Verwesung umgibt die zerfetzten, jäh abfallenden Wände der Absturzstelle. Die grauen und violetten Lehmmassen der in Jahrhunderten immer wieder hinabgerauschten Lawinen liegen gleich jäh in ihrem Lauf erstarrten gespenstischen Strömen in der Dämmerung des von trüben Schwaden erfüllten Abgrundes. Nirgends werden Dantes Höllenvisionen lebendiger als hier!

Vor Jahren gab ein neuer, kleiner Bergrutsch die aufgerissene Höhlung eines tyrrhenischen Grabes frei. Von ferne konnte man deutlich eine Reihe schwarzer und bunter Tongefäße unterscheiden, die noch unversehrt in der unzugänglichen Totenbehausung standen.

Dieses Grab gehörte zu der archaischen Nekropole von Gueruccia, die später in den zyklopischen Mauerring eingeschlossen und seit dieser Zeit nicht mehr benutzt wurde. Man fand in diesem Friedhof Schacht-, Fossa-, Dolio- und Kammergräber, mit recht bescheidenen Beigaben im Stil der Villanova-Kultur. Der orientalisierende Stil gelangte überhaupt nicht nach Vélathri, dieser bäuerlichen Siedlung mit geringen auswärtigen Beziehungen. Jedoch übernahm man die in Vetulonia erstmalig auftretende Sitte der Grabstelen. In der Portone-Nekropole fand sich ein solches Mal aus dem Ende des sechsten oder dem Beginn des fünften Jahrhunderts v. Chr. Ein Krieger mit einem

Speer ist darauf in großflächigem Relief zu sehen. Sein Name, Aviles Tites, ist wiederum in den Rand der Platte eingeritzt. Ein Gegenstück dazu, die Stele des Larthi Aninies, die ebenfalls einen Krieger in Relief zeigt, fand sich in Fiesole.

Seit dem vierten Jahrhundert wurden die Gräber von Vélathri, das inzwischen zu großem Wohlstand gekommen war, sehr reich ausgestattet. In den drei Friedhöfen von Badia, Portone und San Girolamo kamen zahlreiche große Rundkammern mit Zentralpfeilern zutage. Diese sind aber nicht mehr, wie die Kuppelgräber, kunstvoll gebaut, sondern einfach aus dem weichen Tuffstein gehöhlt. Eine Abart dieser Grüfte hat einen Vorraum, an den die kleinen, kreisförmigen Zellen angeschlossen sind. Soweit diese Gräber nicht geplündert waren, enthielten sie viele schöne Bronzegeräte, Glas- und Terracotta-Gefäße, die letzten rot- und schwarzfigurig und höchstwahrscheinlich in Volterra selbst hergestellt, Goldschmuck und Münzen. Die Eigenart von Vélathri zeigt sich aber vor allem in den zahlreichen kleinen Ascheurnen aus Terracotta, Tuffstein und Alabaster, die sich in den weiten Totenkammern fanden. Auf den Deckeln ruhen die Abbilder der Verstorbenen. Bunte Bemalung und oft auch Vergoldung von zweifelhaftem Geschmack schmälern die künstlerische Wirkung der manchmal sehr ausdrucksvollen Köpfe und der stark bewegten Hochreliefs an den Seitenwänden der Aschenkisten. Das große Familiengrab der Keikna, die vielleicht einmal über Vélathri herrschten, enthielt allein 50 Stück. Es wurde jedenfalls sehr lange benutzt. Noch zu den Zeiten Ciceros gehörte das Geschlecht der Caecina zu den vornehmsten von Vélathri; Cicero bezeichnet Aulus Caecina und seine Söhne als seine besten Freunde und ihre Familie als die vornehmste und am meisten gebildete von ganz Etrurien.

In keinem anderen Ort Etruriens wurde das Hochrelief der Spätzeit so gepflegt wie gerade in Vélathri. Stets hatten die Etrusker eine große Vorliebe für das Relief gezeigt. In der archaischen Epoche verwendete man scharf umrissene Flachreliefs für Grabsteine und Steinplatten, die zur Funerärarchitektur gehörten. In der Nähe von Volterra fand sich eine Grabstele aus dem siebten Jahrhundert v. Chr., die eines der frühesten Flachreliefs zeigt. Man sieht darauf einen mit Helm und Schwert gerüsteten Krieger. Interessant ist die rundum eingravierte Inschrift: »mi larthi atharnies – uxulni muleuneche.« Man übersetzte sie mit »Ich (der Grabstein) gehöre Larth Atharnies – Uxulni hat mich gestiftet«. Die Ausführung der Figur auf dem Grabstein ist ziemlich grob und summarisch. Gegenüber den schönen Bronzearbeiten aus derselben Epoche wirkt dieses Totenmal, das heute im Museum von Volterra steht, primitiv. Etwa aus der gleichen Zeit gibt es auch merkwürdige skulptierte Stufenplatten aus den Nekropolen von Tarquinia und Chiusi. Man ist sich nicht ganz klar darüber, welche Funktion sie in den Gräbern hatten. Auch sie zeigen Flachreliefs mit Motiven der orientalisierenden Epoche und erinnern in der Technik an die Grabstelen.

Im sechsten Jahrhundert verfeinerte sich dann das Flachrelief unter griechischem Einfluß. Dieselben Tanz-, Fest- und Kampfszenen, die auf den archaischen Fresken zu sehen sind, tauchen in zartem Relief auf Terracotta- und Steinsärgen und Ascheurnen auf. Die Anordnung der Gestalten verrät ein gutes Gefühl für Raumverteilung und ornamentale Wirkung. Trotz der archaischen Stilgebundenheit ist die Lebendigkeit der Darstellung oft erstaunlich. Ihr orgiastisch bewegter Rhythmus in den Bankettszenen ist schon typisch etruskisch. Die hellenischen Vorbilder verraten sich in der größeren Eleganz der Umrisse und der Zartheit der Gewandbehandlung.

Ihren eigensten Ausdruck aber findet die tyrrhenische Reliefskulptur erst in der Spätzeit, als das Flachrelief vom Hochrelief verdrängt wird. Vor allem in den Kampfszenen, die die Sarkophage und Aschekisten seit dem vierten Jahrhundert v. Chr. schmücken, macht sich immer mehr eine revolutionäre Durchbrechung der bis dahin gültigen Raumgesetze der Antike bemerkbar. Jede Schichtung wird aufgegeben, das ornamental Verschlungene wird endgültig der systematischen Lösung der Raumprobleme vorgezogen. In dieser ungebundenen Einstellung zum Raum, dieser ungehemmten Freude am Ornamentalen, kündet sich eine Kunstentwicklung an, die für das Abendland sehr wichtig werden sollte. Die gleichen Impulse, die hier zum ersten Male ihren Ausdruck finden, wirkten viel später in der Renaissance und im Barock in der Erfassung und Bewältigung des unendlichen Raumes schöpferisch weiter.

Die stark bewegten etruskischen Reliefs von Kämpfen zwischen Kentauren und Lapithen, Etruskern und Galliern vom Duell zwischen Eteokles und Polyneikes, die auf den Urnen von Volterra zu sehen sind, haben erwiesenermaßen im dreizehnten Jahrhundert Nicola Pisano, den Erneuerer der italienischen Bildhauerkunst, stark beeinflußt. Wir wissen, daß er lange Zeit in Volterra arbeitete. In seinen Reliefs löst sich die Starrheit der mittelalterlichen Form. In den Proportionen der Einzelbilder, ihrer Umrahmung, der Faltengebung der Gewänder, der Bewegung der Gestalten und vor allem der Pferde finden sich zahlreiche Anklänge an die Alabasterreliefs der etruskischen Aschekisten. Auch Jacopo della Quercia und Michelangelo studierten und bewunderten die Urnen von Volterra. Die schöne Alabasterurne aus dem zweiten Jahrhundert v. Chr. mit einer beinahe vollplastischen Darstellung der Bergung des toten Patroklus, die sich heute im Archäologischen Museum von Florenz befindet, stammt aus der Sammlung Buonarotti, die ein Neffe Michelangelos angelegt hatte. Die eindrucksvolle Mittelgruppe auf der Vorderfront der Aschekiste hat den Meister nicht nur bei der Gestaltung der Kreuzabnahme im Florentiner Dom, sondern auch zu der Pietà von Palestrina angeregt. Michelangelo weilte häufig in Volterra, dessen Straßen, Paläste und Gärten nach der Beschreibung von Leandro Alberti, der im sechzehnten Jahrhundert ein Werk »Descrizione d'Italia« veröffentlichte, noch überall mit etruskischen Ascheurnen geschmückt waren.

Die antike Welt war gerade wiederentdeckt worden, nachdem das Mittelalter sich in einer gewissen abergläubischen Furcht von ihren Werken distanziert hatte. Viele der großen Feudalherren entwickelten nun ein leidenschaftliches Interesse an den Geheimnissen und Schätzen der toskanischen Vergangenheit, dilettierten als Archäologen und trugen damit nicht wenig zur Neuentdeckung der etruskischen Kultur bei. Es gehörte damals zum guten Ton, Paläste, Landvillen und Parks mit antiken Skulpturen zu schmücken, die eigenen Ausgrabungen entstammten. Viele tyrrhenische Sarkophage stehen noch aus dieser Zeit in den verwilderten Parks der alten Landhäuser in der Umgebung der toskanischen Städte. Die ruhenden Gestalten auf ihren Deckeln sind efeuberankt, und Moos siedelt in den Vertiefungen der Reliefs auf ihren Seitenwänden. Manchmal hüten auch verwitterte Löwen, die einmal etruskische Gräber bewachten, die Tore verfallender Paläste. Nicht selten findet man Aschekisten in die Mauern eingefügt. Der Erbauer des Quattrocento-Palastes Bucelli in Montepulciano verwendete eine große Anzahl reliefgezierter Urnen, die mit Zement gefüllt worden waren, an Stelle von Quadern als Basis für seinen Palazzo.

Das weitläufige Museum von Volterra hat heute alle Urnen, die früher das Stadtbild belebten, aufgenommen, um sie vor der langsamen Zerstörung zu bewahren. Die Darstellungen auf manchen sind thematisch besonders interessant. Auf einigen finden sich die schon erwähnten Grabmonumente mit oberirdischem Quaderaufbau, der von Pyramiden oder Kegelstümpfen gekrönt wird. Eine Urne zeigt eine mauerumgürtete Stadt hinter einem Tor, das drei Köpfe trägt wie die »Porta all'arco«, also wohl Volterra. Auf der anderen spielen sich ergreifende Abschiedsszenen zwischen Verstorbenen, die von dem hammerschwingenden Charu oder geflügelten Dämonen entführt werden, und ihren Angehörigen ab. Die oft lebensgroßen Köpfe der auf ihren Urnen ruhenden Toten sind meist von feiner Ausführung und sprechender Lebendigkeit, während die Körper häufig unproportioniert klein sind.

Unvergeßlich ist eine Aschekiste aus Terracotta, auf der ein altes Ehepaar ruht. Das Haupt des Mannes mit dem derbgeschnittenen Antlitz strahlt die ruhige Würde eines erfüllten, bäuerlichen Daseins aus; ergreifend aber ist die Intensität des Ausdruckes im Gesicht der hageren alten Gattin, die halbaufgerichtet vor ihm lagert und wie erstarrt in Schmerz und Liebe zu ihm emporblickt.

Die Alabasterindustrie hat sich bis heute in Volterra gehalten. Manche der schmalen Gassen der Stadt sind immer weiß bestaubt, und vor einzelnen Häusern liegt es wie Schneeflaum. Dort befinden sich die Werkstätten der Alabasterbildner, die ihr Handwerk genau so gut wie vor Jahrtausenden verstehen.

Das edle Material, das in unzähligen Tönen zwischen durchscheinendem Weiß, Grau, Honiggelb, Grün und bräunlich schimmert, wird zu Gefäßen, Ampeln, Leuchtern, Statuetten und vielen anderen, oft sehr geschmackvollen Dingen verarbeitet.

Etwas vom Geist der einstigen Etruskerstadt lebt noch immer in Volterra fort, etwas von jener Gestaltungskraft, die damals in ihren Bewohnern aufbrach. Die Sendung der Etrusker in Italien bestand wahrscheinlich vor allem in der Erweckung der latenten Möglichkeiten der italischen Völker. Sie schufen die Basis, auf der sich das einmalige Phänomen des römischen Weltreiches entwickeln konnte, aber sie selbst blieben bis zum Schluß Träger und Verwalter eines alten Erbes, die den Geist der heraufdämmernden neuen Zeit nicht mehr verstanden. Ihre Welt, die so reich an uralten Symbolen und Menschheitsgeschichten war, läßt sich verstandesmäßig nur unvollkommen erfassen. Ihre Manifestationen sind tief im Unbewußten verankert, vieldeutig und für uns weit fremdartiger als jene der klassischen Antike. So bleibt die Botschaft der Etrusker für uns voll Rätsel; doch wir fühlen das Dasein dieses Volkes als etwas Unzerstörbares, immer noch Weiterwirkendes im Land, das seine Gräber hütet.

Abbildung 16 *Das etruskische Alphabet*

ANHANG

Akerstroem A., »Studien über die etruskischen Gräber«, Lund/Leipzig 1934.
Alföldi A., »Die Struktur des voretruskischen Römerstaates«, Heidelberg 1974.
»Die trojanischen Urahnen der Römer«, Basel 1957.
Altheim F., »Italien und Rom«, Amsterdam 1937.
»Der Ursprung der Etrusker«, Baden-Baden 1950.
»Römische Religionsgeschichte«, Baden-Baden 1951.
Bachofen J., »Mutterrecht und Urreligion«, Stuttgart 1941.
Banti L., »Il Mondo degli Etruschi«, Rom 1960.
Bianchi Bandinelli, »Sovana«, Topografia ed arte, Florenz 1929.
Bloch L., »Die Etrusker«, Stuttgart 1970.
»L'Art étrusque«, Paris 1959.
Brandenstein W., »Die Herkunft der Etrusker«, (Der alte Orient, 35, I), Leipzig 1937.
Clemen C., »Die Religion der Etrusker«, Bonn 1936.
Civiltá del Lazio Primitivo, Katalog der Ausstellung im Palazzo delle Esposizioni, Rom 1976.
De Agostino A., »La nuova tomba e edicola a Populonia«, (Studi Etruschi)
Doering O., »Christliche Symbole«, Freiburg i. Br. 1933.
Colonna G., »Popoli e Civilta dell'Italia Antica«, II, Rom 1974.
Ducati P., »Arte etrusca«, Florenz 1934.
Duhn F., »Italienische Gräberkunde«, Heidelberg 1924/1939.
Enking R., »Culsu und Vanth«, Römische Mitteilungen 1943.
Georgiev W., »La langue et l'origine des Etrusques« in Etudes Balcaniques IV, 1971.
Georgiew W., »Troer und Etrusker« in Philologus CXVI, 1972.
Giglioli G., »Arte etrusca«, Mailand 1935.
Hencken H., »Archeological Evidence for the Origin of the Etruscans«, USA 1958. Tarquinia and Etruscan Origins London, 1968.
Hess R., »Das etruskische Italien«, Du Mont Kunstreiseführer, Köln 1973.
Herbig R., »Die italische Wurzel der römischen Bildniskunst«, NBdA, II, Leipzig 1942.

Heurgon J., »Recherche sur la fibule d'or inscrite de Chiusi« in MEFRA LXXXIII, 1971. »La vie quotidienne chez les Etrusques«, Paris 1962.
»Il Mediterraneo occidentale dalla preistoria a Roma arcaica«, Bari 1972.
Hrkal E., »Der etruskische Gottesdienst«, Wien 1947.
Kaschnitz-Weinberg G., »Vom magischen Realismus der römischen Republik zur Kunst«.
Kostantins d. Gr., Revue »Formen«.
Lerici C. M., »Una grande aventura dell'Archeologia moderna, Mailand 1966.
Mansueli G. A., »Etruria Padana«, Florenz 1960.
Mellink M. J., AJA LXXV, 1971, S. 245—55.
Minto A., »Populonia«, Florenz 1943.
Moretti G.-Maetzke G., »Terra e Arte degli Etruschi«, Genua 1969.
Moretti von Matt, »Etruskische Malerei«, Köln 1974.
Nogara B., »Gli Etruschi e la loro Civiltâ«, Mailand 1933.
Pallottino M., »Etruscologia«, Mailand 1968.
Pareti L., »La tomba Regolini Galassi del Museo Gregoriano«, Rom 1947.
Pfiffig A. J., »Die etruskische Sprache«, Graz 1969.
Ruyt Fr., »Charun, Démon étrusque«, Rom 1934.
Schachermeyr F., »Etruskische Frühgeschichte«, Berlin/Leipzig 1929.
Strom J., »Problems concerning the Origins and early development of the etruscan Orientalizing style« Odense University, 1972.
Vacano O. W., »Die Etrusker«, Stuttgart 1955.
Zeitschriften: HERMENEUS, Jahrg. 1973/74, Culemborg, Holland.
Studi Etruschi (ab 1927), Florenz.
Mitteilungen des Deutschen Archäologischen Instituts, Rom. Abtlg.
Monumenti Antichi dell'Accademia Naz. dei Lincei, Rom.
Mélanges D'Archéologie et d'Histoire, Ecole Francaise de Rome.

Zeit	ROM	ETRURIEN	GRIECHENLAND
VIII. Jh. v. Chr.	753 v. Chr. Legendäre Gründung Roms. Sabiner und Latiner siedeln sich auf seinen Hügeln an.	Um 750 v. Chr. Beginn der etruskischen Kultur in Italien. Beginn des etruskischen Handels mit den Griechen und Phöniziern.	Um 800 v. Chr. entstehen die Dichtungen Homers. Beginn der griechischen Kolonisationsbewegung nach Westen. Die Griechen setzen sich in Süditalien und Sizilien fest.
VII. Jh. v. Chr.	Latium gerät zunehmend unter etruskischen Einfluß. Rom wächst unter etruskischer Oberherrschaft zur Stadt zusammen. 616 v. Chr. beginnt nach der Sage die Herrschaft der Tarquinier mit Tarquinius Priscus.	Rasches Aufblühen der etruskischen Küstenstädte. Neuartiger Totenkult mit Monumentalgräbern. Regolini-Galassi-Grab in Caere, tomba del Littore in Vetulonia. Kanopen in Chiusi. Orientalisierende Phase der Kunst.	624 v. Chr. Erste schriftliche Gesetzgebung in Athen unter Drakon.
VI. Jh. v. Chr.	Rom übernimmt von den Etruskern die Göttertrias Jupiter, Juno, Minerva an Stelle der alten Dreiheit Jupiter, Mars, Quirinus.	598 v. Chr. Gründung Capuas und Kolonisierung Kampaniens. Expansion nach Norditalien. Entwicklung der tyrrhenischen Seemacht.	600 v. Chr. Die Phokäer gründen Marseille. Rechtserneuerung durch Solon in Athen. 560 v. Chr. Karthagische Offensive in Sizilien.

Zeit	ROM	ETRURIEN	GRIECHENLAND
		550 v. Chr. Karthagisch-etruskische Allianz gegen die Griechen.	Die Phokäer versuchen sich auf Korsika festzusetzen.
	616—578 v. Chr. Tarquinius Priscus		Die Jonischen Städte werden von den Persern erobert. 546—539 v. Chr.
VI. Jh. v. Chr.	578—534 v. Chr. Servius Tullius	540 v. Chr. Seeschlacht bei Alàlia. Die vereinte etruskisch-karthagische Flotte besiegt die Phokäer. Korsika bleibt unter etruskischer Herrschaft.	Peisistratos wird Alleinherrscher in Athen. 530 v. Chr. Gründung von Pästum durch die Griechen. 527—514 v. Chr. Hippias und Hipparchos Herrscher über Athen.
	534—509 v. Chr. Tarquinius Superbus	525 v. Chr. besetzen die Etrusker Bologna (Felsina) und versuchen vergeblich die Eroberung von Kyme.	
	509 v. Chr. Sturz der Dynastie der Tarquinier in Rom.	Die Brüder Vipinas aus Vulci entfesseln die Revolution des Adels gegen das alte Priesterkönigtum, das von Oligarchien abgelöst wird.	
	504 v. Chr. erobert König Porsenna von Clusium Rom zurück.	Höhepunkt der etruskischen Macht. Die Etrusker beherrschen fast ganz Mittel- und Norditalien und Kampanien im Süden.	Kleisthenes begründet demokratische Bezirks-Verfassung in Athen.

Zeit	ROM	ETRURIEN	GRIECHENLAND
	Nach den neuesten Forschungsergebnissen ist es wahrscheinlich, daß die etruskische Herrschaft über Rom bis etwa 480 v. Chr. währte.		Athen schlägt 507 v. Chr. Sparta und dessen Verbündete.
		Hochblüte der archaischen etruskischen Kunst zwischen 600 und 450 v. Chr. Jonischer, später attischer Einfluß.	
		Freskengeschmückte Gräber in Tarquinia. Tempel aus Holz und bemalter Terracotta. Minervatempel in Veji.	
V. Jh. v. Chr.	494 v. Chr. Aufstand der Plebejer gegen die Patrizier. *Beginn der Kriegshandlungen zwischen Rom und Veji.*		490—479 v. Chr. Perserkriege. 480 v. Chr. Sieg der Griechen in der Seeschlacht bei Salamis. 479 v. Chr. Griechischer Sieg in der Schlacht bei Plataiai.
	Die junge römische Republik gewinnt unter patrizischer Herrschaft die Hegemonie über das latinische Gebiet. Kämpfe mit den Etruskern, Sabinern, Äquern, Volskern.	474 v. Chr. besiegt Hieron von Syrakus die Etrusker in der Seeschlacht vor Kyme. Bergvölker aus dem Apennin überfluten Latium und Kampanien.	Hieron von Syrakus 478—467 v. Chr. 446—429 v. Chr. Perikles. 431 v. Chr. Beginn des peloponnesischen Krieges.

Zeit	ROM	ETRURIEN	GRIECHENLAND
	449 v. Chr. Ende der Kriege gegen die Sabiner.		
	438—425 v. Chr. Zweiter Krieg zwischen Rom und Veji.		
		423 v. Chr. Eroberung von Capua und Kyme durch die samnitischen Stämme.	405 v. Chr. Niederlage der Athener. 404 v. Chr. Friedensschluß zwischen Athen und Sparta.
	406—396 v. Chr. Belagerung von Veji durch die Römer. Beginn der keltischen Invasion in die Poebene. Melpum fällt, Vormarsch gegen Clusium beginnt.		403 v. Chr. Dionysios von Syrakus. Herrscher über Sizilien.
IV. Jh. v. Chr.	*Verfall der etruskischen Macht* 396 v. Chr. wird Veji und sein Territorium von den Römern erobert.		Kriege zwischen den griechischen Städten.
	385(?) v. Chr. Gallier erobern und zerstören unter Brennus Rom.		
	378 v. Chr. Griechen zerstören Pyrgi, den Hafen von Caere. Die Griechen von Syrakus nehmen den Tyrrhenern Elba und Korsika. 358 v. Chr. Krieg zwischen Tarquinia, Caere und Rom.		367 v. Chr. Tod des Dionysios von Syrakus. Krieg zwischen Karthago und den sizilianischen Griechen.
	351 v. Chr. Vierzigjähriger Friede zwischen Rom und Caere, das seine Unabhängigkeit verliert.		359 v. Chr. König Philipp von Makedonien.
	Drei Samniterkriege der Römer zwischen 338—335 v. Chr. 543 und 290 v. Chr. Krieg zwischen Römern und Latinern.		339 v. Chr. Friede zwischen Griechen und Karthagern.

Zeit	ROM	ETRURIEN	GRIECHENLAND
IV. Jh. v. Chr.	311—308 v. Chr. Aufstand der Etrusker gegen Rom. 310 v. Chr. Kampf um Sutri. Überschreitung des Ciminischen Gebirges durch die Römer unter Q. Fabius Rullianus. 308 v. Chr. Vierzigjähriger Waffenstillstand mit dem besiegten Tarquinia. Spätblüte der etruskischen Kunst im IV. und III. Jh. v. Chr. Hochstand der Porträtkunst. Hellenistischer Einfluß ab 350 v. Chr.		336—323 v. Chr. Alexander der Große. 307 v. Chr. Die etruskische Flotte eilt den Syrakusanern zu Hilfe und wird von den Karthagern besiegt.
III. Jh. v. Chr.	*Ende der etruskischen Macht* Rom wird von Etruskern, Galliern und Samniten angegriffen. 295 v. Chr. Die Koalition wird bei Sentinum von den Römern geschlagen. 294 v. Chr. Vierzigjähriger Friede zwischen Rom und Volsinium. 284 v. Chr. Etruskisches Bündnis mit den Galliern. 282 v. Chr. Niederlage der Etrusker. Volsinium unterwirft sich. Vulci gerät unter römische Oberhoheit. 273 v. Chr. Plünderung von Caere. 265 v. Chr. Kapitulation von Volsinium. Plünderung und Zerstörung der Stadt.		
II. Jh. v. Chr.	Die Etrusker erhalten das römische Bürgerrecht.		Rom erobert Sizilien und Süditalien.

REGISTER